"思想摆渡"系列

日本哲学与跨文化哲学

廖钦彬　编译

·广州·

版权所有　翻印必究

图书在版编目（CIP）数据

日本哲学与跨文化哲学/廖钦彬编译. —广州：中山大学出版社，2020.10

（"思想摆渡"系列）

ISBN 978-7-306-06988-7

Ⅰ.①日… Ⅱ.①廖… Ⅲ.①哲学思想—日本—文集 Ⅳ.①B313-53

中国版本图书馆 CIP 数据核字（2020）第 191959 号

出 版 人：	王天琪
策划编辑：	嵇春霞
责任编辑：	周明恩　罗梓鸿
封面设计：	曾　斌
责任校对：	苏深梅
责任技编：	何雅涛
出版发行：	中山大学出版社
电　　话：	编辑部 020-84110771，84110283，84111997，84110771
	发行部 020-84111998，84111981，84111160
地　　址：	广州市新港西路 135 号
邮　　编：	510275　传　真：020-84036565
网　　址：	http://www.zsup.com.cn　E-mail: zdcbs@mail.sysu.edu.cn
印 刷 者：	佛山家联印刷有限公司
规　　格：	787mm×1092mm　1/16　17.75 印张　300 千字
版次印次：	2020 年 10 月第 1 版　2020 年 10 月第 1 次印刷
定　　价：	66.00 元

如发现本书因印装质量影响阅读，请与出版社发行部联系调换

"思想摆渡"系列

总　序

　　一条大河，两岸思想，两岸说着不同语言的思想。

　　一岸之思想如何摆渡至另一岸？这个问题可以细分为两个问题：第一，是谁推动了思想的摆渡？第二，思想可以不走样地摆渡过河吗？

　　关于第一个问题，普遍的观点是，正是译者或者社会历史的某种需要推动了思想的传播。从某种意义上说，这样的看法是有道理的。例如，某个译者的眼光和行动推动了一部译作的问世，某个历史事件、某种社会风尚促成了一批译作的问世。可是，如果我们随倪梁康先生把翻译大致做"技术类""文学类"和"思想类"的区分，那么，也许我们会同意德里达的说法，思想类翻译的动力来自思想自身的吁请"请翻我吧"，或者说"渡我吧"，因为我不该被遗忘，因为我必须继续生存，我必须重生，在另一个空间与他者邂逅。被思想召唤着甚或"胁迫"着去翻译，这是我们常常见到的译者们的表述。

　　至于第二个问题，现在几乎不会有人天真地做出肯定回答了，但大家对于走样在多大程度上可以容忍的观点却大相径庭。例如，有人坚持字面直译，有人提倡诠释式翻译，有人声称翻译即背叛。与这些回答相对，德里达一方面认为，翻译是必要的，也是可能的；另一方面又指出，不走样是不可能的，走样的程度会超出我们的想象，达到无法容忍的程度，以至于思想自身在吁请翻译的同时发出恳求："请不要翻我吧。"在德里达看来，每一个思想、每一个文本都是独一无二的，每一次的翻译不仅会面临另一种语言中的符号带来的新的意义链的生产和流动，更严重的是还会面临这种语言系统在总体上的规制，在意义的无法追踪的、无限的延异中思想随时都有失去自身的风险。在这个意义上，翻译成了一件既无必要也不可能的事情。

如此一来，翻译成了不可能的可能、没有必要的必要。思想的摆渡究竟要如何进行？若想回应这个难题，我们需要回到一个更基本的问题：思想是如何发生和传播的？它和语言的关系如何？让我们从现象学的视角出发对这两个问题做点思考。我们从第二个问题开始。众所周知，自古希腊哲学开始，思想和语言（当然还有存在）的同一性就已确立并得到了绝大部分思想家的坚持和贯彻。在现象学这里，初看起来，各个哲学家的观点似乎略有不同。胡塞尔把思想和语言的同一性关系转换为意义和表达的交织性关系。他在《观念Ⅰ》中就曾明确指出，表达不是某种类似于涂在物品上的油漆或像穿在它上面的一件衣服。从这里我们可以得出结论，言语的声音与意义是源初地交织在一起的。胡塞尔的这个观点一直到其晚年的《几何学的起源》中仍未改变。海德格尔则直接把思想与语言的同一性跟思与诗的同一性画上了等号。在德里达的眼里，任何把思想与语言区分开并将其中的一个置于另一个之先的做法都属于某种形式的中心主义，都必须遭到解构。在梅洛-庞蒂看来，言语不能被看作单纯思维的外壳，思维与语言的同一性定位在表达着的身体上。为什么同为现象学家，有的承认思想与语言的同一性，有的仅仅认可思想与语言的交织性呢？

这种表面上的差异其实源于思考语言的视角。当胡塞尔从日常语言的角度考察意义和表达的关系时，他看到的是思想与语言的交织性；可当他探讨纯粹逻辑句法的可能性时，他倚重的反而是作为意向性的我思维度。在海德格尔那里，思的发生来自存在的呼声或抛掷，而语言又是存在的家园。因此，思想和语言在存在论上必然具有同一性，但在非本真的生存中领会与解释却并不具有同一性，不过，它们的交织性是显而易见的，没有领会则解释无处"植根"，没有解释则领会无以"成形"。解构主义视思想和语言的交织为理所当然，但当德里达晚期把解构主义推进到"过先验论"的层面时，他自认为他的先验论比胡塞尔走得更远更彻底，在那里，思想和句法、理念和准则尚未分裂为二。在梅洛-

庞蒂的文本中,我们既可以看到失语症患者由于失去思想与言语的交织性而带来的各种症状,也可以看到在身体知觉中思想与语言的同一性发生,因为语言和对语言的意识须臾不可分离。

也许,我们可以把与思想交织在一起的语言称为普通语言,把与思想同一的语言称为"纯语言"(本雅明语)。各民族的日常语言、科学语言、非本真的生存论语言等都属于普通语言,而纯粹逻辑句法、本真的生存论语言、"过先验论"语言以及身体的表达性都属于"纯语言"。在对语言做了这样的划分之后,上述现象学家的种种分歧也就不复存在了。

现在我们可以回到第一个问题了。很明显,作为"纯语言"的语言涉及思想的发生,而作为普通语言的语言则与思想的传播密切相关。我们这里尝试从梅洛-庞蒂的身体现象学出发对思想的发生做个描述。首先需要辩护的一点是,以身体为支点探讨"纯语言"和思想的关系是合适的,因为这里的身体不是经验主义者或理性主义者眼里的身体,也不是自然科学意义上的身体,而是"现象的身体",即经过现象学还原的且"在世界之中"的生存论身体。这样的身体在梅洛-庞蒂这里正是思想和纯粹语言生发的场所:思想在成形之前首先是某种无以名状的体验,而作为现象的身体以某种生存论的变化体验着这种体验;词语在对事件命名之前首先需要作用于我的现象身体。例如,一方面是颈背部的某种僵硬感,另一方面是"硬"的语音动作,这个动作实现了对"僵硬"的体验结构并引起了身体上的某种生存论的变化;又如,我的身体突然产生出一种难以形容的感觉,似乎有一条道路在身体中被开辟出来,一种震耳欲聋的感觉沿着这条道路侵入身体之中并在一种深红色的光环中扑面而来,这时,我的口腔不由自主地变成球形,做出"rot"(德文,"红的"的意思)的发音动作。显然,在思想的发生阶段,体验的原始形态和思想的最初命名在现象的身体中是同一个过程,就是说,思想与语言是同一的。

在思想的传播阶段,一个民族的思想与该民族特有的语音和文字系统始终是交织在一起的。思想立于体验之上,每个体验总是连着其他体验。至于同样的一些体验,为什么对于某些民族来说它们总是聚合在一起,而对于另一些民族来说彼此却又互不相干,其答案可能隐藏在一个民族的生存论境况中。我们知道,每个民族都有自己的生活世界。一个民族带有共性的体验必定受制于特定的地理环境系统和社会历史状况并因此而形成特定的体验簇，这些体验簇在口腔的不由自主的发音动作中发出该民族的语音之后表现在普通语言上就是某些声音或文字总是以联想的方式成群结队地出现。换言之，与体验簇相对的是语音簇和词语簇。这就为思想的翻译或摆渡带来了挑战：如何在一个民族的词语簇中为处于另外一个民族的词语簇中的某个词语找到合适的对应者？

这看起来是不可能完成的任务，每个民族都有自己独特的风土人情和社会历史传统，一个词语在一个民族中所引发的体验和联想在另一个民族中如何可能完全对应？就连本雅明也说，即使同样是面包，德文的"Brot"（面包）与法文的"pain"（面包）在形状、大小、口味方面给人带来的体验和引发的联想也是不同的。日常词汇的翻译尚且如此，更不用说那些描述细腻、表述严谨的思考了。可是，在现实中，翻译的任务似乎已经完成，不同民族长期以来成功的交流和沟通反复地证明了这一点。其中的理由也许可以从胡塞尔的生活世界理论中得到说明。每个民族都有自己的生活世界，这个世界是主观的、独特的。可是，尽管如此，不同的生活世界还是具有相同的结构的。也许我们可以这样回答本雅明的担忧，虽然"Brot"和"pain"不是一回事，但是，由面粉发酵并经烘焙的可充饥之物是它们的共同特征。在结构性的意义上，我们可以允许用这两个词彼此作为对方的对等词。

可这就是我们所谓的翻译吗？思想的摆渡可以无视体验簇和词语簇的差异而进行吗？仅仅从共同的特征、功能和结构出发充其量只是一种"技术的翻译"；"思想的翻译"，当然也包括"文学的翻译"，必须最大限度地把一门语言中的体验簇和词语簇带进另一门语言。如何做到这一点呢？把思想的发生和向另一门语言的摆渡这两个过程联系起来看，也许可以给我们提供新的思路。

在思想的发生过程中，思想与语言是同一的。在这里，体验和体验簇汇聚为梅洛-庞蒂意义上的节点，节点表现为德里达意义上的"先验的声音"或海德格尔所谓的"缄默的呼声"。这样的声音或呼声通过某一群人的身体表达出来，便形成这一民族的语言。这个语言包含着这一民族的诗-史-思，这个民族的某位天才的诗人-史学家-思想家用自己独特的言语文字创造性地将其再现出来，一部伟大的作品便成型了。接下来的翻译过程其实是上面思想发生进程的逆过程。译者首先面对的是作品的语言，他需要将作者独具特色的语言含义和作品风格摆渡至自己的话语系统中。译者的言语文字依托的是另一个民族的语言系统，而这个语言系统可以回溯至该民族的生存论境况，即该民族的体验和体验簇以及词语和词语簇。译者的任务不仅是要保留原作的风格、给出功能或结构上的对应词，更重要的是要找出具有相同或类似体验或体验簇的词语或词语簇。

译者的最后的任务是困难的，看似无法完成的，因为每个民族的社会历史处境和生存论境况都不尽相同，他们的体验簇和词语簇有可能交叉，但绝不可能完全一致，如何能找到准确的翻译同时涵盖两个语言相异的民族的相关的体验簇？可是，这个任务，用德里达的词来说，又是绝对"必要的"，因为翻译正是要通过对那个最合适的词语的寻找再造原作的体验，以便生成我们自己的体验，并以此为基础，扩展、扭转我们的体验或体验簇且最终固定在某个词语或词语簇上。

寻找最合适的表达，或者说寻找"最确当的翻译"（德里达语），是译者孜孜以求的理想。这个理想注定是无法完全实现的。德里达曾借用《威尼斯商人》中的情节，把"最确当的翻译"比喻为安东尼奥和夏洛克之间的契约遵守难题：如何可以割下一磅肉而不流下一滴血？与此类似，如何可以找到"最确当的"词语或词语簇而不扰动相应的体验或体验簇？也许，最终我们需要求助于鲍西亚式的慈悲和宽容。

"'思想摆渡'系列"正是基于上述思考的尝试，译者们也是带着"确当性"的理想来对待哲学的翻译的。我想强调的是：一方面，思想召唤着我们去翻译，译者的使命教导我们寻找最确当的词语或词语簇，最大限度地再造原作的体验或体验簇，但这是一个无止境的过程，我们的缺点和错误在所难免，因此，我们在这里诚恳地欢迎任何形式的批评；另一方面，思想的摆渡是一项极为艰难的事业，也请读者诸君对我们的努力给予慈悲和宽容。

方向红
2020 年 8 月 14 日于中山大学锡昌堂

目　录

导　论 ……………………………………………………………… /1

第一部分　京都学派哲学

京都学派哲学与新儒学在现代世界的角色 …………… 藤田正胜/3
见无形者之形，听无声者之声：以西田哲学为中心 ………… 藤田正胜/14
单子论与西田几多郎的哲学：关于"一即多，多即一"
　………………………………………………… 片山洋之介/26
田边元的象征诗：无即有，有即无的表现 ………… 上原麻有子/37
田边元哲学中作为"无"的自我之媒介者 ……………… 田口茂/48
空的思想的逻各斯：重访西谷启治《空与即》 ………… 出口康夫/58
"二战"期间京都学派的宗教哲学与时局性发言：
　以西谷启治为中心 ……………………………… 杉本耕一/75
美意识"あはれ"（aware）中的表现问题 …………… 田中久文/87

第二部分　东西宗教哲学

从《列维纳斯著作集》中的意思与节奏谈起 ………… 合田正人/101
关于道德与宗教的一个考察：列维纳斯与清泽满之 …… 合田正人/119
探究清泽满之的宗教哲学：如来与他力门论述 ……… 加来雄之/133

第三部分　西方哲学在东亚

现象学与东方哲学：日本的"间"（awai）概念 …………… 谷彻/153
日本的康德研究史与今日的课题（1863—1945）……… 牧野英二/167

日本康德研究的意义与课题（1946—2013） ················ 牧野英二/189
日本的《永久和平论》研究及其课题 ······················· 牧野英二/238

后　记 ·· /264

导　论

　　本论文集的主题是"日本哲学与跨文化哲学"，收录了当代日本哲学研究专家的15篇文章。依据文章内容分成三个部分，分别是第一部分"京都学派哲学"、第二部分"东西宗教哲学"、第三部分"西方哲学在东亚"。

　　第一部分共收录8篇文章。前3篇主要围绕日本京都学派创始人西田几多郎（1870—1945）的哲学，如"纯粹经验"、"场所"逻辑、"绝对矛盾的自我同一"逻辑等重要概念及其引发的哲学对话，如和中国哲学（新儒家、华严思想、禅）、欧陆哲学（笛卡尔、莱布尼兹等）的对话。第4、第5篇文章分别针对田边元（1885—1962）晚年的艺术哲学及宗教哲学来进行讨论，包含艺术创作、翻译的"象征"概念及"媒介""自我"概念之探讨。第6篇文章针对西谷启治（1900—1990）"空的思想"进行当代的逻辑探究，第7篇文章针对西谷"二战"期间的宗教哲学与时局性发言进行批判性的讨论。第8篇文章围绕大西克礼（1888—1959）的日本美学概念"物之哀"（もののあはれ）进行哲学式的探讨。第二部分以法国哲学家列维纳斯（1906—1995）早期的宗教哲学思想为出发点，以日本近代宗教哲学家清泽满之（1863—1903）的宗教哲学为终点，阐释东西方他力宗教哲学的比较旨趣及意义。第三部分以西方哲学在东亚的接受与转化为主。第12篇文章主要讨论现象学进入日本后所产生的跨文化哲学效应及其间文化论述所带出的当代性意义。最后3篇则详细论述了康德（1724—1804）哲学在日本的接受史、历史脉络的变迁，并探讨康德和平论在东亚的现代性意义。此论文集希望能通过当代日本哲学研究专家的各种研究角度，呈现出哲学、哲学研究在日本的发展脉络。以下提供每篇文章的概述，以便读者能俯瞰本书的整体样貌。

　　藤田正胜的《京都学派哲学与新儒学在现代世界的角色》以"人文学必须实现自我与他者共存的理想"为出发点，在凸显西田几多郎的无主体经验论与笛卡尔、霍布斯的主体经验论之差异后，提出西田与梅洛-庞蒂（1908—1961）主张放弃主客二元、回归具体事物的共通点。文章接着探讨造成西田与笛卡尔（1596—1650）之差异的文化背景，特别是语言结构，来证明两者哲学的特异性。在西田哲学得以成立的文化背景探讨上，举出铃木大拙（1870—1966）的"无心论"与世阿弥（1363—1443）《风姿花传》中"无心之境"的艺道论。最后通过检讨新儒家熊十力（1885—1968）《新唯识论》的实体论，阐明其与西田哲学的共通处，并主张哲学通过上述不断地将自身相对化、让自己和他者对话，才能达到"自由的学问"之境地。

藤田正胜的《见无形者之形，听无声者之声：以西田哲学为中心》试图通过阐释西田几多郎的场所逻辑来论证西田哲学为日本文化（一种广义的东方文化）建立理论基础的轨迹。此文首先说明西田场所论的形成奠基在西田对各种哲学的检讨，接着依序以亚里士多德（前384—前322）的主体论，普罗提诺（204—270）的一者及镜子的比喻，禅思想中的明镜（《神会录》），古镜（道元《正法眼藏》）及南泉和尚的"平常心是道"（《无门关》）等为基础，阐释场所论形成的过程及特色，借此凸显西田场所论与东方文化的根柢——绝对无之间的关联。最后总结出西田的场所逻辑恰好可为"见无形者之形，听无声者之声"这一代表日本的情意文化建立理论基础。

片山洋之介的《单子论与西田几多郎的哲学：关于"一即多，多即一"》旨在探讨西田几多郎继场所逻辑后最为重要的哲学概念，即"绝对矛盾的自我同一"的"一即多，多即一"之逻辑。此概念的形成极为复杂，但作者选定莱布尼兹（1646—1716）的单子论作为此概念形成的重要资源之一，首先检讨了莱布尼兹《基于理性的自然与恩宠之原理》与《单子论》中接近"绝对矛盾的自我同一"中"一即多，多即一"之逻辑架构的内容。接着指出西田摒弃莱布尼兹的上帝预定和谐论，主张矛盾对立同一的世界才是真正的实在世界，借此区别西田与莱布尼兹的世界观差异，勾勒出莱布尼兹单子论的西田哲学化及华严思想"一即多，多即一"之世界观的西田哲学化图像。

上原麻有子的《田边元的象征诗：无即有，有即无的表现》以田边元晚年撰写的《瓦勒里的艺术哲学》为轴心，探讨田边的象征论、符号论及语言论。作者以法国象征主义诗人瓦勒里（1871—1945）的《年轻的命运女神》为主，讨论了田边对瓦勒里象征诗理论及其作诗行为的理解，并指出田边批判瓦勒里的诗学及艺术创作缺乏"无即爱，爱即无"的宗教转换行为，因有抽象化之嫌。在上述探讨之后，作者批判田边的语言论，认为田边"象征诗不可翻译""散文诗可以翻译"的主张正是缺乏保罗·利科的语言本质不可掌握之主张。作者认为语言必须和田边自身主张的象征、符号一样，只能在"无即有，有即无"的转换行为当中呈现，不会有固定形相。

田口茂的《田边元哲学中作为"无"的自我之媒介者》以自我（self）这一概念作为论文展开的核心，主张田边元的自我概念是日本哲学对西方哲学的回应所呈现出来的结果。作者指出田边的自我有别于笛卡尔、费希特（1762—1814）、胡塞尔（1859—1938）所说的肯定性、无可置疑性的自我，是一种作为媒介（mediation）的、无法被固定的自我。此媒介（Vermittlung）概念虽源自黑格尔（1770—1831），但田边将它发挥到极致，提出绝对的、彻底的媒介，主张辩证法的统一是一种包含差异、矛盾的统一，而不是扬弃差异、矛盾的综合。此种作为绝对媒介的自我是一种自我和绝对无形成彻底媒介关系的自我。这一媒介关系或在媒介关系中的自我转化得以成立的条件是，必须要有宗教的爱和大悲。

出口康夫的《空的思想的逻各斯：重访西谷启治〈空与即〉》从西谷启治晚年最重要的作品《空与即》中读取出"何谓空的思想的逻辑（逻各斯）"的哲学问题，并试图为这个假设问题提供一个解答。作者认为《空与即》强调的是奇异逻辑、无逻辑（理事无碍的逻各斯）下的一元相，并非西方古典逻辑下的二元相。一元相包含宗教相（禅僧言论）与艺术相（汉诗、和歌、俳谐）。所谓空被西谷区分成"法义的空"与"情意的空"。作者借用现代非古典逻辑，即三值（ternary）的弗协调逻辑（paraconsistent logic）体系中的悖论逻辑（logic of paradox），试图为一元相里的"法义的空"建构一个逻辑系统。在此过程中，作者讨论了西谷与吉藏（549—623）的空思想，认为两者的空思想皆采取"真矛盾主义"（dialetheism）立场，具有"非且超对立"的真理样态，最后论证悖论逻辑是一种可以满足空的逻辑条件的逻辑。

杉本耕一的《"二战"期间京都学派的宗教哲学与时局性发言：以西谷启治为中心》异于一般从外部的政治立场，试图从西谷宗教哲学的内部思想结构来批判他在第二次世界大战（简称"二战"）期间的时局性发言。作者首先考察西谷《宗教哲学：序论》中的信仰、认识、体验这三种宗教立场，指出西谷采取的是禅体验的立场。所谓体验是指经验主体的自我毁灭或消灭。这种"脱自"便是获得脱离原本自我的生命，亦即再生。此为一种"根源主体性"的体验。作者认为这种体验在西谷"二战"期间的时局性发言中被援用在"主体的无"这一主张。然此主张却被"灭私奉公"的战争口号吞没，成为个人为国家牺牲、国家肆意膨胀的迎合理论，因而偏离了原本根源主体性的体验，亦即"主体的无"的宗旨。

田中久文的《美意识"あはれ"（aware）中的表现问题》旨在通过探讨"あはれ"这个代表日本人情感及其世界观的概念，来思考日本人独特的美学。此文首先以日本近代美学家大西克礼（1888—1959）及江户国学家本居宣长（1730—1801）的あはれ论为开端，检讨あはれ从个人情感的表露到认识客观世界的美意识之发展。关于后者的讨论，作者举出人接触客观事物所产生的美意识之概念，即"物之哀"（もののあはれ）。这里引发出あはれ的美意识并非二元论，而是物我、主客未分的美学（情感）论述。持相同论调的有西田几多郎、大森庄藏（1921—1997）、井筒俊彦（1914—1993）等哲学家。作者不局限在あはれ的认识论之讨论，进一步介绍大西主张あはれ的悲美带有形而上学或神秘主义色彩。最后，作者以あはれ带有精神满足（大西的主张）为起点，讨论了あはれ的救济意义。

合田正人的《从〈列维纳斯著作集〉中的意思与节奏谈起》以列维纳斯的《囚房笔记》为线索，思考犹太教的"殉教"（kiddush hashem）或"称神的名"，并将此概念与列维纳斯囚房时期的生活节奏进行联结。作者认为此一犹太教的囚房生活节奏，是列维纳斯哲学的开端与本质。作者甚至直言在《列维纳斯著作集》的片段记述里，比如善、正义等概念仍是由节奏或节奏的断裂而来。节奏或节奏的断裂在《囚房笔记》的发端，可在列维纳斯的《有》《整体与无限》《别于存在或超逾去在》中窥见。比如《有》的"呼吸困难"（essoufflement）便代表节奏的断裂。节奏的断裂又意味着别样的节奏。可见一种犹太教的"殉教"思想在列维纳斯哲学中的发展与演绎。最后，作者以此种列维纳斯节奏论展望节奏思想史的可能性。

合田正人的《关于道德与宗教的一个考察：列维纳斯与清泽满之》以日本近代哲学家清泽满之宗教哲学的无限（者）、他力为出发点，在检讨其内容的同时将其和列维纳斯的无限（者）、他律进行比较。作者指出清泽的无限带有根基论、他力信仰意涵，影响了西田几多郎的哲学发展。这和列维纳斯所谓作为"无=起源""无=秩序"的无限(者)有很大的差异。作者认为清泽"有限与无限是同体"的主张和列维纳斯的"同与他"(Même et Autre)、"同中之他"(Autre dans le Même)有相通之处。相对于清泽将他力信仰的宗教置放在伦理之上,列维纳斯则将宗教视为"同与他"的伦理照面的关系。关于两者伦理、道德论的比较,作者提出"同朋"与"邻人"概念来进行讨论,并以"责任"概念来思考两者的宗教(净土真宗与犹太教)哲学之异同。

加来雄之的《探究清泽满之的宗教哲学:如来与他力门论述》旨在探讨近代日本净土真宗大谷派哲学家清泽满之以自身他力(如来)信仰为出发点,建构能总括所有宗教教义、思想的宗教哲学体系。此一宗教哲学建构的动机,来自宗教所直面的近代世俗化危机。作者认为清泽以对如来、他力作用的体悟为基础,建构宗教哲学及他力门哲学(总关宗教哲学与特殊宗教哲学),进行宗派改革运动,提出精神主义口号阐释自身的宗教真实(实存)。清泽尤其赞赏西方哲学家爱比克泰德(50—135)的实学。受艾氏的启发,清泽认为所有宗教哲学概念的叙述并非来自对象逻辑的叙述,而是他力信仰的叙述。最后,作者强调清泽此种宗教哲学叙述能为近代日本佛教甚至是人类整体带来曙光。

谷彻的《现象学与东方哲学:日本的"间"(awai)概念》试图借由讨论存在以及存在与间(awai)的关系,对长期占西方哲学主导地位的"存在"或"实体"概念进行反思,并提出一个具日本色彩、以语言处理"存在"与"现象"(或显现)的现象学。作者以海德格尔(1889—1976)主张存在与显现的不可分离关系为开端,将存在分成名词与动词的存在(固定与动态的存在),分别检讨了中日文的"存在"概念,并指出日语的"存在"〔あり(ari)、ある(aru)〕具有持续出现状态的意思及系辞的功能。作者在讨论显现〔うつし(utsushi)〕时,说明此概念和媒介的行动有关。媒介行动的产生是在之间(awai)产生。间(awai)具有动词性,是一种你我、彼此、内外的相互媒介运动得以成立的空间。最后,作者期待间(awai)的现象学能让异文化的媒介运动在其中得以显现。

牧野英二的《日本的康德研究史与今日的课题(1863—1945)》以"二战"结束为界,试图借由关注日本的康德研究倾向及其社会、思想背景,来阐明康德接受史的历史及社会意义。首先,作者说明康德哲学文献在日本被翻译、其哲学被接受及研究的历史经纬。其次,作者解明从明治初期推动近代化以来,到今日为止的康德哲学接受史及研究史的特征。再次,作者阐明日本西方哲学研究史中历史最长、最有实质成绩的康德哲学研究之意义和课题。最后作者借由探讨"a priori"(超验的)、"transzendent"(超越的)与"transzendental"(超越论的)之翻译论争,来窥见康德接受史的一个片段。

牧野英二的《日本康德研究的意义与课题(1946—2013)》是上篇文章的后续,以"二战"后到当代的日本康德哲学接受史为重心,试图通过考察"二战"后日本康德研究史的意义及课题,勾勒从幕府末期到今日为止日本康德研究史的整体图像。作者将自己的康德哲学接受史考察整理出以下四个重点:第一,战后昭和时代康德研究的重构动向;第二,平成时代康德研究的多元化现象;第三,康德研究与后现代的流行现象、语言分析哲学之间的影响关系,特别是观察了20世纪90年代以后的英美哲学及哲学知识的分散化对康德研究给予方法上的影响之情况;第四,日本在处理21世纪康德研究的课题时所产生的从欧洲哲学到英美哲学的中心(亦即"心灵哲学")的影响关系之转移现象。

牧野英二的《日本的〈永久和平论〉研究及其课题》虽和上面两篇文章不无关联,但作者将考察重点放在康德《永久和平论》研究史的讨论及其当代性意义上。此文试图从审视康德所预见的现代社会之趋势与确认超越康德哲学之框架的当代课题这两个视点,来重新检讨《永久和平论》。在处理这些课题上,进行以下四项基础工作:第一,阐明《永久和平论》在日本的哲学研究上,所发挥的功能与意义;第二,深入日本的《永久和平论》之论争史,从和社会、思想背景之关联,来阐明其历史意义;第三,阐明日本的《永久和平论》研究之今日意义及课题;第四,探究跨国际民主(transnational democracy)的和平建构之可能性。作者在结论处并不讳言康德的《永久和平论》有诸多限制和难以解决的课题,但也期望吾人能多借鉴该书的智慧,来思考当代诸多难以解决的政治问题。

廖钦彬
2020年2月29日

第一部分

京都学派哲学

京都学派哲学与新儒学在现代世界的角色

藤田正胜[①]

一、现代世界的动向与哲学

在此以"京都学派哲学与新儒学在现代世界的角色"为题来进行思考,首先必须谈到"现代"是什么样的时代。想要简单地说明"现代"是什么样的时代,是一件非常困难的事,或许可说是一种有勇无谋的尝试。然而,至少当我们谈到我们的时代时,不能摒除"全球化"。"全球化"概念是包含各种层面的复合式概念。其基本上否定传统产业与文化、人与人之间的关系以及结合人与人之间关系的伦理性纽带与信仰,可说是带有将社会一元化的强大力量。在现代,亦有人对其产生反感,他们的意识开始转到过分强调传统的文化、道德、信仰或共同体之意义的方向。然而,由此产生出来的排他性国家主义与原理主义,相同地亦形成否认价值多元性的巨大力量。那是因为抱持这些主义的人只是想把自身的文化与价值观凸显出来。在这种多元文化与价值遭到毁坏的情况下,哲学或人文学究竟能扮演何种角色?

人文学在漫长的历史中,将人们的目光带领到无论是时间上还是空间上都不同的文化、事物的思考方式以及价值观上,培养了人们理解那些东西的想象力与思维能力。在全球化时代里,哲学的首项任务是,要比以往更加强调人文学所扮演的角色,这在现在是极为重要的。换言之,即要更加强调现今所求的正是强化能实现与异己的他者共存的文化与社会基础。

而那正意味着,哲学自身亦须对他者采取开放的态度。如前所述,人文学所造就的是,借由让自身面对"他者",打破"自己"这一框架,进而丰富自身的结果。哲学无须将自身的视点固定化,应该将其流动化。也就是说,哲学必须确保自身之"外"的东西,将"内"反射于"外",将

[①] 日本京都大学名誉教授。

"外"反射于"内",并将各自在无语的沉默里作为前提的东西映照出来,借此消解固有的思考框架,在新的视域用新的方法来重新把握问题。如此一来,哲学必能更加丰富自身,亦能使文化与社会更加成熟。

强化上述的借由彼此成为"外"与"内"、从根本来重新审视问题的哲学固有力量,可说是提供找寻京都学派哲学与新儒家思想的现代性意义以及两者在现代世界所应扮演角色的方法。本文将以西田几多郎与熊十力的思想为线索,来具体思考上述内容的可能性。

二、西田几多郎的思索与西方的思维

西田几多郎是奠定京都学派基础的哲学家,因而在日本广为人知。其处女作《善的研究》于 1911 年出版。此书可说是经过明治 40 多年西方哲学的吸收期,能在哲学领域独自起步的纪念性著作。西田在该书的思索脚步,是与笛卡尔一同开始的。毋庸置疑,《善的研究》的核心概念即为"纯粹经验"。其第一编被题为"纯粹经验"。然而,"纯粹经验"不是《善的研究》的出发点,而是其归结点。出发点究竟是什么?西田并不是在第一编,而是在事先完成的第二编"实在"的第一章"考究的出发点"中做了说明。西田在该处说道:"现在若想理解真的实在,欲知天地人生的真面目,非得以直接的知识,也就是非得以能怀疑就尽可能地怀疑,摒除所有人工的假定,怀疑到不能再怀疑的直接知识为根本来出发。"① "能怀疑就尽可能地怀疑",这种彻底的怀疑可说是西田思索的出发点。

毋庸置疑,当西田如此说时,可说他早就意识到笛卡尔方法论怀疑。因此,在此可以说西田的思索脚步是与笛卡尔一同开始的。然而,怀疑的结果,西田所找寻出来的东西,与笛卡尔的东西并不相同。众所周知,笛卡尔从其怀疑所导出的结论是,"即使我认为一切事物都是虚伪时,如此思考的我,必然是某物不可"(6/32)②。关于此说,笛卡尔接着在《哲学原理》(*Principia philosophiae*,1644)中如此表述:"在怀疑的时候,我们若不存在的话,我们就无法怀疑。而在中规中矩地进行哲学推论时,其就

---

① [日]西田几多郎:《西田几多郎全集》第 1 卷,东京岩波书店 2002 年版,第 47 页。此全集引文,以下皆以"N 卷数・页数"标示出处。

② 笛卡尔著作之引用,皆依据全集 *Œuvres de Descartes*,Publiées par Charles Adam & Paul Tannery(Paris:J. Vrin, 1996),并于引文之后以"卷数/页数"标示出处。

是我们认识的最初事物。"（8/6 – 7）

对于此说法，西田在《善的研究》第二编的第二章中说道："意识必定是某人的意识，其实只不过是在意识之中必须有统一的意思。若认为在这之上必须有个所有者的话，其很明显的是一种独断。"（N1·55）西田认为先于意识而以意识所有者的存在为前提是一种独断，并对其加以排斥。

为了突显两者的不同，在此提出笛卡尔的《沉思录》（*Meditationes de prima philosophia*, 1641），具体来说，是将提出笛卡尔与托马斯·霍布斯之间的议论。笛卡尔《沉思录》的构成不仅包含六个沉思，还包含该书附录，也就是对笛卡尔主张的批判以及笛卡尔对其之答辩。其第三个批判即对霍布斯的批判。笛卡尔的第二个沉思题为"关于人类精神的本性"，在该处，笛卡尔再次论述有关"cogito, ergo sum"的问题。在论述完对于第二沉思的感想之处，霍布斯认同"我存在"这一命题的"知"是依存在"我思考"这一命题之上，接着提出疑问："我们究竟能从何处获得关于'我存在'这一命题的知？"并说道："我们在无主体（基体）的情况下，无论如何都无法想象出作用这东西。譬如就像没有跳舞者就无法想象出跳舞，没有知者就无法想象出知道，没有思考者就无法想象出思考一样。"（7/173）笛卡尔在其答辩中，对霍布斯从其命题导出"思考者为某一物体性东西"的归结提出反论，即提出"像那样的推论并无任何根据"的反论。然而，另一方面关于"我们在无主体（基体）的情况下，无论任何作用都是无法想象出来的"的主张，却无条件地承认其正当性。毋庸置疑，笛卡尔与霍布斯之间共有的主张即是一切作用皆归属于"主体（基体）"。然而，正因此，西田才无法认同霍布斯及笛卡尔。与笛卡尔共同跨出思索脚步的西田，却在这点上导出相反的结论。

笛卡尔与西田的不同，与如何思考经验这个问题有关。按照笛卡尔的说法，在没有主体（基体）的情况下，当然无法思考经验。因此，我们可以说，有知觉者故有知觉经验的成立，有思考者故有思考经验的成立。

而西田的"纯粹经验"论正好成立于批判这种经验理解上。根据西田的说法，当我们直接接受经验时，也就是"完全放弃自己的作为，随着事实而知"时，则无法认同先于经验的主体（基体）之存在。此即"尚未有外物的作用或我感觉到它之类想法的"（N1·9）状态。换言之，"既未有主亦无客，知识及其对象完全合一"的经验才是"经验的最醇者"。相对于此，主客之别，只不过是从那种纯粹的经验所衍生出来的而已。

然而，通常我们是以主客观之对立为前提来思考经验的成立。如前所述，西田在《善的研究》的第二编"实在"里说道，"摒除所有人工的假定，怀疑到不能再怀疑的直接知识为根本来出发"。西田在此处用"人工的假定"这种表达方式所要传达的是，预先描绘主客对立的模式，之后再来思考经验的成立这件事。

对此，西田主张"并非有个人才有经验，而是有经验才有个人"（N1·24）。为了"以直接的知识为根本来出发"，就非得回归到经验本身不可，而不是回归到被假定的个人存在。总之，西田想传达的是回归经验本身。

当然，像这样的主张不仅可以从西田的思想中找到，亦可以从其他思想家（西方思想家）的思想中找到。譬如梅洛－庞蒂即在《知觉现象学》中，以哲学首先应该实现的课题为问题，进行如下叙述："最初的哲学行为应该是，回归到在进入客观世界之前的活生生的世界。因为唯有在这活生生的世界里，我们才能了解客观世界的权利及其诸局限。最初的哲学行为应该是，将事物的具体面貌归还给事物，将有机物应对世界的固有方法归还给有机物，将主观性的历史性所属归还给主观性。"①

在这里我们可以说，西田亦是借由道出应该"完全放弃自己的作为，随着事实而知"来主张回归到"在进入客观世界之前的活生生的世界"。梅洛－庞蒂主张哲学必须将"具体的表情"还给事物本身。西田则主张"主客尚未分离的、独立自全的真实在统一知、情、意。真实在并非一般所想象那样冷静的知识对象，而是从我们的情意所成立的"（N1·50）。两者的主张相互重叠。回归到具体的事物或活生生的世界这种态度，很明显是两位哲学家所共有的。类似的例子尚有许多。

然而笔者认为，对"在无主体（基体）的情况下，无论任何作用都是无法想象的"这种难以动摇的主张提出"意识必定得是某人的意识，其实这很明显的是一种独断"的看法，是相当有意义的。因为在那里才能摇撼思想，在那里通过摇撼思想才会有创造性对话的出现。

---

① M. Merleau-Ponty, *Phénoménologie de la perception*, Paris: Gallimard, 1945, p. 69. ［法］梅洛－庞蒂：《知觉现象学》1，竹内芳郎、小木贞孝译，东京みすず书房1967年版，第110页。

三、语言的前提

我们已在上述内容中看到笛卡尔与西田对行为或作用的主体以及经验的理解之不同。接着,笔者将把目光转移到两者理解之所以不同的背景上,据此检讨上述主张的成立是否奠基在某个前提之上。

其中一个可能的线索是,两者使用的语言或语言结构,是否成为其主张的前提。法国文学家中川久定发表在《思想》的《笛卡尔与西田:两种哲学的语言前提》①一文早已注意到这点。

中川在此论文中说道,上述笛卡尔与霍布斯共有的"在无主体(基体)的情况下,无论任何作用都是无法想象的"之主张,必须以拉丁语独特的(在那里当然包括法语与英语等其他欧洲诸语言)语言构造为基础才能成立。

因为在那些语言当中,动词所承担的一切行为皆是以主体(主语)的存在为前提。就上文视为问题的笛卡尔"cogito, ergo sum"这一命题来说,无论是 cogito 这个动词还是 sum 这个动词,在形式上主语都没有被呈现出来。然而,无论是在 cogito 还是在 sum 的第一人称单数形态的语尾变化中,ego 可说是实质上的显现。因此,对使用动词会屈折变化的语言来思索的人而言,主体(主语)先于行为而存在是理所当然的。"在无主体(基体)的情况下,无论任何作用都是无法想象的"这句话,无论是对讲法语的还是讲英语的人来说,都是能够立刻认同的命题。

然而,对那些使用与拉丁语系语言结构完全不同的语言说话的人而言,方才的命题绝不是绝对的前提。中川在其论文中主张讲欧洲诸语言的人会带有特定的语言前提,在其前提下,"在无主体(基体)的情况下,无论任何作用都是无法想象的"这句话才能成立,而且无论是笛卡尔还是霍布斯对其语言前提都是无自觉的(当然西田亦是如此,他对自身的语言前提并非自觉的)。笛卡尔在《沉思录》中对先前提到的霍布斯对第二沉思的批判做了回应:"法国人与德国人虽然在脑中浮现的是完全不同的语言,但谁能怀疑他们可以针对同一件事做相同的推理?"(7/178 - 179)然而,在法国人与德国人之间,固然能够如此,但和使用与其结构完全不同的语言说话的人之间,不见得就会有相同的主张。

---

① [法]中川久定:《笛卡尔与西田:两种哲学的语言前提》,载《思想》1999 年第 902 号。

关于上述质疑，在此将举出并非屈折语言的日语来做探讨。在日语当中，如"热"（暑い）、"痛"（痛い），或者是"好了"（できた）、"做了"（やった）等，皆为没有人称变化的谓词，其自身即能成为句子。从这种日语结构来看，不见得就会产生方才所提笛卡尔与霍布斯之间的共同理解，即"在无主体（基体）的情况下，无论任何作用都是无法想象出来的"这种主张。

此种日语表达结构并不是偶然发生的，应该是有相应的根据才会有那种表达形式出现。就以"热"（暑い）来说，这种经验，并不是以主体（基体）为前提的形式出现，因而才以上述达现形式出现。语言结构的不同并不全然与"经验"呈现的不同没有关系。或许应该说两者关系密切，我们无法光思考经验而不顾语言，或者光思考语言结构而不顾经验。

方才说到经验并不是以主体（基体）为前提的形式出现，以下笔者将针对这点进行具体思考。譬如我们会这样表达："钟声在响，有钟声。"（鐘の音がする）"听到钟声，有钟声。"（鐘の音が聞こえる）在这种表达里，经验是在主体退隐于背后的形式下呈现的。在那里所经验的始终是"听到钟声，有钟声"（鐘の音が聞こえる），而不是"我听到……"这种事态。相同的情形，譬如在德语中则以"Ich hörte eine Glocke läuten"的形式出现，在英语中则以"I heard a bell ringing"的形式出现。在这里，很明显有一个"我"的存在，而经验则是在主体持有优越性的形式下呈现。

在日语中并无法在表达构造中找出像那样的主体（＝主词的优越性）。也就是说，没有人称的东西，即可属任何人的"钟声在响，有钟声"（鐘の音がする）这种事态足以单独地被表达出来。会有如此表现，就如一般所言，并非因为主语被省略，而应该说是因为此经验是以非人称的方式或前人称的方式呈现。"钟声在响，有钟声"（鐘の音がする）是初次性经验的状态，"我"这一主体（＝主词），只不过在有必要特定主体时对初次性的经验进行反省，并借此明确地表示自身而已。

四、文化的前提

上节论述到笛卡尔与西田对行为或作用的主体以及经验的理解之所以不同，是因为背后的语言问题，接着又论及彼此经验——与其语言结构有关——的不同。然而两者主张的不同，亦可以说是来自其背后的特殊精神传统,即在方才所述经验状态上所形成的特殊精神传统。

西田在晚年的巨变时代,针对日本文化的方向有过几次发言。而岩波书店出版的《日本文化的问题》(1940)即为其中之一。西田在此书中说道:"吾人唯有借由前往物的真实才能算是真正的创造、真正的过活。"(N9·10)西田以"前往物的真实"这种表现来指出日本文化的方向。"前往物的真实"这种表现,很明显是以本居宣长在《直毗灵》中所言"唯有前往物的道而已"(其はたゞ物にゆく道こそ有りけれ)为基础。

然而,西田在《日本文化的问题》中超出原意,添加了以下意思:"不断地前往物的真实,这里非得包含科学的精神不可。其非得将自我掏空跟随物的真实不可。……亦即非得在真实的面前低头不可。"(N9·5)"科学的"并不是单指"自然科学的"。在《日本文化的问题》的附录《学问的方法》(1937年演讲)中,西田则以"学问的""理性的"来表达它。"日本精神必须永远是空间的、世界的空间的。此为何意?也就是说它必须永远是学问的、理性的。"(N9·88)《日本文化的问题》未出版前,西田于1938年在京都大学连续演讲"日本文化的问题"。西田在演讲中揶揄当时的时代潮流时说道:"在现今流行的语汇里,最为肤浅草率的就是'日本科学'。即使加上日本这个形容词,其学问也好不到哪儿去(笑声)。"(N13·15)就在当时潮流的笼罩下,西田强烈意识到在理性基础上所构筑的学问之必要性。西田在《日本文化的问题》里强调"前往物的真实"之必要性,绝不是与时代动向没有关系。《日本文化的问题》,在这层意义上可说是西田对当时日本的学问与政治形态的强烈批判,亦可说是一种信息。

从上述内容可知,西田在"前往物的真实"里添加了必须在具有客观基础的东西上建构学问的意图,同时又用"前往物的真实"来表述人们从典型的日本或东亚宗教与艺术——否定自我跟随物或完全成为物的——中所追求出来的生活方式与态度。譬如西田说道:"我认为日本文化的特色就是,吾人在从主体转到环境的方向里,不断地否定自身以成为物,成物以观,成物以行。将自己掏空以观物,自己埋没于物之中,无心或自然法尔等,皆是我们日本人所强烈憧憬的境地。"(N9·56)"前往物的真实"所指的,在某方面就是将自己掏空以观物或无心地行动这种态度(于日本或东亚文化中作为其特征被发掘出来的态度)。

西田在《日本文化的问题》中言及铃木大拙1939年出版的《所谓无

心》（N9·55）。大拙在该书从唐代禅僧本净的语录中引用了以下一段话："见闻觉知无障碍，声香味触常三昧。如鸟空中只么飞，无取无舍无憎爱。若会应处本无心，始得名为观自在。"① 大拙注意到这段话中的"如鸟空中只么飞"，并附以下解说："在此应了解与体会'如鸟空中只么飞'。只么二字极为有趣，'如是'之义也。如之义，'自然'（在るがまま）、'自由自在'（動くがまま）也。按照我国语言直接翻译的话，就是赤裸裸、净洒洒、本来自性清净、不思善不思恶、无思虑、无义的义等意思。此处既无泛神论，也无神秘主义。'まま'之字，乃众妙之门。"② 大拙从"まま"这个用语，也就是无思虑、自然（あるがまま）中找寻出所谓无心的或禅的终极境地，进一步从中找到"东方精神文化的轴心"。

另外一个例子，笔者想从世阿弥的艺道论来探讨。世阿弥在《风姿花传》的第二"种种演技"中如此说道："模仿的种种用笔难尽，虽说如此，却是此道最重要的地方，因此，应该努力精进各种技艺。凡事都不省略，尽可能达到相同的才是本质。"世阿弥是如此强调在极尽艺道时没有比模仿更重要的。然而，他在《风姿花传》的第七"别纸口传"中却说道："在模仿里，应该有不欲达到相同的境地。穷尽模仿真正成为物时，就不会有想要达到相同的心。"也就是说，不断追求模仿下去的话，想要达到相同的心会消失不见这种艺境就会出现。此处的艺境，世阿弥在《花镜》中用其他的用语来表达，如"无心之感""无心之境"。在无思虑、不使用技巧的情况下来演出，还能给予绝妙的感动，这种阶段对世阿弥而言，可以说是艺道的极致。

就这样，在日本或东亚的宗教与艺术中，上述无思虑、自然的境地被当成一种理想而不断地被追求至今。或许这种态度在以主体（基体）为前提的经验世界里，会被认为是否定生的意识的、缺乏伦理性的。然而，在以主体退隐到背后的形式出现的经验世界里，则完全被认定为应该朝向的境地。笔者认为，从先前所述西田的经验理解以及"意识必定是某人的意识不可，是一种独断"这种主张的背后，不仅能看出日语独特的结构，还能看出上述精神传统的存在。

---

① 《指月录》，载《新纂续藏经》，CBETA, Vol. 83, No. 1578, pp. 460c19 – c21.
② ［日］铃木大拙：《铃木大拙全集》第7卷，东京岩波书店1999年版，第301页。

五、熊十力的思想

若笛卡尔与西田的主张是以上述语言前提或精神传统为基础的话,那么将彼此置放在能相互对照的位置,应该能够动摇两者的思想。也就是说,将目光置放在两者以之为前提的思考架构上,必定能够检讨出其是否为先入为主的观念。

说到京都学派哲学与新儒家思想在现代世界所能扮演或应该扮演的角色(这同时也是其他哲学譬如德国或法国哲学所应该扮演的角色),笔者认为亦能从此观点来思考。

笔者对有关新儒家的知识非常贫乏。熊十力的专著《新唯识论》,被关西大学吾妻重二翻译成日语。① 笔者因此能够知道一点该书的内容。归根结底,熊十力的思想特征,应可说是在于明确区分慧与智、哲学与玄学。

"慧",是指将事物视为外在的存在,并将其加以分别,给予固定化,借此来确定事物为何的知。相对于此,"智"是指,"实体"借由"反求"自身,也就是借由直接地自觉自身,换言之,借由"实证"或"体认"而成立的知。

我们日常生活中的知亦是以事物的外在为前提。哲学亦是以"慧"为基础的知识体系。熊十力在《新唯识论》"明宗"章里如此说道:"世间(换言之,哲学——笔者注)大抵将体探求于外,各自任凭自己的慧来进行描述与臆测,一味地界定以达到满足。然而,这可说是非常大的迷惘。"② 至于"玄学"则是依据"实体"的"实证"。根据"实证"来捕捉"实体"本身者不外乎是"玄学"。

值得注目的是,熊十力的思想与西田几多郎的思想很明显有共通之处。西田长熊十力十五岁,熊十力和田边元(西田在京都大学的后继者)于同一年出生,因此两人可说是活在同一时代的人。

譬如熊十力在《新唯识论》中对实体的"实证"添加了如此说明:

---

① 熊十力:《新唯识论》,吾妻重二译注,大阪关西大学出版部2004年版。
② 熊十力:《新唯识论》,吾妻重二译注,大阪关西大学出版部2004年版,第16页。[译者按,原文为:"世间谈体,大抵向外寻求,各任彼慧,构画揣量,虚妄安立。此大惑也。"(熊十力:《新唯识论 破破新唯识论》,台北河洛图书出版社1975年版,第1页)]

"所谓实证即是自己认识自己，一点蒙蔽也没有。"[①] 而西田几多郎在《善的研究》中说明"纯粹经验"时，亦有同样的描述，即"所谓经验就是直接无任何造作地知道事实的意思。也就是完全放弃自己的作为，跟随事实而知的意思。一般说经验者事实上亦交杂一些思想，而所谓纯粹是指，不加丝毫的思虑分别，且为真正经验自身的状态"。西田所谓的"纯粹经验"就是，不加任何认识者所带来的思虑分别之经验的根源性存在方式。

而熊十力在《新唯识论》里针对实体的体会做了如下说明："真正悟体者会反穷内心。在那里无自他的间隙，征物我之同源，动静一如，时空观念亦消灭。"[②] 此处与西田的"纯粹经验"描述对应。西田如此描述"纯粹经验"："当下经验到自我的意识状态时，既未有主亦无客，知识及其对象完全合一。此正是经验的最醇者。"

接着若以熊十力所谓"转变"与"功能"的概念来和西田的思想做比较，亦非常有意思。熊十力如此说明"转变"："原本诸行闲静不具实体。为表面所因者认为其是实际存在着。但洞察真理者则暂以其为转变来说明。"[③] "功能"应该是指，从作用这一层面来表述转变不止的实体状态的功能。熊十力即是从这个观点来批判唯识视"功能"为一种原因的立场。

熊十力的"功能"理解，亦和西田的"纯粹经验"理解相通（当然并不是完全相同）。因为西田亦视"纯粹经验"为"无主客对立，无知情意之分离，只是独立自全的纯粹活动"（N1·48），并强调其始终是个作用。

无论是西田几多郎的"纯粹经验"论还是熊十力的"实体论"，两者皆包含有批判哲学（在描绘主客观对立模式后思考认识或存在问题的哲学）的要素。当西田与熊十力的思想与那种二元论式的实在掌握相比对

[①] 熊十力：《新唯识论》，吾妻重二译注，大阪关西大学出版部2004年版，第15页。[译者按，原文为："实证即是自己认识自己，绝无一毫蒙蔽。"（熊十力：《新唯识论 破破新唯识论》，台北河洛图书出版社1975年版，第1页）]

[②] 熊十力：《新唯识论》，吾妻重二译注，大阪关西大学出版部2004年版，第16页。[译者按，原文为："真见体者，反诸内心，自他无间，征物我之同源。动静一如，泯时空之分段。"（熊十力：《新唯识论 破破新唯识论》，台北河洛图书出版社1975年版，第2页）]

[③] 熊十力：《新唯识论》，吾妻重二译注，大阪关西大学出版部2004年版，第69页。[译者按，原文为："盖闻诸行阒其无物。滞迹者则见以为有实。达理者姑且假说转变。"（熊十力：《新唯识论 破破新唯识论》，台北河洛图书出版社1975年版，第26页）]

时，两者所包含的意义与论述范围才能真正显现出来。

当然这并不代表通过上述的对比，两者的主张就可以完全脱离使其成立的思考框架。然而，至少我们可以从中找出对话成立的可能性。笔者认为，借由将自身立场相对化的过程，必能找出重新反省问题的可能性。

然而，这样的做法不仅和思考京都学派与新儒家在现代世界所扮演的角色这一问题有关，亦和哲学究竟是什么这一问题有关。因为哲学就是能够经常"批判"自身的组织结构，并超越它的学问。哲学在这一层意义上，虽然可称为"自由"的学问，但其"自由"的可能性，不也得建立在方才所说的对话之中吗？

见无形者之形，听无声者之声：
以西田哲学为中心

藤田正胜

一、前言

本文主题"无形者之形"这个表达，是来自西田几多郎的话："见无形者之形，听无声者之声。"确切地说，在西田于 1927 年出版的论文集《从动者到见者》的"序"中，有一段这样的叙述："无须赘言，在将形相视为有、将形成视为善的西方文化的绚烂发展当中，有许多值得吾人尊重与学习的东西。然而，在几千年来孕育吾人祖先的东方文化之根柢里，不也潜藏着"见无形者之形，听无声者之声"这种东西吗？吾人之心对这样的东西渴望不已，因此，我想针对那样的渴求，给予哲学的根据。"①

在那之前，西田并没有针对东方的文化与思想直接进行论述。西田虽然也不是没有触及这些，但他认为在和西方思想的对比上，没有特别必要举出东方思想，或主张重新振兴东方思想与学问。当然，他也没有联系自己的哲学来谈论东方思想。

相对于那样的态度，西田在《从动者到见者》的"序"当中，却用"见无形者之形，听无声者之声"来表达存在于东方文化根柢的东西。在"序"当中，针对那样的渴求"想给予哲学根据"这种充满在西田自身思索的意图，很明确地被表现出来。这表示西田在这个时间点，明确地掌握了在东方文化根柢的东西，并且开始意识到那种东方文化所带来的渴求与自身思索有了联结点。

在《从动者到见者》中，西田被人如此评价："可说是踏入了称得上

---

① [日]西田几多郎：《西田几多郎全集》第 3 卷，东京岩波书店 2003 年版，第 255 页。此全集引文，以下皆以"N 卷数·页数"标示出处。

具有一个体系的境地。"① 同时，西田自己也认为"借此已达到自身最终的立场"②，也就是达到确立"场所"思想的境地。而此"场所"的思想和西田用"见无形者之形，听无声者之声"来表达存在于东方文化根柢的东西，有很深的关系。

更进一步来说，针对存在于此东方文化根柢的渴求"想给予哲学根据"这种西田的意图，和想给予到当时为止一直都没有用完整形式出现的"东方理论"一个具体形式（关于此形式，将于后面进行论述）的企图有关联。在这个意思上，我们可以说"见有形者之形"这种在东方文化根柢的渴求与西田哲学有很深的联结。关于此两者的重叠，或在两者之间所产生的交错，笔者想在以下的小节中进行探讨。

二、西田的"场所"论

西田在《从动者到见者》所收录的论文，特别是在《场所》（1926）这篇论文中，详述了"场所"这个概念。当然，这里的论述并没有马上提出东方思想，关于"场所"的论述，和东方思想也没有什么关联。

笔者在此首先想简单说明一下"场所"的思想如何形成，其又带有什么样的内容。当西田谈论"场所"时，并非从某个固定的观点来谈论它，而是通过各种关联，或者是将很多东西放在自己的想法中来进行论述。或许这一点对应的是，西田从各种思想中得到启发，从而形成"场所"的思想。

比如，在论文《场所》中，西田在谈论"意识的场域"（意識の野）时，添加了"包摄对象并无限扩展的场所"（N3·422）的说明。这表示西田将"场所"视为"时时刻刻都在移动的意识现象"背后的"不动的意识场域"（N3·416），并且将其理解为所有东西都存在于那里的场所（"於てある場所"）。如此看来，我们可以想象，或许在西田的想法里，潜藏着冯德（Wilhelm Wundt）、胡塞尔（Edmund Husserl）所使用的 Bewusstseinsfeld 概念，以及威廉·詹姆斯（William James）所使用的 field of consciousness 概念。当然，这不代表西田的"场所"和这些概念就带有相

---

① ［日］左右田喜一郎：《关于西田哲学的方法：求教西田博士》，载《哲学研究》1926年第127号，第1页。

② 西田在1926年6月8日写给务台理作的信。

同的意思与内容。然而，可以确定的是，西田在那里找到了和自身"场所"概念有共通之处的东西。

此外，西田在构想"场所"的思想时，从亚里士多德（Aristoteles）认为是胜义的"ουσία，ousia"（实体、实在），也就是"基体"（ujpokeivmenon）的概念，得到很大的启发。例如，西田在1939年出版的《哲学论文集（三）》的"序"中，便如此回顾《场所》这篇论文："组织一个哲学体系，必须有逻辑。我便是从《场所》这篇论文，得到了其线索。亚里士多德的'基体'（ujpokeivmenon）思考，则成了此论文的引导。"（8·255）特别给予西田很重要的启发的是亚里士多德对"基体"的理解，亦即"彻底的主词而非谓词的存在"。西田就是以此为线索，为自己初期的思想，也就是"纯粹经验"论给予逻辑上的根据。

然而，西田并不是原封不动地接受亚里士多德的基体概念。亚里士多德所谓的"基体"是"个体"，也就是"只有一没有二的个物"。但西田却不将此概念视为"主词（主语）"的极限，而是将其视为"无限的谓词（述语）之统一"，换言之，是将其作为"统一无限判断的存在"（N3·327）来加以掌握。相对于亚里士多德从"主词"寻求判断的基础，西田则从"谓词"来追求之。那不是作为"主词"或"个物"被对象化的存在，而是将该对象化的作用化为可能的存在。用别的方式来说，那不是知识的内容，而是知识成立的场所。若就主词与谓词的包摄关系来说的话，那是彻底将其关系往谓词方向推进时最后所到达的、超越的"谓词面"，而且是"彻底的谓词而非主词的存在"。西田便是如此从根本上改造并接受了亚里士多德的"基体"概念。我们可以说，西田是通过这种方式来替自己的初期思想打造一个逻辑的根据。

这个被表现为"彻底的谓词而非主词的存在"，亦即"场所"并不是于其中的存在物（"於てあるもの"）那种"有"。西田主张"场所"是"无"，而且是一个彻底的"无的场所"。

然而，这并非从"有"区别出来的"无"，或和"有"对立的"无"。即使它是否定一切"有"的"无"，但只要它和"有"对立，换言之，只要它拥有和自己对立的东西，那么其就只不过是被限定的存在，也就是一种"有"而已。当西田在表现"无"或"无的场所"时，其所意味的正是"包摄有无的存在"，亦即"连有无的对立都超越，并将其成立于自身之内的存在"（N3·424）。西田亦用"单纯的场所"（N3·436）

来表现它。因为其绝不可能是知识的内容,其是不管用任何意思都无法被规定为"有"的存在。

然而,这个"单纯的场所",不会制造出任何东西,其也不是单纯的无限开放。这是让有无的对立成为可能的存在,换言之,是让判断或知识成为可能的存在。在这个意思上,西田将"场所"视为"在自己之中映照自己的存在"。例如,西田就如此说道:"如此在自己之中无限地映照自己的存在,自己本身是'无'而且是包含无限的'有'的存在,作为真的我,在此所谓的主客对立才能得以成立。此存在既不能说是同,也不能说是异,既不能说是'有',也不能说是'无'。那是无法用所谓逻辑的形式来加以限定、却是让逻辑的形式得以成立的场所。"(N3·419)"场所"是超越一切范畴,换言之,即超越一切限定的存在,同时亦是让这些成为可能的存在。在这个意思上,其是"包含无限的有"的存在。

三、场所与镜子

新柏拉图主义的代表普罗提诺(Plotinos),亦是西田在建构"场所"逻辑时给予不少启发的思想家之一。西田在《从动者到见者》收录的论文《表现作用》中指出,将吾人的意识作用包含在内,并使之成立的是"如普罗提诺所说的一者"(N3·374)。接着,在和此"一者"概念的关联中,西田举出了"镜子"的比喻。关于此点,他在论文《表现作用》中如此说道:"普罗提诺认为……所谓真的质料非得是接受形状的场所,或者是映照它的镜子那样的东西不可。……纯粹质料若是映照光的镜子的话,那么一者可说是观看光本身的眼睛。"(N3·381)

方才已说过,西田将"场所"视为"在自己之中映照自己的存在",至于此"自觉"的结构,西田则借用普罗提诺的"镜子"比喻来进行说明。

除此外,西田在《从动者到见者》收录的论文《关于内部知觉》中,论述自己的作用具有"从自己之中制造自己"这种自觉结构之后,如此叙述道:"在吾人的自觉之中,在自己不知道自己之前是不会有自己的,在自己还没有活动之前也不会有自己,自我的内容是通过自我的活动才产生的。"(N3·350)自觉并不是以"映照物"为前提的作用。随着"映照"这种作用,自我的内容才会产生,也因此自我本身才会产生。

那么,该"自觉的内容是在何种对象界当中发展的呢"?西田提出了这样的问题后,自己做出如下回答:"自己在自己之中映照自己。映照自己的内容的镜子,亦非得是自己本身不可,其并不会在物之上映照自己的影子。"(N3·350)自觉在"自身之中",才能得以成立。"知道的我、被知道的我以及我知道我的场所,事实上只是一个",此便是"自觉"(N3·350)。西田在此初次以自身独特的意思来使用"场所"这个词。西田的"场所"思想,便是在此种"自觉"的理解之下诞生的。

西田不只是将映照光的场所(质料)比喻成"镜子",还将"知道的我、被知道的我以及我知道我的场所,事实上只是一个"这种"自觉"本身也比喻成"镜子"。"无映照物"的镜子,将镜子自身映照在镜子自身之上。在《场所》这篇论文中,西田如此说明这一点:"真的场所就像是在自己之中映照自己影子的存在,亦即像是映照自己本身的镜子的存在。"(N3·429)

如前所述,西田在说明"场所"这个概念时提出镜子的比喻,事实上是意味着普罗提诺的思想,但禅的思想同时亦可说出现在其想法当中。在禅的世界里,镜子亦经常被用来表示得悟的境界。井上克人的《西田哲学中宗教性的东西》这篇论文,便指出了这一点。井上在此举出记录菏泽神会(680—762)语录的《神会录》,并论及其中的"明镜"之喻。①

菏泽神会是禅宗六祖慧能(638—713)的弟子。当时,禅宗分成南北两宗,属于北宗的神秀主张渐修的禅法,属于南宗的慧能则重视顿悟的见性。之后,南宗禅则变成了中国禅宗的主流。神会便是在这过程中的重要人物。神会以"无念"这个词,来表现禅的终极境界。根据《神会录》的记录,当有人问"无念"究竟是什么的时候,神会则回答不可说,并回答可将其比喻为"明镜"。针对此回答,问者更进一步问道:您在此"无念"之中说"一切的有无,皆不可立",那么究竟此镜子是要映照什么呢?神会则回答:镜子就是因为清明,才有自性之照。②

此处的"自性之照",可以解释成镜子映照镜子自身之意。方才已说过,在论文《场所》中,真的场所被比喻为"映照自己本身的镜子",而

---

① [日]井上克人:《西田哲学中宗教性的东西》,载[日]大峰显编《西田哲学入门》,京都世界思想社1996年版,第267页。
② 铃木大拙的转述,参见[日]铃木大拙《铃木大拙全集》第3卷,东京岩波书店1999年版,第251页。

在《场所》的第四节中，西田论述完"真的无的场所"被比喻为"自照的镜子"之后，针对此处所说的镜子，如此叙述道："此种镜子并非从外面带来的，而是原本就在其根柢当中。当吾人真的活在知觉作用时，吾人就会处于真的无的场所。"（N3·454）当西田如此将"真的无的场所"比喻为在自身根柢的"自照镜子"时，方才所说的明镜的"自性之照"（神会语），不就是在他的想法里面吗？

笔者认为道元视为问题的"古镜"，也有出现在西田的构思当中。《正法眼藏》第十九章的标题为"古镜"，在其开头处道元说道："诸佛诸祖所受持单传的便是古镜。"① 也就是诸位佛祖一直持有相传而来的古镜之意。这个古镜是指佛教的法、真理之义，其被比喻为映照宇宙所有现象的镜子。宇宙的所有现象都在那里，这意味着被映照在这个宇宙大的镜子当中。

在《正法眼藏》的第十九章"古镜"当中，有一段话非常耐人寻味。有一位叫雪峰义存的禅僧和一位叫三圣慧然的禅僧一同外出时，遇到了一群猴子，此时雪峰就开口说："这些猕猴，每个都背负着一面古镜。"② 此处所介绍的便是雪峰曾说过的猕猴们每个都背负着一个古镜在身的故事。也就是说，所有猴子都背负着宇宙大的永恒之镜，同时表示所有人类也如此。古镜的意思，若用佛教一般使用的语言来说，便是"佛性"，据说佛性存在于每个人当中。当西田说"此种镜子并非从外面带来的，而是原本就在其根柢当中"时，或许他也意识到了上述禅所说的"古镜"。

四、无

西田几多郎的"场所"思想，并非解释东方思想时产生的，而是从其"纯粹经验"论的理论基础之课题中产生的。然而，如上所述，在两者之间有一个非常深的联结。③ 如前所述，当西田将"场所"视为"无"的时候，其应该也意识到了东方传统思想中的"无"，特别是禅所说的"无"。当然，在论文《场所》当中，西田并没有以明确的形式论及禅。然而，他

---

① ［日］道元：《正法眼藏》（二），水野弥穗子校注，东京岩波书店1997年版，第11页。
② ［日］道元：《正法眼藏》（二），水野弥穗子校注，东京岩波书店1997年版，第30页。
③ 关于此点，笔者曾于拙著《西田几多郎的思索世界：从纯粹经验到世界认识》（东京岩波书店2011年版）第九章讨论过。参见该书第247页。

也曾经如此说道:"当场所本身变成无的时候,像作用这样的东西也会跟着消失,并且全部都会变成影像。……像本体这种东西已经无法在此求得,此时只能自己变成无,并在自己之中映照自己的影子。然而,从另一方面来说,若真正在无的立场当中,所谓无本身也会消失,因此所有存在物就必须是存在物本身。存在物本身是有意味着,有本身就是无,也就是说,所有一切都是影像的意思。"(N3·445)

"若真正在无的立场当中,……所有存在物就必须是存在物本身"这种表现,显然是禅宗的说法。接着,在《从动者到见者》之后出版的是《一般者的自觉体系》,西田在此书收录的论文《叡知的世界》(1928)中如此说道:"当真正透彻于绝对无的意识时,在那里既没有我也没有神。而且那是绝对无的关系,因此,山是山,水是水,存在物以其自身存在方式存在。"(N4·146)此处的"山是山,水是水"这种表现,经常在禅宗的文本中出现。比如,道元在《正法眼藏》第二十九章"山水经"中就如此说道:"古佛云,'山是山,水是水'。此发言,并非只是在说山是山而已,而是以山(やま)这个词来说明山(さん)的真实。若是如此,就必须专研山。若能穷尽山(さん)的真实的话,那么山本身就是修行。"①

这里的"古佛云",应该是来自唐代禅僧云门匡真的"天是天,地是地;山是山,水是水;僧是僧,俗是俗"的表现。此外,宋代禅僧青原惟信,亦曾经如此说道:"老僧三十年前未参禅时,见山是山,见水是水,及至后来,亲见知识,有个入处,见山不是山,见水不是水,而今得个休歇处,依前见山只是山,见水只是水。"② 如前所述,西田在《叡知的世界》中论及"山是山,水是水,存在物以其自身存在方式存在"。我们可以说,"存在物以其自身存在方式存在"这种表达是指"休歇处",也就是处在安心或无事的境界所说的"见山只是山,见水只是水"这种状态。

另外一个值得注意的地方是《从动者到见者》收录的论文《回应左右田博士》。西田在其中如此说道:"最后,无论是何种意思,能用概念限定的一般存在物,即使全都被包摄在其中,还是能够真正地从判断的主、谓词关系,来思考无的场所,也就是说,真正断绝思虑分别的、真正直接

---

① 〔日〕道元:《正法眼藏》(二),水野弥穗子校注,东京岩波书店1997年版,第204页。
② 〔明〕居顶:《续传灯录》卷二十二,亦见〔宋〕普济《五灯会元》卷十七。

的心才会留下来。在这种场所的存在，才是真正直觉的存在，才是观看自己本身的存在。"（N3·501）

"无的场所"，在此被用"真正断绝思虑分别的、真正直接的心"来表现。这里西田思考的应该是禅宗所说的"平常心"。这里举出《无门关》第十九则中一位叫南泉和尚与一位叫赵州的和尚的问答。首先，赵州问及"道"，也就是人本来的心究竟是什么。对于此问，南泉则回答说："平常心是道。"平常心的状态本身就是"道"的意思。接着，赵州又问，究竟要如何做才能达到那个"道"呢？南泉则回答："想要前往却相违。"这里应该是，想用人的思虑分别来推量，却变成拒绝其分别而逃出去的意思。赵州再追问，若没有做推量的话，那如何说其是"道"呢？对于此追问，南泉如此回答："道不属于知，亦不属于不知，……若真的达到不拟之道的话，就会如同太虚的廓然之貌一样那么的豁达。岂可强分是非呢？"此处所言"空荡荡、什么都没有"，指的是没有任何计量的心之状态，亦可说是西田所谓"真正断绝思虑分别的、真正直接的心"。

前面已说过，当西田在论述"场所"时，并没有直接论及禅，但很明显的是，其不仅意味着禅思想，还和它有叠合之处。关于此点，从上述的内容便可窥知。

五、"无形者之形"

如前所述，在东方文化根柢的渴求与西田的思索之交错，便是以上笔者所检讨的内容。笔者认为西田必定是意识到那个叠合，才会说要给予"见无形者之形，听无声者之声"这种存在于东方文化根柢的渴求一个"哲学的根据"。

根据以上考察，以下将检讨西田用"见无形者之形，听无声者之声"的表现，究竟想要表达什么的问题。要理解这个意思，并不是那么容易。比如，西田在1934年（昭和九年）于《文学》这本杂志上发表了一篇论文《从形而上学立场所看到的东西古代之文化形态》，他在此论文中亦使用了"无形者之形，无声者之声"这个表达。以下将以此为线索来进行思考。

此论文可以说是在西田的论文当中，比较属于处理异色彩问题的论文。此论文刊载在《文学》上时，西田寄信给和辻哲郎，在信中如此说道:"和我个性极为不合的文化论在《文学》刊载出来。若有错误或奇怪的地方,还请不吝赐教。"(1934年9月4日)当然,我们可以说这是一篇继承《从动者到见者》的"序"所说内容的文章。然而,为何在这个时间点,西田要撰写这篇文章?关于此点,很难马上解释清楚。

真正的情况,笔者也不是很清楚,或许是外来的刺激才促使西田撰写这篇文,也说不定。例如,津田左右吉在该文章出版的前年,在《岩波讲座哲学》(1931—1933)发表了一篇论文《日本的中国思想移植史》。津田在此论文中将"东方文化"视为一个和西方文化相对峙的虚构概念。其背景应该和1931年九一八事变以后,日本在中国扩大战争的期间,学术界借由提出没有实体形式的"东方"或"东方文化"等概念,来掩盖侵略的事实有关。

事实上,西田在《从形而上学立场所看到的东西古代之文化形态》这篇论文当中,并没有直接论及上述津田的东方否定论。然而,不能否认的是,当时的氛围是西田谈论东西文化问题的其中一个契机。只不过西田和津田不同,他完全没有将"东方"或"东方文化"等概念的人为性视为问题。就如"毋庸置疑的是,日本民族的文化是属于东方的"(N6·344)所表示的,"东方"的存在,纯粹被当作前提。

和其他各种"东方"言论一样,在西田的想法里,和西方文化相比,东方文化(具体来说是印度、中国、日本文化)似乎有西方文化里没有的某个共通特征。在这个前提下,西田在该论文中尝试借由描绘出东方文化的特征来和西方文化进行对比。相对于西方文化"将有思考为实在的根柢",西田认为东方文化则是"将无思考为实在的根柢"。西田在此将两个文化类型化,并进行了一个对比。

在此,西田用"无"这个词来表示东方文化的特征。当然,西田不只是在东方文化中寻找其同一性,他亦将目光转向存在于东方文化中的差异性。根据西田的说法,相对于印度的"无"的思想强烈带有"知"的性格,中国的无的思想则强烈地带有"行"的性格(N6·341)。针对这种情况,关于日本的"无"的思想特质,西田则从其"情"的观点来看。关于此特征,西田如此说道:"我国文化早从古代开始就受到中国、印度文化的影响。然而,后来日本的佛教开始发达,以至于变成一种情感的东西。"(N6·352)

回到先前所说,若在东方文化的根柢里有"见无形者之形,听无声者之声"的渴求这个主张,那么你会发现在此主张与东方文化是"将无思考为实在的根柢"之文化,特别是日本文化是"情的文化"这种理解之间有紧密的关联。

六、"无限动者"的表现

正是因为和此种"情的文化"之联结,西田才会在《从形而上学立场所看到的东西古代之文化形态》中论及"无形者之形,无声者之声"。"当现在被思考为绝对无限定物之物的限定,亦即绝对无的限定时,时间是直线进行的。在此才会有所谓无形者之形,无声者之声。所谓无形之形、无声之声并不是说什么东西都没有,而是说现有物带有无法用知性来限定的意义,这也意味着无限之情的表现。成为情的对象的存在,既是无法被知性所限定的存在,亦是无法被空间性所固定的存在。其是无限的动者,不,应该说是既有形又无形的存在。在这里才会有所谓情的文化。我国文化的本质,必须从这里掌握。其既不是形相的文化,也不是礼教的文化,而是纯情的文化。"(N6·351)

西田认为"现在"或"现有物"是"绝对无的限定"。先前已说过,西田认为"场所"本身虽然是"无",却又是不断地在自己之中映照自己的存在。在《一般者的自觉体系》(1930)与《无的自觉限定》(1932)收录的诸论文当中,西田主张在其极限处,自己将会碰到"绝对无的自觉"。西田虽用"绝对无"这个表达,但其并非单纯的"无",因为在那里有"深层的内在生命"(N4·349)或"无限的生命流动"(N4·357)。所谓"场所"在自己之中映照自己,在这里则变成"内在生命"的自我限定,亦即"生命限定生命自身"(N4·349)。在先前的引用中,西田用"无形者之形、无声者之声"所要表达的,可以说是借由此"内在生命"的自我限定所产生的影像。其既是"无限动者",又是"有形却又无形者",那是因此"内在生命"是"超越吾人知识界线的东西"(N4·358),亦可以说是从最深层的根柢牵动吾人的"黑暗命运"(N4·325)。

我们可以说西田是这样思考的:日本文化的特征就在于吾人将目光转向此"空间的",也就是无法用带有形状的"有"来给予固定化的"无限动者",并掌握与表现它。西田除了用"情的文化"来表示它,同时还指出其特征。"情的文化即无形之形、无声之声。这就像时间一样,是没有形状的统一,是象征性的东西。无形的情文化,就如同时间一样,是生成的，就如同生命一样，是发展的东西。其在接受各种形态的同时，给予了它一种形态。"（N6·347）西田虽然主张借由"绝对无限定物之物的限定"而成立的东西是"无限动者"，但在那之上成立的"情的文化"，是动态的东西，亦即"生成的""发展的"东西。就如时间亦如此一样，"情的文化"被理解为不带任何固定形态、经常不断地生成下去的东西，而且是保持在该处的统一的东西。

西田如此说明这种情的文化特征，目的当然是和西方文化做对比。而将此主张讲得更加清楚的是，西田于1938年在京都大学学生课主办的系列演讲"日本文化的问题"。他在那里如此说道："西方的文化是空间性的。也就是说，其是理智的，而且可以说是有的文化，有形物的文化……柏拉图的理型或……形相即是形状的意思，也就是说有，形物被视为实在的存在，无形物被视为非实在的存在。善恶亦是如此，有形物被视为善，无形物被视为恶。此外，有限与无限亦是如此，有限为实在，无限为非实在。"（N13·23）

如此一来，便可以窥知西方文化的特征，其特征在于通过"知"来被掌握的东西，亦即"形态"被视为实在这一点上。西田是在这个意思上说"西方的文化是空间性的"。当然，在那里亦有"无形者"存在。然而，由于"形态"被视为实在，"无形者"因而被视为非实在，被加以排除。

相对于此，在此演讲中，西田针对东方文化有如下说明："东方文化是什么呢？其是时间的、情意的，是无形的文化。……例如，像绘画那样的东西，亦有所谓的有形与无形。在西方的绘画里，有形是其核心。在东方画里，背景则具有重要性，也就是画无形的东西。……背景并非无，而是具有力量的东西。"（N13·24）在东方画里，通过背景来描绘"无形之形"这种表现，非常能够表现出"见无形者之形，听无声者之声"的意思。因为这意味着，将注意力放在通过"知"的框架也无法捕捉的"无限动者"上面，并给予它一个无法用形状来表尽的形状（其中一个例子便是没有被描绘的"背景"）。

此处所说的"背景"，我们可以理解为所谓的"余白"。"余白"是东方绘画的特征之一，它因为没有被描绘，所以是消极的东西。然而它并不是什么都没有表现。"余白"虽然是空白，但借由其背后所带有的"无限之情"，能够对看那幅画的人诉说某种东西，有时会根据情况而向鉴赏者诉说更多的东西。相反，其正因为是空白，才能够映照出"无限之情"的各种面向。"无限动者"这个表达，正好说明了此事。

西田便是如此致力于给予"无限动者"一个无法用形状来表尽的形状。他这种东方文化论述的尝试，可以说是通过"见无形者之形，听无声者之声"这个语句被表达出来的。我们可以说，西田哲学所发挥的功能，就在于其从哲学的立场给予那种尝试一个根据。

单子论与西田几多郎的哲学：
关于"一即多，多即一"

片山洋之介①

一、序言

"一与多"无论在西方还是东方哲学中，都是一种基本问题。莱布尼兹的单子论和华严思想的相似性亦在于共同拥有"一即一切，一切即一"或"一即多，多即一"的世界观。本论文试图通过西田几多郎的单子论诠解，来思考其所表示的"一即多，多即一"的逻辑。

西田一生的工作都在探究"我们在那里生活的具体现实世界的逻辑"。大多数西方哲学家都成为西田为了说明自身逻辑结构的材料。莱布尼兹亦是其中一位，《意识的问题》（1920）中出现了有关莱布尼兹的小论文。西田在《哲学论文集（三）》（1939）的第二篇论文《于历史世界的个物立场》中，批判式地论述了单子论，并提出"矛盾的自我同一"逻辑，此成果联结到第三篇论文《绝对矛盾的自我同一》。西田于1944年完成《以预定调和为线索前往宗教哲学》（收录于其《哲学论文集（六）》）后，在最后的论文《场所的逻辑与宗教的世界观》（1945）中如此说道：

> 在绝对矛盾的自我同一的世界里，个物的多每一个都作为焦点，其自身都拥有一个世界的性质。就如同在单子论那样，每个单子在表现世界的同时，都成为世界自我表现的一个立足点。（N10·300）②

关于此论，之后会再重新提起。很明显，莱布尼兹的单子论被重新置

---

① 茨城大学名誉教授。
② ［日］西田几多郎《西田几多郎全集》（共24卷，东京岩波书店2002—2009年版）的引文，以"N卷数·页数"标示出处。

放在绝对矛盾的自我同一的世界里。在那里,"一与多"是如何被重新掌握的呢?笔者将在本文第二节当中,尝试一边整理一边思考莱布尼兹著作中潜在的"一与多"之多义性与多重性,主要以引用其最后(1714)的《基于理性的自然与恩宠之原理》(*Principes de la Nature et de la Grâce fondés en Raison*)及《单子论》(*Monadologie*)为基础,分三个方面来进行思考。接着,笔者在第三节介绍西田的单子论解释。

二、单子论中的"一"与"多"

(1) 活的实体:单子及其身体

> 所谓实体,是指能起作用的东西,不是单纯的就是复合的东西。单纯实体是没有部分的实体,复合体则是诸单纯实体,也就是诸单子的集合(l'assemblage)。……诸复合体,也就是诸物体,是"多"(des Multitudes),而诸单纯实体(生命、灵魂、精神)即是各个的"一"(des Unités)。单纯实体无所不在。因为若没有这些单纯实体,复合体亦无法存在。如此一来,整个自然就都充满了生命。(《基于理性的自然与恩宠之原理》1)

> 没有部分的地方,既没有扩展,亦没有形态,也无法被分割。像这种单子是自然的真正原子,一言以蔽之,就是诸事物的诸元素。(《单子论》3)

> 各个的单子和特定的物体成为一体,形成活的实体。(《基于理性的自然与恩宠之原理》4)

> 属于单子,将其单子作为自身现实性(entelekheia)或灵魂的物体,和现实性成为一体,组成被称为"生物"的东西,另外,和灵魂成为一体,组成被称为"动物"的东西。(《单子论》63)

以上述引文为基础,笔者将思考集中在"单纯实体"(substance simple)与"活的实体"(substance vivante)这两个概念上,并探讨"一"与"多"的关系。

被视为单纯实体的单子,是无法被分割的"一",既没有形态,也没有扩展。然而,这种没有形态的单子却是具有形态的物体之元素,令人难以理解。因为没有形态的东西无论怎么聚集,都无法形成在现实中存在的复合体，而且最后都会遇到"事物的终极元素这种单纯的东西究竟存在吗?"以及"灵魂与身体有何种关系?"的难题。或许将复合体说成"诸单子的集合"是不恰当的表达。并非"一"聚集就会变成"多"。此处的"一"与"多"，并非被置放在同一层次的东西。

据说单子和特有的物体结合，会形成"活的实体"。"从物体完全被剥离的灵魂或没有物体的精灵等是不存在的。能从物体完全被割离的只有神。"（《单子论》72）被视为"多"的复合体［此处被称为"事物"（chose）、"物体"（corps）、"物块"（masse）等］，和作为"一"的单子结合后，产生了"一性"，便成了作为"活实体"的身体。若有和单子结合以前的"多"，那应该是混然的无差别物块，然而，对莱布尼兹而言，那种东西在现实中并不存在。因此，在现实中存在的东西（由神创造的东西），即是所谓"一即多，多即一"的"活实体"。说到"整个自然充满生命"，那应该是表示单子和身体结合后生命体的饱满状态。

在此笔者试着将莱布尼兹所说的"一同"（avec）视为"即"，然而，此处的"一即多"却是不同维度之存在的相互关系。所谓"一"，是既没有形态，也没有扩展的东西，一般来说，其作为现实性（entelekheia：能源的发现），或更高级的精神作用，整合物体的"多"，并让其朝往一个方向。因此，灵魂与物体（身体）在现实上虽然是结合的，但作用的法则不相同，一方面是目的论，另一方面则是机械论被认为最适合（《单子论》78、79）。据上可知，莱布尼兹似乎在二元论与一元论之间摇摆不定，因此，若要论及灵魂与身体的关系或"生命"的话，或许只能站在那之"间"。在此情况下，"即"作为沟通两个维度的语言，显示出无法被简单论述的现实。

（2）知觉："一"中的"多"之表现——宇宙的镜子

单子的内部如何被其他被造物所改变或变化，根本不存在说明此事的手段。……诸单子没有窗户可供任何东西自由进出。(《单子论》7)

自然之内并不存在两种东西，即完全同一或无法找到以内在规定为基础的内在差异（difference interne）这两种东西。(《单子论》9)

一个单子在其自身中，在某个瞬间能被其他单子识别，是因为内在的诸性质与诸作用的关系。其作用不外乎是知觉（perception，单纯物体中的复合体，也就是外在东西的表现）与欲望（appetition，从

某个知觉到另一个知觉的推移之冲动)。(《基于理性的自然与恩宠之原理》2)

在"一"之中包含"多",并表现它(enveloppe et represente une multitude dans l'unité),这种推移式的状态,即是一般所谓的知觉。(《单子论》14)

作为被造物的每一个单子,虽然表现全宇宙,但更加明晰地表现自身特别关切的,以及自身成为其现实性(entelekheia)的物体(=身体)。正因为所有物质在充满之中结合,此物体(=身体)才能表现出(exprimer)全宇宙。灵魂亦借由表现此种属于自身的物体(=身体),来表现宇宙的整体。(《单子论》62)

首先,笔者想确认何谓单子的"一"。单子在自身之内,虽能知觉(表现)各式各样的外部,但其方式是"唯一、独自"的。每个单子都不一样,没有一个是相同的。每个单子都是唯一的(only one),不带窗户,就能独自表现外部。

每个单子的表现都可以遍及全宇宙。"单子的本性是一种表现,而表现并不会被事物的一部分所制约。"(《单子论》60)因为"世界是充满的",所以所有物体虽有远近、强弱的差别,却互相影响。给予某个物体一性,将其作为自身身体的单子,虽有从明晰到微弱知觉的程度之差别,却能知觉(表现)其他所有物体。带有明暗、皱褶的每一个单子,可以说是以独特的方式来统一世界整体。单子的"一",既是"唯一"又是"统一"。若把"在'一'之中表现'多'"的存在方式称为"一即多"的话,那么此处的"多"就非得是"一切"不可。

不过,根据《华严五教章》的说明,"在一之中表现(dans)多",是与作用有关的"一中之多",似乎很难说是在"体"之中相通的"一即多"。然而,没有部分的单子是没有"体"等的东西,因此应该说,其并非表现外部作用以外的东西。若是如此,我们可以说单子的"内"直接就等于"外",把联系两者的"表现"视为"即",也不是毫无道理的说法。如此一来,单子的"一"不就等于接近"无"了吗?即使在《华严五教章》里头,亦有如下说法:"所言一者,非自性一。……只由无性得成一多缘起。""所言一者,非是所谓一,缘成无性一。为此一即多者是名一。若不尔者不名一。"("十玄缘起无碍法门义")

唯一性与统一性是矛盾的概念。每个单子的唯一性，意味着单子彼此的差异性，若从这些（身体）相互作用的场域，亦即宇宙来看的话，非得说是多样性不可。就如同在单子之中"从内到外"的转化一样，其"一也会转化到多"。每个单子在表现其他所有单子的同时，亦为其他所有单子所表现。此种转化在不被妨碍下进行的状态，可以说是华严所谓的"事事无碍"。

然而，若是如此，宇宙全体的统一性又会变得如何呢？每个单子若以唯一、独自的方式来表现统一宇宙整体的话，在宇宙当中就会有和单子相同数量的中心。"一中之多的表现"，若从宇宙来看的话，不就是"多中之多的表现"了吗？越是强调每个单子的"一"，这些单子的"多"就越加明显。

（3）宇宙的镜子："多"中之"一"的表现——至善世界与预定和谐

即使是同一座城市，若从不同角度看它时，显然完全是另一个样子，就好像因应各种眺望，会有很多城市存在那样。相同的，单纯实体是无限的多，因此也会有和其相同的无数的不同宇宙存在。然而，事实上这些只不过是从各个单子的不同观点所看到的、对唯一宇宙的诸眺望［les perspectives d'un seul（univers）］而已。（《单子论》57）

正因为如此，才能随着无限的多样性，获得最大的秩序，也就是获得最大的完整性。（《单子论》58）

从神的最高完整性可以做如此归结：神在制造宇宙时，尽可能选择了最好的计划。在神当中，伴随最大秩序的最大多样性是被计划好的。……因为在神的知性当中，所有可能物因应自身的完整性，要求着现实存在，所以这些所有要求的结果，最完全的世界非得尽可能地在现实之中存在不可。若不是如此的话，就无法给予这样的理由，即"为何事态是这样，而不是那样呢？"的理由。（《基于理性的自然与恩宠之原理》10）

从最高作者的完整性可以更进一步做如此归结。宇宙全体的秩序不仅要尽可能地保持在最完整，还必须拥有依自己的视点来表现宇宙的每个活镜子，也就是说，必须拥有像各个单子、各个实体中心亦能和其他一切形成两立的（compatible）、最受到制约的知觉和欲望。（《基于理性的自然与恩宠之原理》12）

所有实体依据和其他所有实体结合的规定关系，严密地将那些实体表现出来。在世上存在着企图如此的普遍和谐（harmonie universelle）。（《单子论》59）

在第二点的最后提到"一中之多（一切）的表现"就是"多中之多的表现"，然而，根据莱布尼兹的想法，那只不过是表面而已，事实上，那是从不同观点所见的、对唯一宇宙的眺望。每个单子都是宇宙的镜子，即是指"一中之多的表现"与"多中之一的表现"。如此一来，就变成"一即多且多即一"，而成为其基础的是，来自神之完整性的至善世界之假设以及对预定和谐的确信。

无论是"完整""至善"还是"和谐"都会出现各种情况，若从一与多的观点来看的话，其表示的正是"伴随最大秩序的最大多样性"（la plus grande variété, avec la plus grand ordre）这种存在方式。由诸单子所构成的宇宙，既不是由相同的个物所形成的单一、固定之世界，也不是不同的个物散乱在那里的无秩序状态。单子相互的"多中之多的表现"，亦受到作为全体之"一"的制约，并以此保持和谐。因为神是完整的，所以才能计划这种至善的世界，并制造出现实世界。只有在那里才会有"现实存在的，为何不是其他的世界，而是这种世界呢？"的理由，或"在现实世界里，为何事态会这样进行，而不会那样进行呢？"的理由。

三、单子的活用：西田的单子论诠解

以上不以莱布尼兹自己的语言，而是从"一即多，多即一"的观点，来思考单子论。将"即"这个词换成"一起""在里面""表现"等或许行不通，但笔者已尽可能地忠实于莱布尼兹的文本来介绍其思想。接着，笔者将以上述内容为基础，来思考西田如何诠释单子论，及如何将其活用在自身哲学之中。

（一）**没有预定和谐的单子论**

西田在《于历史世界的个物立场》（1938）中如此说道："放弃神的预定和谐这种想法，并从这种立场来看莱布尼兹的话，我们可以从他的想法中找到现代性意义。"（N8·317）

神制造出来的预定和谐世界是永恒的，作为其成员的单子也是不灭的。然而西田所思考的世界"并不是莱布尼兹所说的预定和谐的世界,也就是说并非合成物的世界,而是事物生来与死去的世界"(N8·359),是经常流变的历史世界。若是如此,则无论是"个物"还是"世界"的意思,都和莱布尼兹所说的意思大不相同。

而且放弃预定和谐这种假设,等于就是直接面对在现实世界中的矛盾对立。莱布尼兹认为,世界以"伴随最大秩序的最大多样性"这种完整性为基准被制造出来,因此,世界早已预定了和谐。生于动乱世界的他,深深感到多样性与秩序在两立上的困难,因而才将希望托付给神的预定和谐。若是如此,在此若能放弃预定和谐的假设、利用单子论表示的"一与多的即"的话,那么应该会重新认识到世界是一个极为矛盾的存在。

西田认为,"通过自身不断变动的真正实在世界,非得是作为多即一、一即多,也就是作为矛盾的自我同一的变动世界不可"(N8·318)。西田还称实在的世界即是"多即一,一即多"。然而,那只能说是一种"矛盾的自我同一"之悖论而已。一与多的"即",并非神事先所预定的和谐,它应该通过世界的矛盾在历史之中被实现。

(二) 诸个物的相互限定:相互的自我否定

莱布尼兹的个物〔并非在晚年的著作,而是在初期《形而上学论》(*Discours de métaphysique*)等中被明确提出〕作为主词,包含属于自身的所有谓词。西田认为,"所谓个物,并不是完全在自身产生的东西被其他东西所唤起,而是通过自己而产生的东西"(N8·307)。因此,自己的过去亦被包含在无论是未来还是现在的自身内部,就连在时间上,"那瞬间的一包含多的同时,并表现自身"。所谓世界,即那样的个物无数存在的同时,也保持世界的和谐。针对此,西田如此说道:

> 他(莱布尼兹)思考的是无数的单子、个物的多数性。然而,他最终还是没有主张个物通过和个物相对来作为个物。他认为单子并没有窗户。……作为多的一的单子映照自身,并从自身开始活动。此种各自独立的无数单子相互结合,为了要构成一个世界,就不得不思考像预定和谐那样的东西。(N8·308,括号中的内容为译者所加)

西田很明确地将在第二节的第二、第三点当中所触及的单子论的问题点勾勒出来。在那里，西田所主张的是"个物通过和个物相对来作为个物"，直视在那里所被突显出来的矛盾，并将它作为积极的力量来接受。

> 独立存在并在自身内部决定自己的东西，通过和他者的相对，来作为自己的说法，是一种自我矛盾。而且在这层意义上，越是自我矛盾，其就越是个物。借由多与一的绝对矛盾的自我同一，真正的个物才得以成立。（N8·309）

> 借由多与一的绝对矛盾的自我同一，个物与个物相互对立、个物相互限定的世界才得以成立。真正的实在世界，非得是这种存在不可。（N8·310）

每个个物借由与他者相对来否定自身，只有在像这种个物相互限定的世界里，自我否定才会转变为自我肯定，我们才能说"通过和他者的相对，来作为自己"。方才提到"作为多即一、一即多，也就是作为矛盾的自我同一的变动世界"才是真正的实在世界，而造就那种世界的原动力，正是个物相互的自我否定之活动。相反的，唯有在这种"作为矛盾的自我同一的变动世界"，个物才能真正与个物相对。（参见 N8·327）

若是如此，"表现"的意思，亦和莱布尼兹的说法有所不同。在此将引用《场所的逻辑与宗教的世界观》的相关内容。"所谓表现，是指他者变成自己、自己变成他者。"（N10·300）"虽说是单子、现实性，但我们自身并非因为那些才得以存在。所谓我们自身存在……非得是表现或自觉我们自身的存在不可。……所谓自觉的存在，非得是和绝对的他者相对的存在不可。绝对相反者的相互限定，被视为一种表现。"（N10·302）

对莱布尼兹而言，所谓表现，指的是知觉，是在"一"之内表现"多"的东西。也就是说，其是"将外（他）者捕捉到内部"的东西。相对于此，西田认为，表现即所谓"将内部暴露在外部"的东西。笔者认为西田的说法比较接近一般的"表现"的意思，其说法比较彻底，而且比较具有相互性。所谓表现即是指，被"绝对他者"对象化，诸个物借由相互表现来构筑世界。

进一步来说，单子若要作为相互限定来进行实际交互作用，就不能只是既没有窗户亦没有扩展的单纯实体，而必须是具有身体性的"活实体"。西田亦在《逻辑与生命》（1936）中说道："若没有身体的话，就没有我。"（N8·49）身体性的自我既是生命体，亦具有社会性和历史性。即使在《于历史世界的个物立场》中，西田亦主张在环境中生存的生命体，甚至更进一步提出制作的主体。如此一来，才会出现想要超越单子论这种理论框架的要求。

在第二节当中已经说过，单子论中单子（灵魂）与身体之间的关系非常微妙。没有窗户的单子并不会接受从外部来的影响。若是如此，别说是诸物，就连聚集"多"的身体，亦非得停留在单子之"外"不可。然而，一般亦有人认为，身体表现出全宇宙，灵魂通过表现身体来表现全宇宙。[在《单子论》62中，表现出（exprimer）与表现（representer），似乎是以不同的意思被使用，但在其他地方并非如此。] 现实的表现作用只要是借由"活实体"来发挥作用的话，那么进一步将会产生转换"身体到主体"这种想法的可能性。

然而，若是如此，或许这里遇到的难题会比莱布尼兹遇到的更复杂。西田说道："所谓多变成一，非得是每个个物的自我否定不可。"（N8·313）。然而，每个个物的自我否定却是"多对多"的关系。绝对的他者相互要"成为一"，必须要有特殊的逻辑。

（三）"即"与"无"

在此将以西田在1938年的演讲《现实世界的逻辑结构》为材料，并将其说明一与多之关系的部分作为线索来进行探讨。此处的"一"意味着一般者，"多"意味着个物，一般在思考"一即多或多即一"这种存在方式时，"并不承认多这种东西的独立性，或多的世界这种东西，而是以一的世界，或称为一的东西为基础来进行思考"（N13·197）。无论如何，都会思考有机体中诸部分的统一，甚至会以"一"作为优先。然而，"真正的辩证法是，一完全变成多，一般的世界完全变成个物的世界"（N13·198）。若以辩证法为基础来思考个物与个物的彼此作用，那么，"（个物与个物的相互）否定则变成一。所谓一并不是借由一才成立的，一否定一即是变成多，无同时非得是有不可"（N13·215）。

最后的部分被视为"佛教的逻辑"，同时也是最难理解的部分，但此部分可以说是针对"作为无的辩证法之一般者"的说明。也就是说，"无"虽然否定（限定）自己让个物成立，但此"无"是个物与个物相互作用的场所，并不是产生"多"之作用以外的任何存在。如此一来，所谓"即"则是指"自我否定的活动"，在"多对多"的活动中，一即多与多即一则是同时发生的。在第二节的第二点里，我们提到单子的"一"接近"无"。这让笔者想起在那里言及的"缘成无性的一"。

以上述内容为参考，笔者将稍微扩大引用在本文"序言"中介绍过的《场所的逻辑与宗教的世界观》。

> 在绝对矛盾的自我同一之世界里，个物的多每一个都作为焦点，在其自身中拥有一个世界的性质。如同在《单子论》中那样，每个单子在表现世界的同时，亦成为世界自我表现的一个落脚处。因此在这样的世界里，个物与个物就如同在康德的目的王国那样，在表现作用上相互活动。世界以绝对矛盾的自我同一的方式，作为绝对现在的自我限定，在自身之中拥有焦点，并以动态的焦点为中心来形成自身。世界在那里拥有自身的秩序。我们自身作为这种世界中个物的多，每个人都作为世界的一个焦点，在自身之中表现世界的同时，并于爱的自我形成焦点之方向里拥有自己的方向。在此才会有世界的道德秩序。（N10·300–301）

这里或许会有重新描述引用之感，然而笔者将思考包含《于历史世界的个物立场》的论述。每个单子（个物）在表现自己的同时，还以独自的形式来表现世界，那也是世界自身的自我表现。若从世界这一方来看，就是在历史当中，将自身的目的、方向实现在无数焦点里面。不过，那始终是通过带有独自目的的无数焦点（个物）所带来的表现作用来进行的。现实的历史世界和生命的世界一样，都充满了斗争，因此只能以"不和谐的和谐"（N8·331）的形式来进行。在那里，"他者变成自己、自己变成他者"这种表现作用带有强烈的意思。"伴随最大秩序的最大多样性"这种单子论的理想，被迫背负的是这样的活动，即"贯彻于他者之中形成自我的悖论"之个物的相互自我否定活动。西田在那里所发现的是，"就像目的国度成员那样过生活"的道德性。而能将此实现的或许是，"回应绝对者的自我否定"这种宗教性。然而，"作为绝对矛盾的自我同一的绝对是不可视的存在。其并不是我们可以接近或前往的存在"（N8·325，365）。本论文将在此画下句点，笔者认为西田的"无的逻辑"是一种作为个物、世界、历史等各种情况中的自我否定活动,包含道德、宗教的逻辑。那里所谈论的"一即多,多即一",具体来说究竟是何种事态?这仍是个尚未被厘清的问题,笔者欲将此问题作为今后的研究课题。

田边元的象征诗：
无即有，有即无的表现

上原麻有子[①]

一、前言

田边元（1885—1962）主要是因提出"种的逻辑"，亦即"社会存在的逻辑"而广为人知。其在晚年建构宗教哲学的过程中，亦将目光转向艺术哲学与象征的问题。他探讨了法国象征主义诗人瓦勒里（Paul Valéry）与马拉美（Stéphane Mallarmé）的诗与诗学。田边阅读了瓦勒里这位诗人的诗学实践作品，亦即象征诗《年轻的命运女神》（若きパル，*La Jeune Parque*），并自己从事解释、翻译与评论的工作。此成果被集结在《瓦勒里的艺术哲学》（1951）这本著作当中。

田边所掌握的象征意义并不是静态的，而是在"象征行为"这个动态当中，其基础可说是"有的无化，即无的有化"，换言之，即非语言行为的"象征行为"理论。这是田边通过对瓦勒里的诗学及象征诗的解释所提出的观点。笔者首先想确认的是，这个被田边哲学同化的象征究竟是什么。

在《瓦勒里的艺术哲学》一书的第四章"《年轻的命运女神》中诗的局限及其超越"中，除了关于田边自身翻译经验的论述，还包含其对《年轻的命运女神》的评论，基本上这部分是一种哲学的"翻译论"。田边在此以翻译的观点来检讨象征，但他主张象征诗的翻译是不可能的。在此应该视为问题的是他的语言观。田边很难称得上是一位对语言敏感的哲学家。他的语言观究竟如何？笔者想从检讨此点开始，借此来思考象征诗的翻译不可能性这个问题。

---

① 京都大学教授。

二、田边哲学中的"象征"

根据瓦勒里本人的说法,《年轻的命运女神》是以出现在古典神话中的年轻女孩子的"一连串心理的转换……也就是在一夜之间所产生的意识变化"① 或者是以"自身意识的诞生"为主题的一本书。然而,田边针对此书却有独特的解读,特别强调"命运"。田边特别注意到的是,出现在神话的三姊妹当中有一位"命运的女孩"。他还认为,这位女孩被瓦勒里当成帕耳卡(Parque)来吟唱。根据田边的说法,帕耳卡借由自我否定的转换,超越了必然,并"自觉地"将此必然转换到"自由的契机"。因此,命运不"只是从外而来、作为必然来制约人的宿命"而已,其必会作为被自觉的命运,同化在自由的自我当中。也就是说,帕耳卡是"象征命运自觉者"的存在。②

田边的主题"命运的自觉者",意味着"命运的开放"与"自由的实现"。也就是说,这意味着通过一度否定自己、放弃自己的"无",意外地反而能获得自己。所谓自我否定,便是从谦虚地接受自己对命运的无力状态、告白以及自我放弃当中所产生的。而且,当自我被转换为"无"的时候,才能变成"爱"命运的人。田边认为"转换"的原理便是"爱"。借由"无即爱"的转换,自我才得以"再兴、复活"。受到"生的倦怠、死的诱惑、肉欲的嫌恶、知性的无力"之苛责,最后帕耳卡终于达到绝望的极限,于是她舍弃生命而投海自杀,埋没肉体。这个海是再兴、复活或死后复活的象征,亦即真实的生之原理。(T13·98-99)③ 如上所述,帕耳卡象征的是"命运的自觉"。

田边针对《年轻的命运女神》这本书进行了如上解释,同时亦批判了瓦勒里的诗作。以下将检讨其批判的要点。当田边阅读诗人瓦勒里的《诗学序说》时,他极度评价与赞赏其艺术哲学。因为田边认为那是一本探求

---

① Paul Valéry, *Œuvres* I, Gallimard, 2010(1957), p. 1622.
② [日]田边元:《田边元全集》第13卷,东京筑摩书房1973年版,第69页。以下引用该全集时以"T卷数·页数"标示出处。
③ 根据田边的说法可知,《年轻的命运女神》与《海边的墓地》(*Le Cimetière marin*, 1922)中的"海",同样都被用来表示"死后复活的象征"。《年轻的命运女神》的几个解说,全都没有显示出要将诗整体的题目集中、决定在"海"的看法。因此,将"海"解释成"死后复活的象征",并强调其重要性的做法,可说是田边的独特做法。

诗的结构分析与作诗行为的书，其代表的是一种"社会存在论，亦是一种文化哲学"。关于对后者的评价，田边说明如下：瓦勒里广泛承认"人类精神在历史、社会的制约下，所遇到的特殊命运与将它作为自我否定的媒介，并转换成自身创造行为的内容之个人自由"，之后又说明两者（命运与自由）将以转换的方式被统一，并"展开了价值的传统与创造的交互媒介"。然而，田边更进一步进行了以下解释：所谓个人的自觉便是"以崩坏灭绝的虚无为媒介"，在通过它之后，借由自己以意识来肯定死这种"自己否定的命运爱"来进行复活。个人的自觉即是借由那种"自由创造的行为主体"所产生的东西。田边在解说瓦勒里的时候，补充了这一点。田边通过上述的批判，来指出瓦勒里象征诗中缺乏宗教性的局限。

而这个局限就在于瓦勒里的"抽象性"当中。针对此点，田边认为，瓦勒里是以"辩证法的无之根柢"为基础的。然而，瓦勒里在逻辑上虽然表示得非常明确，但其并没有自觉到超越性的部分，因此，抽象性就变得更加明显。（T13·10）"辩证法的无"可谓田边自身的原理，这是一种通过有与无的相互转换来产生出更高层次的生之原理，田边便是将此原理视为瓦勒里诗学的逻辑。所谓"局限"便是指瓦勒里在实际的创作上，虽然已清楚地表示出其逻辑，但由于其自觉还不是很完全，以至于其语言表现的抽象性变得很明显。田边批判《年轻的命运女神》中的诗虽然内含转换性，却没有被表面化，因而在没有否定媒介的情况下，"作为自我同一的知性自觉被有化"。

众所周知，《年轻的命运女神》是一本非常难解的象征诗集。田边认为难解的理由在于"思想上的无媒介性"。也就是说，瓦勒里并没有达到以"无即爱"的原理为基础的命运自觉，因而才会陷入"思想上的无媒介"境地。田边认为能够突破此局限的自觉，便是"宗教"的立场。所谓"媒介"是指，无与爱的相互媒介。在"无即爱"这种表现当中，我们可以看到"即"这个字。田边一直以来都在思考这个"即"的辩证法。然而，这个辩证法却无法在瓦勒里的诗作品中找到。这究竟意味着什么呢？

一言以蔽之，那便是瓦勒里最终只停留在知识层面上的"有"这个境地而已。事实上，在田边的想法里，若没有突破此种知识层面，则无法达到"无"。此外，"无"又是在否定"有"的作用上成立，因此，若没有达到"无"，就无法更进一步在突破"无"的否定作用之后达到将高层次统一化为可能的绝对的"无"。① 瓦勒里的局限就在这里,换言之,那意味着"艺术对宗教的局限,亦即抽象性就潜藏在这里"。同时,这也是此种事态所带来的归结,亦即"原本应该是象征'无'的象征主义艺术"最后却"被形成、有化的限制所束缚"的事态。

三、象征与语言

在以"无"的转换为原理的哲学中,"无"和非语言化是有关联的。田边元对语言不是那么关心,或许和他的关心点只放在非语言的维度有关。然而,若要以哲学的方式来说明语言艺术所产生的象征,就无法忽略对语言这个层次的思考。以下是《瓦勒里的艺术哲学》第四章开头的一段引文。

> 符号只停留在所谓有的有化,因而不是无的有化之象征。作为无的有化之象征若要成立,反而必须有和其相反的有的无化作为媒介,也就是说,必须有来自二律背反之矛盾的有之没落过程作为媒介。像这种交互媒介的转换统一作为自我归还的全体,借由将部分变成无的有化,才有办法变成象征。若将此媒介抽象化的话,那么象征的象征性便会消失。(T13·92)

以下是笔者对此段引文的诠释。在田边的想法里,"象征"必须作为"无的有化"才能成立,而和其对峙的是"有的有化",也就是"符号"。此处的"有",应该是被语言化或概念化的东西。关于此点,从此引文以外的地方,亦可以窥见。比如,田边就主张"有"是"作为既成存在被客观思考的存在。"(T13·95)因此"有"的"有化"是指,用某种可以知觉、认识的符号,来表现已被对象化或实体化的东西或形态。也就是说,那是符号化、符号所带来的表现或表象。例如,地图符号、音符、数学计算的符号等。像这样的例子,我们亦可以视为"象征",但田边为"有的有化"视为"符号",而不是"象征"。然而,他似乎为"有的有化"这个符号添加了语言符号,因为他的说法显露出那种可能性。

---

① [日]藤田正胜编:《田边元哲学选I:种的逻辑》,东京岩波书店2010年版,第130页。

第一部分　京都学派哲学

所谓解释和翻译，只要其关联的东西是象征的话，那么必然会在无这个基础上被进行，因此，绝不会是和单纯将一国语言中有的表现移到他国语言中有的表现那种散文翻译一样。（T13·95）

此处所说的"有的表现"显然是指表现"有"的"语言"。那么对田边而言，所谓语言究竟是什么呢？若要回答此问题，则必须探讨象征的"辩证法面向"。以下论述将会再回到前一个引文的内容，来检讨"作为无的有化之象征……"以下的部分。

象征若要成立，就必须有"有的无化"发生。此即作为"符号"的"有"之"无化"，若是诗的情况，那就是作为语言符号的"有"之"无化"。也就是说，那是语言的没落、被消灭。某种语言原本应该能让知觉和认识成立，现在却面临着失灵的情况。然而，这只不过是一个过程而已，若以此种没落、失灵的状况为媒介来进行转换，那么变成"无"的语言，便会重新被"有化"，进而恢复自身。此种转换被田边称为"交互媒介的转换统一"。这种转换不会一次就结束，因此，我们可以理解不断反复的动态辩证法的意思。

接着，笔者要关注的是"作为自我归还的全体，借由将部分变成无的有化，才有办法变成象征"这个部分，这是一个极难理解的部分。笔者认为，这来自瓦勒里"象征诗是诗人的'精神作业'"（T13·94）的观点。这里是笔者的推测。所谓语言的无化、被消灭，同时意味着诗人自身的无化、被消灭以及坠落；而语言的有化则意味着诗人自身的有化，换言之，就是复活。接着，若要针对"部分的无的有化"添加说明，则会变成以下的情况。诗人本身就具有潜在的、尚"未能言谈的东西"的全部。当诗人被精神作用引导而开始创作诗的时候，其中一部分便会被有化，也就是象征化。

再来，笔者要思考的是引文最后的"抽象"。若将转换过程的"无之有化"这个媒介给"抽象化的话"，那么象征便会失去象征性，而变成符号的语言。田边在此将象征的语言以及作为"抽象化"表现的语言进行了区分。他强调象征成立的条件是"具体性"（T13·103,109），从这里可以认同其区分"两种语言"的理由。此外，田边对瓦勒里的象征诗进行批判的论点究竟是什么？那便是"诗人对无的转换之自觉还不是很完全，以至于其语言表现的抽象性变得很显目"，"（瓦勒里的诗）虽然内含转换

· 41 ·

性,却没有表面化,而且在不通过无的媒介的情况下,作为自我同一的知性自觉一直呈现出有化的状态"。这正好和此情况重叠,亦即由于媒介的抽象化关系,象征性因而也消失不见的情况。

以上是笔者通过聚焦"无的有化""辩证法面向""转换运动"这三个面向,来理解田边的"象征"概念之内容。以下将探讨"来自二律背反之矛盾的有之没落过程"与诗人自身的"无化""有化"之间的关联。在此将参照新的一段引文。

> 象征诗若如瓦勒里自身所解释的那样,是一种将语言的意思与音调的对立统一视为,为了追求音调的和谐而可以牺牲意思的明确性这种精神作业的话……(T13·94)①

所谓的"二律背反的矛盾",若从语言的层次来看,便相当于"语言的意思与音调的对立"。而"意思与音调的对立",根据瓦勒里的说法,便是在诗里头"音调与意思之间,没有所谓连续或持续的联结"之意。也就是说,"在此种构成要素之间,没有所谓能够相互思考的任何关系"。瓦勒里认为思考、语言以及其习惯、节奏、重音若要调和的话,就不能避免"要素彼此的牺牲","思考必须甘愿接受的牺牲"是特别显著的。②

此种对立、矛盾,便是和先前提过的"媒介性(逻辑)与直接性(音调)"有关。根据田边的说法,诗中的象征,一方面和"概念的逻辑性媒介"属于不可分离的关系,另一方面也是"音调的直接性表现"本身。也就是说,象征具有这种两面性。(参见 T13·97)

诗里面有被吟唱的思想。虽然诗人在创作诗的过程中表现它,并造出思想的语言,却优先考虑音调韵律后再来选择语言。此中会有几个音与意思的连续以及音与意思的相遇出现。然而,这种调和,并不存在于诗人以

---

① 在其他地方,田边亦参照瓦勒里的 *Variété* Ⅲ,并如此说道:"作为语言艺术的诗,结合本来在观念意味上的无秩序之集合与音乐秩序的形式这种二个独立变量,并变成复素数……"(T13·33)

② [日]田上龙也、森本淳生编译:《瓦勒里集Ⅲ:'诗学'的探究》,东京筑摩书房 2011 年版,第 33-34 页。此文在法兰西公学院的"诗学讲义第一讲"的记录之中。引用部分出现在 1938 年发行的 *Introduction à la poétique*(Gallimard, p.55)。田边所阅读并称赞的《诗学序说》(1938),应该是此法文版。

科学计算、让诗以必然的形式成立那样的维度当中。如瓦勒里所指出,在诗人身上看不到那种东西,只不过"偶尔"会变成那样而已①。这就是排除一切偶然与无秩序,试图通过彻底的计算与衡量来创作诗的年轻诗人瓦勒里绝望的理由。田边当然不会看漏这一点。瓦勒里以《年轻的命运女神》重新展开诗创作的工作,已经是二十年后的事。在那期间,瓦勒里被迫处于"艺术与理性的内在纠葛"产生破绽以及停止创作诗的状态。这正是触及诗人自身存在的根柢并撼动他的事态,亦可以说是其"没落毁灭的过程"(T13·42,95)。瓦勒里的精神的辩证法过程,亦即"有的无化、即、无的有化"恰好形成了《年轻的命运女神》的思想。"有"与"无"的辩证法,刚好联结到"生与死"。而生死的相互转换,亦即"死后复活"的哲学,正好成为其思想的基础。② 这是田边对《年轻的命运女神》的解读。

"有"与"无"的相互媒介或其相互转换这种形而上学的问题,和诗人自己本身以及诗人的精神表现,亦即作诗行为有很深的关联。此作诗行为正是象征行为。其既不是作为既成存在的固定符号,也不是被抽象化的概念。作为"从有即无到无即有的发展、转换、回归这种自我否定的回归运动"(T13·94-95)的象征,换言之,不是完成后的静态,而是作为运动的象征,才是田边自己作为信念的行为形而上学之表现。

四、象征诗的翻译不可能性

田边认为,比起意思的明确性,更重视音调的象征诗是"无法翻译的",因为根本无法"从语言的音调的固有基础,亦即各个国语中分解出来,只以同一、共通的意思为媒介,将于一国语言所被创造出来的象征诗转移到他国语言"。若理解田边翻译关联的脉络,就能够明白其所提出的"只以同一、共通的意思为媒介",并将它转移到他国语言正是"所谓翻

---

① [日]田上龙也、森本淳生编译:《瓦勒里集Ⅲ:'诗学'的探究》,东京筑摩书房2011年版,第34页。
② "死后复活"可以说是给予辩证法的转换与复活结构一个宗教根据的原理。"死"并不是肉体的结束或完全的自我消灭,而且是为了他人而进行自我放弃的自觉。在此自觉的极限当中,唯有通过转换才能重新获得自己。关于此,在田边的《作为忏悔道的哲学》(1946)中有详细的说明,也就是忏悔自己的无力,在绝望之中放弃自身,即使如此仍旧谦虚地仰望救济,并排除纠纷、渡过难关。对田边而言,象征性作为高度的精神发展,被发挥在这一点上。

译"这种见解。(T13·94)

毋庸赘言,特别是从音调这方面来看的话,翻译有多困难是很容易想象的,但田边认为,若不是象征,而是所谓语言,那么其意思便是安定的实体,其必定是人类所能够共同掌握,而且是不言自明的东西。

在此,再回顾一下已经引用过的一段话:"所谓解释和翻译,只要其关联的东西是象征的话,那么必然会在无这个基础上被进行,因此,绝不会是和单纯将一国语言中有的表现移到他国语言中有的表现那种散文翻译一样。"田边针对象征诗与散文,做了明确的区分。象征诗的解释与翻译否定表象,并在转换到象征的"无"之运动当中深化;而"散文的翻译"不以"无"为依据,而是单纯地将被固定化的"有之表现"从一种语言转移到另一种语言。田边如此说道:

> 散文翻译即是借由语言的媒介,让单纯的、作为有的表象从一国语言转移到另一国语言,此外,还将其概念的思维作为始终依据于客观基体的同一性之存在,并让其立足在固定于必然、客观内容的自我同一性逻辑……(T13·95-96)

很意外的是,田边已经说到这种程度。意思是说,瓦勒里所追求的,就是排除偶然与无秩序,由自我同一律所支配的思维空间以及用计算与衡量所打造出来的、既清晰且无任何混浊的等价语言符号。这些东西若是运用在散文翻译中,一定会被实现吗?还是说,意思与音调的对立两面性,是象征固有的特质呢?笔者认为,"散文的翻译是可能的"这种结论,似乎显示出田边对散文翻译的检讨不是很彻底。事实上,问题还是得归结到他的语言观上。

在此必须先确认一下翻译与哲学之间的关联。因为这会关系到探讨田边"所谓翻译"的思考法究竟是什么的问题。笔者一直都在从事的研究主题是哲学与翻译的连接点,也一直都在思考以下问题。

大概每个人都会承认,所谓翻译便是指"进行翻译"这种实践,但事情并非那么单纯。因为此工作必须在双重语言的世界中进行解释、翻译,那是在看符号表现(signifiant)的维度,而不是在选定置换的语言。包含语言的声音、意义、使用法的微妙处等的综合体,只有在其被配置的脉络中，才能够被解释，除此之外，并无其他理解的途径。解释的过程便是，从那里达到翻译这种异国语言的表现所带来的一种固定化。在此过程中，从目标语言的既成语中寻找出和起点语言的综合体完全等价的东西，可以说是不可能的。在此，翻译者试图找寻出和起点语言的综合体等价的别种综合体。翻译实践的深层意义就在这里，同时，我们可以说翻译是根植于最根本、最彻底的反省之哲学行为。翻译并不是不断地在要求深远的反省。虽然概念式的反省亦会得到很大的发挥，但在其连续性中，自觉自然就会深化。在作为翻译对象的语言或文本当中，无论是文学还是哲学，一定会有超越概念式理解的阶段，翻译者便是从这里前往自觉式的反省之中。而作为被固定化在起点文本中的综合体之语言，自然会被解体，一直到在目标语言中抓到某种线索为止，只能不断地在无法成为语言的语言与意识的不安定之间往来游走。然而，翻译者最终的使命，当然是寻找应该到达的表现，姑且无论其满足度如何。

这种根植于哲学的翻译过程，换言之，亦即翻译者的精神作用，和田边所表示的象征诗的创作与翻译的原理"有的无化，即无的有化"恰好是一致的。关于此点，笔者想借由以下引文来进行确认。

> 自觉的展开是随着概念的自我否定运动而被进行的，而此种否定的逻辑，不外乎是辩证法。因此，其是"否定的逻辑"的同时，也是"逻辑的否定"。后者的面向以行为、主体的方式被自觉，并借由挫折即突破的超越作用，再次被转换到逻辑的肯定，且复活于所谓"否定的逻辑"，此便是辩证法的回归运动。象征便是让此概念的回归式的自己否定作用，亦即"有的无化，即无的有化"在感觉的表象之中结晶。(T13·95)

这种"自觉的展开"可以整理成从"有在无之中的反省＝概念的自我否定（＝逻辑的否定）"到"无在有之中的超越＝概念的回归（＝否定的逻辑）"之转换。田边在此并没有交代"有在有之中的反省（＝逻辑的肯定）"之过程，那是基于象征"并非直接成立在有的表象本身"（T13·95）这种看法。这一点和笔者的说明，亦即在语言翻译过程中承认概念式反省的维度之说明有所不同。但此种差异本身并不是问题。问题是，田边在散文翻译中只承认"有在有之中的反省",并排除了辩证法的自觉过程,亦即"有的无化,即无的有化"。

对田边而言,象征无论如何都不能是"有在有之中的反省"这种"逻辑的肯定"。象征诗与哲学的分歧点,就在于逻辑性的表现方式。两者皆"成立在无的基础上,而不是成立在单纯的有的立场上"(T13·97),在诗中被表现的感情音调之直观统一,在哲学的层面里,则作为辩证法的回归运动这种逻辑而被展开。换言之,象征行为便是要让此种哲学的回归运动"结晶于感觉的表象之中"。

田边所谓的象征究竟是什么?或许通过描绘其轮廓,可以回答这个问题。但田边这种"象征诗的翻译是不可能的"而"散文的翻译是可能的"的判定,反而会阻碍吾人对象征的理解。我们不得不说,问题就在于田边对语言的不甚关心。无论是象征的语言还是散文的语言,两者都是以同一的语言体系为基础的。因此,不能说只有象征才构成特殊的语言体系。若是如此,不仅是象征诗的翻译不可能,就连散文诗的翻译也是不可能的。保罗·利科(Paul Ricœur)是一位对翻译的不可能性有过深思熟虑的哲学家。根据他的说法,那是想要尽可能忠实的时候才会看到的东西。好的翻译标准,根本就不存在。也就是说,理论上,翻译是不可能的。难道越忠实,翻译就越好吗?话说回来,究竟忠实是什么呢?所谓忠实看起来像是在揭开秘密,相反却是保守秘密的语言力量。那显然不是对他者的忠实,而是对自己的忠实。也就是说,语言是一种无法完全表现出来的东西,其和异语言之间一样,即使在自语言之内,亦是如此。①

若不能正视这种语言的本质,就无法谈论翻译。更何况,将象征视为伴随高层次的辩证法之回归运动的东西,并将散文归纳在自我同一律的逻辑支配下根本是不可能的。语言的本质,正如利科所说,就在于想揭开秘密却无法揭开的暧昧、矛盾之中。笔者认为,田边不也应该找出像这样的语言本质吗?田边除了向瓦勒里学习了音调与意思的"二律背反之矛盾",或许并没有掌握在语言之中"有"应该探求的不可理解物。对他而言,语言就是"自我同一性的逻辑"本身。因此,他才会区分属于作为逻辑语言这一方的散文与作为直观的象征。再者,象征本身可以说是微妙地在削减

---

① Paul Ricœur, *Sur la traduction*, Bayard, 2004, pp. 21–52.

辩证法的哲学性。田边的哲学虽然是以"无"为基础，但其必会回归，并将让"有"复活的逻辑视为绝对。因为"无"或绝对"无"本身，并无法安住在哲学的范畴里。想揭开秘密却无法揭开而趋于保守的语言，亦没有被田边哲学接受的余地。然而，像那种不属于"知"的东西，就只能全部都交给象征了。

田边元哲学中作为"无"的自我之媒介者

田口茂[①]

一、导论

在今日的世界,我们对"自我"这个没有什么道理可言的概念似乎仍怀有不少疑问,而这些疑问都有其根源。到底什么是我们的自我?我们怎么可能一方面发展我们的自我,一方面又去发展与他人之间更好的(信任的、亲密的、稳固的、健康的)关系?当代世界里多元复杂的文化,正用各种方式跨越彼此地理上的隔阂,而类似上述所提的疑问,迫使越来越多当代世界的人去努力解决。虽然当代西方哲学中所发展出来的自我概念,确实解放了许多社会(观念),但这些概念同时也令人十分费解。关于自我的不同概念之间的冲突,很有可能会使得我们原本视为理所当然的概念都被相对化。无论如何,这也意味着,不同文化所产生的自我概念,虽然在各自的文化中,都是不证自明而且是有效的,现在却有可能随时会失去其显著性(obviousness)。

田边元(1885—1962)的著作中所展示的自我概念,正是他对日本在 20 世纪所兴起的上述的窘境所做出的哲学回应。为了探究西方主要的自我概念之本质,他处理了在关于自我的问题中那些最主要的提问,这迫使他去重新评估佛教的传统,特别是亲鸾所创的净土真宗(Japanese Shin-Buddhism)。尽管如此,他并不是单纯地接受佛教的自我概念,反而是从西方哲学的角度分析那些概念。田边最后发展出一套自身特有的自我概念,他相信这是西方和佛教的自我思想碰撞后的结果。接下来,我要简单概述田边哲学是如何重新阐释自我的。最终,我将阐述田边的"自我"是作为实在之诸多面向间的"无的媒介者"——特别是作为世俗和神圣之间的"无的媒介者"。

---

① 北海道大学教授。

第一部分 京都学派哲学

二、从自我的"肯定"到自我的"媒介"

我想以检视"自我的'肯定'"开启这篇文章的讨论。西方哲学,在笛卡尔之后产生的重要原则之中,以自我的"肯定"作为自我(the certainty of the self as ego)被视为奠定一个哲学体系的原则,笛卡尔、费希特、早期的谢林和胡塞尔都是这样认为的——还有更多的人也是这样认为的。然而,如果我们只是把"以自我的'肯定'作为自我"的自我,与据说是东方概念的"瞬间的"(fleeting)自我,或者是与佛教中的"无我"(no self)概念进行对照,就太肤浅了。像这样简单的二分法,无法帮助我们对自我的意义进行更深入的探索。

要问的应该是,上述现代哲学家所谓的肯定究竟是哪一种肯定,是与我们日常生活经验一样的那种肯定吗?在这篇简短的论文中,我无法深入讨论这些问题,但会指出笔者解释的基准,同时这也是我对田边的"自我"概念之介绍。

在日常生活中,当我们想要得到肯定的事物时,我们通常会尝试在已经验到的事物中,捕捉其固定不变的本质。我们无法轻易地观察并确定在运动和变化中的事物。如果我们可以控制事物的运动与改变(像是在进行一场受到控制的实验一样),并且把它的本质形式当作更高阶的认知对象去理解,那么我们或许可以获得关于该事物的肯定的知识。如果有东西在黑暗中移动,可以说,尽管那个东西的确在移动并且我们也会把移动的特性归到该物,我们会做的却是去捕捉它的形式以及那些不会改变的特性。我们通过捕捉那些不会改变的特性,进而肯定那个东西到底是什么。也就是说,我们可以肯定正是因为我们已经认出它的本质(举例来说,"这是一只猫")。我们在日常经验中认识事物的首要策略,就是把事物固定,使其不变动——我们可以通过各式各样的方法去达到我们的目的。

我们在认识自我时,也倾向于采用和上述相同的策略,但很快我们就会知道,那样的认识方法不能应用在自我认识的情况。如果我们想要确保自我是一个固定的对象,我们会了解到真正的自我不是那个被固定的对象,而是观察那个被固定住的对象的东西。尽管我们会想我们已经获得了自我的本质,但是那并不是真正的自我,因为那个已知的本质不会是我们现在要捕捉的主体。

不论这个"自我反省的难题"(aporia of self-reflection)带给我们多少

· 49 ·

困扰，我们一般不会认为谈论自我是一件没有意义的事，反而会认为，去想有一个叫作"自我"的东西存在仍然是一件有意义的事。上述事实早已蕴含了另一个事实，即一种自我知识不需要通过固定使其不动而被客观化的事实。

"自我不能用完全客观化的认识去理解"，这一点实属对自我一个相当深入的理解，而这个洞见也默示了自我的本质。自我所拥有的"肯定性"（certainty）只在于它本身的活动之中。自我的"肯定性"不在于其客观、固定的自我认识，事实上，其"肯定性"就在于，自我的活动不会因为那样的过程（客观的自我认识）而消失。这就是笛卡尔说"'我思故我在'这个命题，不论何时被我说出来，或者被我想到，它都必然为真"（《第一哲学沉思集》的"第二沉思"）时，所要表达的意思。我们也可在费希特的"事实行动"（Tathandlung）和胡塞尔的"自我的无可置疑性"（apodicticty of the ego）① 这两个概念中看到同样的思路。如果把自我从它的活动中抽取掉，其"肯定性"便会瞬间消失。我们甚至可以说，自我不外乎就是这个"活生生的活动"（living activity/lebendige Tätigkeit）本身。②

在这里，我们被迫放弃将自我客观化、固定化，使其不动，即使这是我们思考的本性。我们可以把这种对非客观化的自我的真实性（the non-objective actuality of the self）的肯定，理解为使客观性呈现在普遍中的超越条件（a transcendental condition for objective appearing in general）。到目前为止，超越主体性（transcendental subjectivity）的意义就在于它可以使客观化成为可能。如果超越主体性被实体化为某种类似客体的东西，它就成了躲藏在现象背后的东西，如此一来，它也就不会受到哲学反思的影响。

然而，像这样的超越转向并没有解决原来的问题。由于我们现在要追求的是活生生的自我的真实性之超越意义（the transcendental meaning of the living actuality of the self），我们在对自我做哲学思考时，就不能将自我客观化。在严格意义上，这件事非常难达成。我们必须在不设想任何含有

---

① 关于胡塞尔"自我的无可置疑性"（apodicticty of the ego）这个概念，参见拙著 *Das Problem des*, *Ur-Ich' bei Edmund Husserl. Die Frage nach der selbstverständlichen*, *Nähe' des Selbst* (*Phaenomenologica* 178), Dordrecht: Springer, 2006, pp. 189–240.

② 请参照 Zahavi 在 *Self-Awareness and Alterity* (Evanston: Northwestern University Press, 1999) 中对"自我察觉"（self-awareness）和"自我认可"（self-recognition）的区别。

客观成分的条件下进行思考。同时,我们还要很小心地避免陷入神秘主义,或者是进行没有任何证据的形而上学之臆测。也就是说,我们应该要在不依赖任何客观地"被给予的"东西的情况下,进行具体、准确的思考。

这就是田边在思考自我时所面对的和所想要达到的目标。田边认为,即使当代西方哲学家已经正确地神化自我的超越本质,他们仍想要具体化纯粹的自我活动。自我不应该被客观化,也不应该被设想为躲藏在现象世界背后的东西。"这里和现在"(here and now)总是在我们毫不间断的经验中,并且在我们经验的所有部分中完全地展现它自己。然而,它不能被当作一个固定的对象。田边正是想通过他的"媒介"(mediation)的概念去探究这一点。对他来说,自我无非就是这个"媒介",而这个"媒介"作用在所有那些在我们经验中看来是具体的实在上。如果"有"(being)意指"作为一个有被经验到"的话,那么这个"媒介"就不可能表现为一个"有"(being),因为"有"早已是通过"媒介"才得以发生的事件。这也就是为什么"媒介"不应该被视为"有"(a being),而应该被视为"无"(nothingness)。

三、田边元的"媒介"概念

在对田边的自我概念进行更进一步的检视前,我想先论述田边的"媒介"(Vermittlung)概念。对于"媒介"这个词,田边想要去掉其调解或综合协调这层含义,而以它来表达"根本差异"(radical difference)。如果两个东西彼此非常不同,那正是它们的不同使它们联结在一起。因为如果没有像那样具体、特定的不同,它们彼此之间就不会有任何关系。像这种对媒介的理解,的确是始于黑格尔,然而田边把这种理解发展到了极致。田边意义上的"辩证法"统一是保持差异的统一(T 9 · 129/Met. p. 132)①。"差异"在田边所谓的"绝对媒介"这个概念里,有更清楚的界定。差异的功能可以用"通过分离去联结"(connecting by discon-

---

① [日]田边元:《田边元全集》,东京筑摩书房 1963—1964 年版。此全集的引文,以下以"T 卷数·页数"标示出处。《作为忏悔道的哲学》的英译本是 *Philosophy as Metanoetics* (trans. Y. Takeuchi, V. Viglielmo, J. W. Heisig, Berkeley: University of California Press, 1986)。田边元的英译本《作为忏悔道的哲学》以外的引用,皆出自笔者的翻译(日译英——译者注)。*Philosophy as Metanoetics* 的引用以 Met. 简略表示。

necting）或"通过切断去联系"（binding by cutting off）^① 这种象征性的表达来理解。没有分离，一样东西不会与另一样东西联结在一起。我们知道，在一个完全连续、同质的统一体里，没有任何东西会被联结在一起。当某个东西要与它本身相联结，我们甚至要以不连续为前提。在这种情况下，某个东西是以某种方式与自己分离。若没有任何分离，我们甚至不能设想我们所谓的实在到底是什么。如果实在没有任何差异和分离的参与，那么实在就会像数学上的一个点——在其中绝对没有任何差异。

田边辩证法的重点不在于那个包含通过分开而创造出差异的统一体，而在于那个活生生地在运作的"切断"（cutting）这个动作本身。我们在经验中所碰到的那些表面上纯粹的统一体，其实都是绝对媒介运动的"自我异化"（self-alienations）。静态的客观性，是媒介内在动力的结果。正是这个媒介过程，使我们总是可以在任何地方体验、经历些什么，然后面对它。最终的实在不是由坚固的存在组成的，它不是伫立在外，等待媒介来做些什么，相反，它不断地进行媒介的运动，是这样的运动造就了那些可知的存在以及知道（knowing）本身。以上这些是媒介运动的影响，而这些影响又会转变为接下来的媒介的参照点。

田边认为，媒介不过就是这个"作为分离的联结"。这也意味着媒介本质上是"无的媒介"（mediation by nothingness）。假设两个不同的存在之间有一个存在，其功能就是一个媒介者所做的事，那么这个存在不可能会是真正的媒介，因为如果说"存在-甲"和"存在-乙"是由"存在-丙"所联结，那么接着的问题是，这个"存在-丙"如何能与其他两个存在联结。如果媒介总是由一个存在来担当，那么甲和乙之间的媒介，以及乙和丙之间的媒介就会需要第四个、第五个存在来担当媒介者的角色（分别是丁和戊）。若是如此，我们会陷入无限后退的情况，而媒介作用也永远不会完成。这也就是为什么田边会主张媒介作用只能由"无"来完成。"无"在存在之间作用着，并在同一时间切断又结合它们。这样的统一体的完成，中间经过了一个质上的跳跃（a unity reached by a qualitive leap），没有像这样的统一体，就不会有存在的对立面。（参见T3·479）

---

① 田边这个想法，是从数学连续逻辑中的"Dedekind cut"（Schnitt）中得到启发。参见T6·334-335 及 T12·216-217。

这里我们必须非常小心，不要把"无"给实体化。我们应该要拒绝以下这个违反常情的想法——有一个仅仅叫作"无"的东西（there is something that is merely called nothingness）。① 田边的用语——"无的媒介"（無の媒介）指出了一个事实，我们不能把媒介作用本身视为存在。简言之，田边所谓的"无"，不过就是媒介。没有一个存在是不被媒介过的，所有的存在之所以存在，都是凭借着媒介的作用。使存在为"有"的，不是一个存在，而是作为媒介的"无"。然而，我们不能不借助于一个存在去思考或谈论"无"，这也就是为什么"无"只能被视为媒介的一个功能——使存在得以成为可能。② 每一个存在都是被媒介的，而媒介本身是被它所媒介的存在媒介。以上就是田边在谈论"绝对媒介"时的主张。在绝对媒介里，没有什么是不被媒介的（T6·192）。

四、作为"无"的自我就是媒介

让我们回到自我的问题。如同我们已经看到的，在对自我进行哲学思考时，我们必须在不依赖客观知识的情况下，做具体又准确的思考。这如何可能呢？田边的答案是，我们应该把自我理解、分析为某种特别的、作为"无"的媒介。

如同上文所指出的，我们只能在自我本身活生生的活动中体验到自我。自我不能被视作一个客观的存在。自我的本质之一，就包含这个"不能被当作一个存在"的性质。田边因而主张，我们应该要了解到"自我"就代表了"无"。然而，这并不是说，我们的自我什么都不是，反而我们要通过这样对自我的了解——自我就是作为"无"的自我，才能正确地知道我们的自我如何可以作为所有那些看来是"有"的事物的超越条件（或者是媒介者）。

接着，我想检视"精神和物质为两个不同的实体"这样的二分法。此二分法具体的内容是，精神实体不会是物质实体，反之亦然。两者本质上

---

① 参见以下论述："因此，任何涉及无，或者**意识到无的自我**的理论，如果宣称可以知道无的'客观性'，或说可以通过自觉的行为去捕捉到无，都是误导。"（T9·118/*Met.* p. 118）

② Laube 正确地做出了以下解释："在绝对媒介的辩证中，由于那些相对的元素，即使是绝对都是被绝对自我否定媒介。这也就是为什么田边可以谈论'绝对无'。"参见 Johannes Laube, "The Way of Metanoia and the Way of the Bodhisattva", in T. Unno, and J. W. Heisig, (Eds.), *The Religious Philosophy of Tanabe Hajime*, Berkeley: Asian Humanities Press, 1990, p. 317.

的差异，使两者不可能直接与彼此联结。然而，我们也知道，在自我有形的活动里，两者是紧密相连的。因此，田边认为，"我们应该说，我们是在无中，借着切割两者去联结两者。……这也就是说，是无使得有成为可能"（T8·139）。如果自我只属于精神实体或物质实体的其中一方，自我绝无法在精神和物质之间进行媒介的工作。这个道理对任何一个第三个存在来说都适用，只要这个存在是属于彼此互斥的存在的任何一方。精神实体和物质实体，只能借着在它们之间作为"无"的自我，才可以在同一时间彼此联结和彻底地分开。

这意味着，自我就是那些彼此对立的实体之间的转换媒介的自觉。精神的和物质的、个体和普遍、过去和未来……像这样的媒介会组成一个"具体的实体"，在其中，互相对立的组成"一方面与对方分开，一方面也没有与对方分开；借着把自身转化为对方，一方面与对方对立，一方面又与对方联结"（T9·304）。每一个组成都排除其他所有的东西，然而它们在同一个实在里与彼此进行媒介，这就如同我们在物质实体和精神实体的情况中所看到的一样。它们之间的媒介工作，理所当然地是在自我身体的活动中完成的——在身体的活动中，自我让自己表现得不像是一个客观的存在。自我不会是可见的身体，也不会完全与身体分开。在这一整出剧目里，自我是最投入的演员，却从未出现在舞台上。

这样对自我的重新解释，使我们可以更好地理解实践的自我（the practical self）。只要自我被视为一个"有"（being），而这个"有"又被理解（grasped）为自我本身的对象，那么实践的自我在自我活动中，就仍旧会持续受到忽略。自我在实践活动中不会把自己当作目标。相反，我们为了追求我们实践的目标，必定会忽略把自己当作要理解的对象。自我不需要为了追求实践而去寻找（seek）"无"，它已经是（is）"无"了。我们也不需要刻意地放弃作为存在的自我，因为在实践行动中，我们被造就是为了要去放弃存在的自我。① 对田边而言，这个事实清楚地显示出我们的自我本质就是媒介。

因此，放弃我们本身作为有的自我，并不代表放弃了自由。相反，正是这种从存在中被释放出来的解放（亦即放弃把自身的自我理解为

---

① 这里说"我们**被造**就是为了要去放弃存有的自我"，事实上，有宗教上的含义。我们可以从"他力"这个词中找到这样的含义，而这起源于净土真宗。

"有"），才使自由意志成为可能，因为在那样的解放中，我们才能真正成为一个怎么样都不受限制的自我。"不是有，……而是无，让自由在人类身上设下了基础，也设下了意志组成之所在。"（T9·117/*Met.* p. 118）

五、作为媒介的自我概念在实践上的意义

作为"无"的自我这种想法，在实践上有重要的意义。田边认为，只要我们把自我设想为一个真实的"有"，我们同时也就参与了一场对立和矛盾的游戏。当我们把个人想作一个现行的代理人（existing agent），我们就可以区别各个不同的代理人，也可以把不同程度的道德善归给各个不同的代理人。如果我们相信自己在道德上是好的，就很容易会谴责他人在道德上的瑕疵。然而，没有人在道德上是完美无瑕的。只要我们有勇气去面对真实的自己，我们人类必会在自己特有的心灵里发现根深蒂固的恶（就像康德在《纯粹理性界限内的宗教》中所指出的一样）。只要我们采取道德的态度，我们最终就不会宽容恶的自我。然而我们对恶的自我的无力感并没有让我们停止思考自身的恶。忽视我们自身的恶，意味着要我们放弃当个道德人。我们如何可能一方面跟恶的自我共存活，一方面又不放弃当个有道德的人？

田边认为这是宗教中最核心的问题。在宗教的态度里，道德没有被放弃，而是停止在没有解决道德差别和难题之前，就把自我划分成善与恶。像这样特殊的媒介就是"爱"（love）或者说"大悲"（great compassion）。

> 对赦免恶的爱或赦免罪的慈悲来说，恶和罪并不会消失，它们只是失去它们对立的力量。……对立依旧在那里，但恶和罪失去了它们对立的能力。（T9·129/*Met.* p. 133）

在爱的绝对媒介里，笔者在本文第三节中所提到的自我转化，就扮演了相当重要的角色。若我们体认到作为"无"的自我，那么我们就有可能和在我们之中的道德矛盾共生。田边如此主张："因为主体在矛盾的深渊中死去，对立就不再对立，但矛盾依旧存在。"（T9·129/*Met.* p. 133）

自我的转化不能使我们的实践永远不变。宗教的爱或大悲驱使我们用感恩的心帮助他人。在这个以宗教形式的姿态出现的"绝对媒介"里，自我是纯粹地实践的自我，也就是说，自我完全地从自我保存的本能中解

放——在自我保存的本能里，人总是坚持自我是静止不动的存在。我们可以一边全心全意地进行媒介作用，一边意识到自己是作为"无"的存在。像这样的自我，本质上就是媒介，即它不能阻止自己与他者进行媒介。因此，作为无的自我作为媒介，可以是一条联结的准则（a principle of solidarity）。"自我察觉是察觉到作为无的自我。它包含了自我与他者进行媒介的事实。真正的自我察觉有这样的宗教本质，亦即它本质上包含了社交性，这也是它组成的基础。"（T15·268）

田边认为，通过自我和他者之间的媒介，神的爱与真实世界就会有联结。对田边来说，上帝或神是根本的、真正的"无"。最终，它不能直接地在这个世界影响世俗的存在。这也就是为什么上帝要通过感动我们这些世俗的主体，来为这世界上的其他人做些什么（T9·363）。我们的交互主体性、人与人之间在这世上的交流，就这样取得了神的爱的代言人的意义。田边认为，"神的绝对无性不仅以人类的实存为转轴，还以人类的否定空无性为媒介而被实现"（T9·315）。田边还如此说道："相对的自我作为绝对无的媒介，本身应该以无为本质，而且应该是空的存在。"（T9·34/*Met.* p. 23）

因此，对田边来说，"无""空"的自我不需要为了自身的罪而放弃什么。借着在这世上当神的爱和大悲的代言人，空的自我的罪在这过程中会被原谅，而自我正因为自身的罪，驱使它不把自我当成一个独立的存在，甚至可以在这当中发现救赎。由于自我不会是一个"有"，它会理所当然地被视为一个非"有"的媒介者（a non-being mediator），而神的爱也会通过这个非"有"的媒介者，在世俗主体相互之间的关系中展现和证明它自己。我们个别的自我，正因为自身是空的，在本质上是媒介的，因而可以体现非世俗的爱的超验价值。而神的爱也只有借着这种世俗的自我之媒介，才能以绝对媒介的方式作用于这个世界。"因此绝对不外乎是在相对之间的关系中进行媒介作用的绝对媒介。"（T9·251/*Met.* p. 276）"我们只有通过交互媒介才能爱神和爱其他人；它们同时是二也是一；这奠基在神是无这个事实之上。"（T15·272）

因此，田边这种作为"无"的自我之概念，说明了作为"无"的自我是绝对媒介的想法的最终结果——没有什么是不被媒介的。

我非常清楚我这篇论文的诸多瑕疵，或许田边"自我"的概念在这里被我过度简化了。然而我只想通过这篇简短的论文，介绍此概念的几个典型特质。根据我的描述，田边的自我概念并不难理解，也不神秘，他的理论也不是在重复佛教传统上所说的那些观点。田边想做的是，从当代西方哲学家和传统佛教所勾勒出的不同自我概念中，找到最终的结论。我想，田边这样的尝试或许可以刺激我们不可避免的偏见。因为此偏见会被真实的自我媒介，进而与真实的自我相遇——真实的自我永远不会被禁锢在一个简单的命题里。

参考文献

DESCARTES R. Meditationes de prima philosophia [M]. Hamburg：Felix Meiner，1992.

KANT I. Die Religion innerhalb der Grenzen der bloßen Vernunft [M]. Hamburg：Felix Meiner，2003.

LAUBE J. The way of Metanoia and the way of the Bodhisattva [M] // UNNO T，HEISIG J W. The religious philosophy of Tanabe Hajime. Berkeley：Asian Humanities Press，1990.

TAGUCHI S. Das Problem des，'Ur-Ich' bei Edmund Husserl：die Frage nach der selbstverständlichen，Nähe' des Selbst（Phaenomenologica 178）[M]. Dordrecht：Springer，2006.

TANABE H. The Tanabe Hajime Zenshû（15 Vol）[M]. Tokyo：Chikuma-shobô，1963 – 1964.

TANABE H. Philosophy as Metanoetics [M]. trans. TAKEUCHI Y，VIGLIELMO V，HEISIG J W. Berkeley：University of California Press，1986.

ZAHAVI D. Self-awareness and alterity [M]. Evanston：Northwestern University Press，1999.

空的思想的逻各斯：
重访西谷启治《空与即》

出口康夫[①]

一、前言

西谷启治晚年最后的论文《空与即》(1982)，无论是对其自身哲学的资历还是狭义的京都学派哲学运动整体来说，都算是其最终的重要著作。然而，与其说这是一篇被长年研究、精致打造的集大成作品，倒不如说是这位老工匠未加精炼便将其新想法公诸于世的未完成作品。我们可以在该文章中找到各种未被给予明确答案的问题。在这些问题中，有几个饶富哲学兴趣的课题。若从所谓"好的哲学问题库"这个意义来说，《空与即》无疑是一个"问题作品"。

《空与即》为我们遗留的课题之一，便是"何谓空的思想的逻各斯？"这个问题。佛教概念"空"，无疑是《空与即》的关键词之一。西谷将它区分为"法义的空"与"情意的空"。西谷所谓"法义的空"，是指佛教（特别是中国等汉字文化圈的大乘佛教）的"空"概念，或者关于此概念的教义群，简单来说便是指传统的"空的思想"。"情意的空"是指主要出现在汉诗、和歌、俳谐等诗歌，亦即广义艺术作品的"空的思想"。换言之，就是"空的思想"的艺术表现。西谷主要思考的不是前者而是后者。

再者，在《空与即》中出现了关于独特的中立一元论与逻辑多元主义的讨论。此处的世界观大抵分成两种，一个是"心/物""主观/客观"这种二项对立下成立的相（又称"二元相"），一个是该对立不成立，换言之，即相对于那种对立的中立相（又称"一元相"）。在此之上，西谷进一步将后者区分成由艺术表现的相（"艺术相"）与禅僧即兴、出人意表

[①] 京都大学教授。

（所谓"富禅机"）的发言所表现的相（"宗教相"）。最后，西谷主张一元相先于二元相，前者是后者的基础。《空与即》便是站在中立的一元论立场。

西谷认为，奇异的逻辑（甚至无逻辑状态）是在世界的三个相当中成立的。长久以来，一直是西方哲学根基的古典、标准逻辑成立在二元相的世界里。支配艺术相的则是"理事无碍的逻各斯"，也就是非标准的"替代逻辑"（alternative logic）。此逻辑具体来说［在俳谐是指"テニヲハ"或"断句词"（切れ字）的用法］采用诗歌创作方法的形式。此外，以诗歌表现的主要是以融合人的感情与意志的"情意"为由，此一替代逻辑又被称为由法国心理学家里博（Théodule-Armand Ribot，1839—1916）提倡表现感情变化模式的"感情的逻辑"。再者，西谷认为宗教相陷入充满矛盾发言的乱舞状态，亦即一种无逻辑的状态。

当此种《空与即》的架构出现在我们面前时，我们必会感到非常奇妙。因为那里缺乏了东方哲学，特别是空的思想的逻辑。西方哲学的逻辑并无法直接适用在包含空的思想的东方哲学。当然，这不仅是西谷，甚至是整个京都学派的共同理解。再者龙树的《中论》是个例外，空的思想大多以单纯的散文出现，并在那里展开知性的、缜密的，而非艺术技巧的讨论。因此，被视为诗歌创作方法或情感逻辑的"理事无碍的逻各斯"，根本无法对应到概念思考的产物，亦即空的思想当中。毋庸置疑，具有高度体系性的空的思想和无彼此逻辑连贯的即兴言说之堆积是无法等同的。《空与即》试图以集中在空或即概念的东方知识传统为主题，提出和西方逻辑有一线之隔的逻辑。然而，此著作并没有直接探讨应该被谈论的、支配空的（非艺术的）思想——不是情意的空而是法义的空——的逻辑。"何谓空的思想的逻辑或逻各斯（以下简称'空逻辑'）"可以说是西谷遗留给我们的一个课题。

这里要问的是，在《空与即》的架构里，空逻辑难道没有任何能进入的余地吗？事实上不见得如此。笔者认为，在扩充、重构此架构之后，足以在其中置入空逻辑。掌握此关键的是西谷在艺术相里导入的"回互关联"这个概念装置。这是一个比如舍弃诗歌创作方法或情感变化模式等具体内容、具高度抽象性的结构，因而只能称之为逻辑的替代物。笔者试图从诗歌创作方法或情感切割出"回互关联"概念，并将它作为"知的技法"乃至"议论或推论的规则"，简言之，即作为"思想的逻辑"来展开。换言之，和艺术及感情的逻辑不同，笔者将重新设定一个能将"回互关联"适当置入其中的替代逻辑，并借由此方式建构空逻辑，来阐明和西方哲学逻辑的异同。以此方式来回应上述课题正是本论文的目标。

本文在此提案将现代非古典逻辑，即三值（ternary）的弗协调逻辑（paraconsistent logic）体系中的悖论逻辑（logic of paradox，LP）作为空逻辑。笔者认为此悖论逻辑在以下两个方面和在《空与即》中所应展开的空逻辑相对应。

第一，在宗教相中公认矛盾的西谷，并没有明确论及艺术相中的矛盾。但依笔者观察，西谷即使在艺术相中，亦暗中承认在构成二元相里二项对立的概念间所成立的"双重矛盾"——例如"某个事件既是心理的亦非心理的，既是物质的亦非物质的"这种命题。然而，在一般的古典逻辑里，"一旦承认矛盾，从那里便会产生任意的命题"，也就是说，"小爆炸"（triviality explosion）会产生。言说活动（主张某个特定命题，同时排斥别的命题）本身则会自我毁灭。这种事态只会在宗教相里发生，不会在艺术相里发生。这可说是西谷的抉择。因此，在艺术相中明确谈论双重矛盾，同时又要避免言说毁灭的话，就必须采用即使承认真正矛盾亦不会发生小爆炸的逻辑，即像悖论逻辑那种弗协调逻辑。

第二，借由检讨《空与即》的含意并参考传统的空思想代表者之一吉藏（549—623）的文本，来突显出"承认真正矛盾（真矛盾性）"以及"超越'真/假'二项对立（真理样态的非、超对立性）"的空思想特征。再者，三值逻辑体系的悖论逻辑采用的"第三真理值"可以更好掌握这两个特征。

以下将进行如下讨论。首先，在第二节将确认《空与即》的两个含意，即"回互关联蕴含双重矛盾"与"法义的空在真理样态上具非、超对立性"。接着，在第三节将检讨吉藏的《三论玄义》，并提炼出其空思想中真矛盾性与非、超对立性的两个特征。在第四节将通过相互参照《空与即》的含意与《三论玄义》的议论，重新确认空思想中真矛盾性与真理样态的非、超对立性这两个特征。在第五节将焦点放在"否定固定点"且是"指定值"（designated value）的第三真理值来介绍悖论逻辑。在第六节将确认悖论逻辑能满足空逻辑的条件。最后在第七节审视空逻辑与标准逻辑的异同。

二、《空与即》的含意

笔者已在几篇文章中指出西谷在《空与即》中采用带有逻辑多元主义的中立一元论（Deguchi，2006；出口康夫，2008a，2008b，2009），在此不再对《空与即》进行概略说明，只针对有关以下讨论的两点含意进行概观。首先，让我们确认第一个含意，即回互关联的双重矛盾。

回互关联的雏形是《何谓宗教》（1961）这本书中所说的"回互关系"或"回互相入"（西谷启治，1961，166ff，170，179，181，182，187，274，314）。此回互关系、回互相入与回互关联的一个不同之处是，后者以"被墙壁隔开的两个房间"这个比喻或模型来展开（西谷启治，1982，133-135）。首先说明这个"房间模型"。

被墙壁隔开的两个房间分别是 A 和 B。面向 A 室的墙壁面为 a，面向 B 室的墙壁为 b。a 是 A 室的一部分，但代表着对面的 B 室。b 虽是 B 室的一部分，同时也表示 A 室的存在。这是说 a 在其"显现"上属于 A 室，在其"本质"上属于 B 室。同样的，也可以如此重新叙述："B 将自己'的一部分 a'以 A 相分予（mitteilen）A，A 从 B 那里以 A 相分有（teilhaben）其'a'。"（西谷启治，1982，133）这两个房间处于相互分予、分有属于自己一部分的分隔墙面这种回互关联。然而在此情况下，作为相互分予（分有）的回互关联，只能在和墙壁两面的关系上成立，并没有扩及其以外的空间。这意味着墙壁两面以外的空间，处于"不回互"的状态。西谷将这个不回互的部分，也就是残留在"外部"而成立的回互关联，视为表示艺术相存在方式的逻辑结构，并称之为理事无碍法界的逻各斯"（西谷启治，1982，139，143）。

此外，西谷认为在宗教相里，不回互的部分彼此会同一化。不回互部分之间的同一化，直截了当地说便是"矛盾"。因此，"在任何意义上都不是法则或逻各斯"（西谷启治，1982，144），当然也不是理事无碍法界逻各斯所说的回互关联（西谷启治，1982，143-145）。这种矛盾发生的宗教相，处在"断绝所有理智与条理"、陷入"绝对不合理"的言说交错飞舞的"混沌"状态（西谷启治，1982，145）。

在上述用房间模式说明回互关联、明显区分艺术相与宗教相的差异时，西谷只明确地指出宗教相的矛盾。问题是，艺术相的回互关联难道就没有矛盾吗？关于此点，他显然极为暧昧不清。

如上所见，西谷使用"显现"与"本质"这对概念（或 parameter：参数），非常谨慎地避开"a 完全属于 A 室与 B 室的两方"或"a 既属于 A 室又不属于 A 室"的表现。也就是说，通过导入参数来回避矛盾（矛盾被参数化）。然而，他又指出"本质"与"现象"区别的同时又讨论 A 与 B 的"相互作用"，以此方式试图"通过分别知性的判断作用将事物逻辑化"，在此策略下主张："艺术与宗教的问题根本无法进行思考。"（西谷启治，1982，134）西谷认为若要适切地谈论宗教相甚至艺术相，"必须要有同时将分立、差别与本质性联系、'缘'（affiliation）或无差别视为一个的立场"（西谷启治，1982，134）。在此以"本质/现象"这对概念试图将矛盾参数化的做法被排拒，被要求的是比如将"差别"与"无差别""同时视为一个"的立场。"A 与 B 之间有差别又无差别"这一矛盾命题，似乎已经要从西谷口中脱出了。

事实上，西谷偶尔会谈论矛盾。例如，他提出类似"房间模式"的雏形之比喻时，便会说："内就是外、外就是内。"（西谷启治，1967，42）在谈论《何谓宗教》的回互关系时，他如此说道，所有存在"并非它自身又是它自身，是它自身又不是它自身。"（西谷启治，1961，168）此说法已不再是单纯的矛盾命题，西谷不断地重述"双重矛盾"，也就是提出"内/外""是它自身/不是它自身"这些对立概念的同时主张其矛盾。经过以上的检证，笔者认为，"在回互关联中产生'a 既属于 A 室又不属于它，既属于 B 室又不属于它'的双重矛盾"可说是西谷真正的想法。

那么，为何他欲言又止呢？无论是理事无碍的逻各斯还是其他，在逻辑体系里，一旦承认矛盾就无法避免小爆炸。笔者推测西谷应该是这么认为的。果真如此的话，即使在艺术相里，言说的混沌状态必会发生，好不容易辛苦创造出来的诗歌，就会白费、全无意义。然而，西谷的忧虑可说是杞人忧天。因为即使承认真正的矛盾，仍然有防范小爆炸的弗协调逻辑存在。笔者试图汲取上述西谷的真正想法，将其"回互关联带有双重矛盾"视为一种事实。如此一来，又会如何呢？

我们可以了解到，矛盾的有无已经不再是划分艺术相与宗教相的分水岭。在艺术相里限定在墙面的双重矛盾，到宗教相里则延伸至整个房间，这可以说是两者的差异。理由是所有言说以自明方式变成真实的混沌（khaos）现象，因这个双重矛盾以及回互关联的全面化而产生。以下笔者将在宗教相中引起混沌状态的回互关联称为"全面的"，在艺术相里引起混沌状态的回互关联称为"部分的"。无论前者还是后者，回互关联都是在整体的一元相中成立的。此即为艺术相与宗教相共有的一元性或中立性逻辑表现。

在此理解下，笔者将给予抽象的房间模式一个哲学意义，并确认回互关联如何成为一元性或中立性的表现。首先，将构成 A 室内空间的微型组合空间视为现象 x 具有的性质（或作为其语言表现的谓语），将 B 室内的组合空间视为现象 y 具有的性质（或谓语）。在二元状态下，这两个性质处于彼此排斥的关系，A 室的性质全都是某种心的性质，B 室的性质则限定在物的性质。也就是说，x 只是带有心的性质的心理现象，y 只是带有物的性质之物质现象。在此产生了"心理现象/物质现象"这个二项对立。

在部分回互关联得以成立的艺术相里，若限定在墙壁的两面，心、物性质的无矛盾共有（相互分有）则得以成立。也就是说，关于构成墙面性质，例如横跨在"x 既能又不能抱有某种热情，能具有又不能具有空间的广延"这种心的性质（"具有某种热情"）与物的性质（"具有空间广延"）的"双重矛盾"作为真正的命题才得以成立。另一方面，在两个房间不回互的部分，纯粹心的（或物的）性质仍然持续存在。结果是，x 纯粹同时具有心的性质（例如"能证明毕达哥拉斯的定理"）与上述矛盾性质，y 纯粹同时具有物的性质（例如"具有一定质量"）与上述矛盾性质。在宗教相里，纯粹心的（或物的）性质消失，所有性质以矛盾的形式共有心与物的性质。无论是在部分或整体，上述矛盾性共有的成立是不争的事实。在这个意义上，无论是艺术相或宗教相，相对于"心/物"的二项对立，始终处在一元、中立的立场。

接着，要确认的是《空与即》的第二个含意，即"关于'法义的空'的真理样态之非、超对立性"。西谷借由人的想象力将内心抱有的想象（image）视为由各种感觉、知觉与情感、意志合体的一种统合表象。例如，所谓蝉的想象，是指蝉的声音、蝉的身影，珍惜终会逝去的夏天，亦即听觉、视觉、情感融为一体的表象（西谷启治，1982，153 – 154，159）。然而，这种想象在二元相里，始终只是在心中让事实得以充实、再生的心理现象。其只不过是将二元现象理想化或单纯化的一种虚构，乃至事实的拙劣复制而已。在二元相里产生了关于"事实/虚构""实在/非实在（想象）"的存在样态之二项对立，想象被定位在其对立项之一的"虚构/非实在"。

西谷在一元相里谈论"从现实的'事实'本身到其想象（image）的转移"与"在'事实'中与其成为一体的想象作为想象本身显现其特有的样貌"（西谷启治，1982，141）。这里是说，在一元相中事实本身的想象化，或想象本身的事实化。在此我们可以认识到，想象不再是单纯的虚构，它获得了和事实同等的现实性，也就是说，"事实/虚构""实在/非实在"的二项对立本身已经失效。在一元相里，不仅是"心/物"或"主观/客观"，就连存在样态的二项对立也无法成立。

和法义的空形成对比的是情意的空，此可以说是由诗歌或禅僧的言说表现而来的（西谷启治，1982，113，117）。而表现诗歌或禅僧言说的是一元相中的想象（西谷启治，1982，124-125，159-160）。总的来说，情意的空便是和存在样态有关的、中立的、作为想象的一元现象。此外，西谷还认为一元相便是在"'一元现象'的'事'"与"'作为因果性、偶然性之概念规定'的'理'之间没有任何乖离的状态"（西谷启治，1982，122）。在此作为"事"的一元现象，也就是"情意的空"与作为"理"的概念性思想，也就是"法义的空"之间产生了"完全相应"（西谷启治，1982，122）的关系。①

如此一来，法义的空恰好如实地反映了情意的空。如前所确认的，情意的空作为一元的想象，在存在样态上属于中立、一元。这同时意味着在法义的空里，不可能会产生"事实/虚构"或"实在/非实在"的二项对立，也就是"真/假"二元真理样态。法义的空因和（对应"非实在"的）"假"形成对立，而不是（对应"实在"的）"真"。应该说，法义的空是一种一元、中立的真理样态，"真/假"区别本身在此不具任何意义。在此笔者将不具有和"假"形成对立的真理样态的"真"称为"非对立的"样态，并将这个非对立的真理样态对于"真/假"彼此对立的关

---

① 西谷将"理""事"之间成立的"无碍"关系视为"即"关系的逻辑表现（西谷启治，1982，139）。在这两个现象之间所成立的"即"或"相即"关系意味着，回互关联成立于该两者之间（西谷启治，1982，136）。也就是说，回互关联是西谷借由"即"或"无碍"等华严思想术语所表现的概念。如此，西谷将"单纯譬喻或类比"（西谷启治，1982，112f）的"直接关系"（西谷启治，1982，114）作为法义的空与情意的空之关系就更加明确了。这些既不是用各自的方式来表现独立的第三者，也不是（通常被设定在现象与命题之间的）"对应关系"。两者之间存在着前述的"双重矛盾"。也就是说，针对某个对象x，"它既是（一元现象的）'情意的空'又不是'情意的空'，既是（该现象的概念规定）'法义的空'又不是'法义的空'"在此得以成立。

系称为"超对立性"的存在样态。("非对立性"表示缺乏"对立"的二项关系,如此一来,"超对立性"所表示的则是一种三项关系。)我们可以说,法义的空包含了具有非对立性且超对立性的真理样态。

三、吉藏的空的思想

空在佛教传统中以各种方式被讨论。然而替代缘起、以空为思想主轴的是始于龙树的印藏佛教一大流派,也就是中观派(Madhyamaka)的独创。关于法义的空西谷谈论不多,但他注意到"空"这个词有"空虚""天空"这两个意思,运用在中文中虽然恰当却不适用于梵语的语言事实(西谷启治,1982,111f)。据此可窥见他侧重中国佛教的空的思想,而不是印藏佛教。①

印度中观派思想给予中国佛教的影响极为深远。例如对天台思想来说,"空观"具有极大的意义。中观派在中国最有力的继承者是持有"空宗"别名的"三论宗"("三论"指的是龙树的《中论》《十二门论》及其弟子提婆《百论》这三种中观派的文本)。三论宗的代表论者吉藏不仅在中国,甚至在整个东亚佛教思想都有很大的影响力。他的著作,特别是《三论玄义》在日本被广泛阅读,岩波文库在"二战"期间亦收录了此书。西谷虽没提到吉藏的名字,但他对法义的空的讨论,显然离不开吉藏的空思想。因为我们可以在西谷哲学与吉藏思想中找到极为有趣的类似点。以下将针对吉藏空思想——和西谷有共通处——的特征,对"空与不空""非、超对立性"进行检讨。

吉藏在《三论玄义》中针对小乘与大乘佛教"空"概念的不同,以

---

① 根据西谷的说法,"空"兼具"天空"的意思,也就是说,"空"概念是作为眼睛能看到的现象赋予我们的。该概念成为艺术领域所产生的各种丰富印象,即丰富的情意的空之力量源泉。西谷似乎是想这样表达。西谷的"空"具有"天空"的意思,这显然是直接诉诸我们感性的具体现象,因此和西田哲学的核心概念"无"或"绝对无"形成强烈对比。确实如西谷所言,中文的"空"(相当于英文的 empty 或 void),具有"空虚"及"天空"(相当于 sky 或 heaven)的意思。然而,这个两义性在梵语却不成立。意味着"空虚"的中观派"空",对应的是梵语的 śūnya。此梵语不具"天空"的意思。在梵语中,相当于"天空"的是别的单字 Ākāśa。Ākāśa 代表的是构成森罗万象的五大元素之一。此作为佛教用语被吸纳到中文来,又被翻译为"空"。例如,五轮塔"空轮"的"空"便是其意。然而,五大的"空"和例如(代表"空虚"的)"色即是空"的"空"本来是完全不同的语言或概念。也就是说,"空虚"与"天空"的两义性、以此为基础的情意的空之开展、空与无的差异等论点,全都必须在汉语圈开展出来的空思想当中才能成立。因此,西谷的讨论可以说是以中国佛教"空"概念为前提的讨论。

四点来加以说明。其中一点是,"相对于小乘只讲'空'不说'不空',大乘既讲'空'也讲'不空'"(吉藏,1927,4)。此处的"不空",可以解释成在佛教视为真的"空"之命题(又称"空命题")的否定命题。如此一来,例如对照到龙树《中论》第二十四章十八偈的有名主张来说,包含吉藏本人在内的大乘佛教思想家,想必会同时主张"所有缘起物都是空"的命题与"所有缘起物都不是空"的否定命题。吉藏(虽然不是针对所有命题)对空命题 α 的态度是,在承认它时,通常也承认其否定命题 ¬α,因而也承认由两者而来的矛盾命题 α∧¬α。让我们再来看看《三论玄义》的以下一段话:

> 答本对有病。是故说无。有病若消。空药亦废则知圣道未曾有无。何所滞耶。难曰。是有是无名为两是。非有非无名为两非。既堕是非。还同儒墨。答本非二是。故有双非。二是既亡。双非亦息。故知非是亦复非非。(吉藏,1927,6-7)①

据上可知,三论主要概念"空"并非和某种概念(如相对于"有"的"无"或"空"、相对于"两是"的"两非")形成对立的概念。三论的"空"超越"有/无(空)""两是/两非"这种二项对立。从这里我们可以看到"不具有对立概念"这种关于概念的"非对立性"以及此种概念和彼此对立的概念相对峙这种"超对立性"。(以下"非对立性"与"超对立性"将一并以"非、超对立性"表示。)

四、空思想的特征

笔者将在第二节所探讨的《空与即》的含意与在第三节所考察的吉藏空思想的特征,也就是两者间的共通点视为"真矛盾性"与"真理样态的非、超对立性",以下将整理这些空思想的特征。

成立于一元相的回互关联,例如蕴含"x 既是心理的又不是心理的,既是物质的又不是物质的"这种双重矛盾。笔者在此将此双重矛盾视为西谷"空"概念的实质内容。对龙树来说,意味着"缘起"的"空",在《空与即》里意味着将成立于二元相的二项对立无效化的"双重矛盾"。

---

① 参见椎尾(1937)与平井(1990)两人的日语翻译。

换言之，真正的矛盾在《空与即》的"空思想"里是被承认的。再者，吉藏亦承认关于空命题的矛盾，也就是这个在"（无）矛盾律"的古典逻辑法则中"必然是假"的矛盾。如果我们称"承认抵抗此矛盾律的真正矛盾命题之存在的立场"为"真矛盾主义"（dialetheism），那么，无论是西谷还是吉藏的空思想，都可以说是采用真矛盾主义的立场。他们的空思想共有真矛盾性的特征。

西谷的法义的空，具有非、超对立的真理样态。因为它在真理样态的关联上，是"非"且"超"对立的。相对于此，吉藏不是在真理样态的关联上，而是针对"空"概念本身主张非、超对立性。再者，他对"空"的对立概念"不空"亦有所讨论。这意味着"空"概念是对立的。此不协调性的解决方案，如同西谷的情况，可以通过将吉藏的非、超对立性转移到其真理样态的层面，而不是"空"概念。也就是说，相对于"有"与"无"（或"两是"与"两非"）具有一方是"真"另一方是"假"这种对立的真理样态，"空"与"不空"不具有那种对立的真理样态。如此，我们可以将吉藏从其困境中营救出来，同时又可以将"真理样态的非、超对立性"定义为吉藏与西谷空思想的共通点。

五、LP 逻辑

首先，在此简单介绍三值的弗协调逻辑体系中的悖论逻辑（LP，笔者将它视为一种空逻辑）。所谓弗协调逻辑，是指一种不会引起小爆炸的体系，换言之，就是在"从矛盾产生任意的命题（α，¬α ⊢ β）"这种古典逻辑中，以某种方式将有效（Ex Contradictione Quodlibet，被称为 ECQ：爆炸原理）的推论"非有效化"的逻辑体系。所谓某个推论是有效的，若从语义学（semantics）来说便意味着"前提带有的'真'这个真理值在结论上必被保存下来"，即"将前提全部视为真、结论视为假的模型并不存在"。推论的有效性在语义学里被定义为"真理保存性"。若是如此，以某种方式来破除 ECQ 的真理保存性，就能建构出弗协调逻辑。那么，LP 是如何否定 ECQ 的真理保存性呢？为解答此问题，让我们先概观一下克莱尼的三值逻辑（强度的克莱尼逻辑：K_3）。

从将逻辑数学化的符号逻辑学观点来看，"否定（非～）"或"连词（且）"等逻辑连接（logical connection），不外乎是从真理值到通往真理值的函数（真理函数）。从这些真理函数而来的代数系统，带有满足结合律、交换律、吸收律这三个条件（用抽象函数来说）的"格"（lattice）结构。① 真理函数在传统上，一直都将"真""假"两个真理值（以下以 t、f 表示）视为引数或值。然而，从纯粹数学来看，将具有"格"结构的代数系统之引数（值）限定在二值（binary）的必然性并不存在。若尝试将真理值的数增加三个以上（依情况可无限个）的话，和二值逻辑不同性质的有趣体系，必会不断产生。以下让我们来打造具多样真理值的逻辑体系，并阐明各自的性质。在以下的意图下，各种多值逻辑的体系可被建构出来。

所谓三值逻辑便是在 t、f 这个传统的二值之上加入第三真理值的体系。然而，在这个第三真理值设定方式上有几个选择。即使将真理函数群作为整体构成"格"结构的条件得到满足，属于此结构的几个真理函数（具体来说即是"否定""等值""含义"）的设定方式，不见得就能固定在同一个意思。就"否定"来说，究竟要采用 t、f、e 三个真理值中的哪一个来作为对第三真理值（以下以 e 表示）的值，则有不同选择的余地（见表1）。

表1

α	¬α
t	f
f	t
e	e

在此情况下，对"否定"这个真理函数来说，e 则是在引数与值之间不发生任何变动的值，亦即固定点（fixing point）。第三真理值 e 在 K_3 里被定义为否定函数的固定点。在古典的二值逻辑里，否定函数并没有固定点。K_3 通过将第三真理值定义为"否定固定点真理值"，对否定函数重新导入固定点。

K_3 是前后一致、无矛盾的（consistent）。也就是说，在那里，ECQ 作为有效推论是成立的。再者，普利斯特（Graham Priest）直接继承了 K_3 的三个真理值，将 ECQ 非有效化，并建构了将 K_3 改造成弗协调逻辑的体系

---

① 这里的"具格结构的代数系统"，正确来说，是从真理值的集合及真理函数而来的顺序队列。

(LP)（Priest，1979）。因K_3的"弗协调逻辑化"被采用的是，对推论有效性赋予新语义学条件的策略。如前所述，推论的有效性是指（从语义学来说）真理保存性。必须保存有效推论的真理值，又被称为"指定值"（designated value）。无论是二值逻辑还是三值的K_3，被视为指定值的只有 t 。相对于此，在 LP 里，除了 t 之外，否定固定点真理值 e 被视为指定值而被加以采用。具有 t 与 e 这两个指定值的 LP，为有效推论课增加了"除了 t 之外也要保存 e"这个新的条件。然而，ECQ 并无法满足这个新的条件（例如存在着 α 与¬α 带有 e 、β 带有 f 的模式）。LP 通过将"否定固定点真理值"采用为"指定值"，将 ECQ 非有效化并防止了小爆炸。

六、打造空思想的逻辑

笔者在此尝试用 LP 来建构空逻辑。根据以上的检讨可知，空逻辑必须满足两个条件：①能以逻辑的方式表现"真矛盾性""真理样态的非、超对立性"这个空思想的两个特征；②能适切地表现回互关联。以下让我们来确认 LP 是否符合这两点。

作为一开始的工作，让我们来确保因变更"真理"概念与"有效性"概念的定义关系，"真正"的真理值以复数形式产生的可能性。在现今标准的塔斯基式语义学里，将"真理"概念从"有效性"概念中独立出来（通过"规约 T"）并加以定义（如上文所见），利用前者将后者定义为"真理保存性"（从语义论层面）。[①] 也就是说，"真理"针对"有效性"以定义的方式先行存在。

接着，让我们将"真理"概念与"有效性"概念之间的标准定义关系进行如下改动。首先，将"真理"（并非通过"规约 T"）定义为"借由有效推论而被保存的真理值"，也就是将"指定值"视为"真正的真理值"，换言之，即用"指定值性"来定义"真理性"。在此情况下，"真理"则通过"有效推论"或"推论的有效性"被加以定义。那么"有效推论"是什么？在此将它定义为"指定值，亦即保存'真正真理值'的

[①] 所谓规约 T，例如"'雪是白的'为真，是通过雪是白的且只限定在此情况"这个双条件句，并以形式的方式将在文中出现的"真"概念加以定义的规约。被如此定义的"真理"概念，事实上是通过"和实在的对应""去除引用符（""）的后逻辑操作""缺乏实质意味的消去可能之剩余表现""语言使用的规则"等方式被解释出来的。

推论"。也就是说，通过"真理性"来定义"有效性"。结果是一方面"真理性"依"有效性"被加以定义，另一方面"有效性"依"真理性"而被加以定义这种定义循环的发生。然而，这并不是恶性的循环。这只是意味着"有效性"与"真理性"在定义上是同等根源，彼此相互定义。换言之，上述表示真理定义与有效性定义的两段文句，同时在文脉上定义了真理与有效性。这可以说成立于，例如由希尔伯特（David Hilbert）所公理化的欧几里得平面几何中的基础概念（"点""线""面"等）之间。①

然而，即使采用以上"真理"与"有效性"的相互定义，在只以 t 为指定值的体系里，并没有发生任何实质性的变化。而如 LP 所示，在具备两个指定值以上的逻辑里，会产生复数的"真正"真理值。换言之，这里会出现不同真理函数样态的复数"真理"。在 LP 里，两个指定值 t 与 e 变成了两个不同的"真正"真理值。LP 因这两个真理值，开始能够表现出二种真理。

在某个命题 α 的真理值因"否定"被转移到和它不同的真理值时，而且也只限于这个情况，笔者将 α 的该真理值称为"和否定是对立的"或单纯"对立的"真理值。t 与 f 在这个意义上是对立的真理值。再者，LP 具有的另一个指定值 e（因为是否定固定点）并不是对立的，也就是非对立的真理值。结果是，在"真理与有效性的相互定义"下，LP 具有对立真理值 t 与非对立真理值 e 这种不同真理函数样态的两种"真正真理值"。

在此我们就规定"空命题具有真理值 e"（称此为"规约 E"）。在此规约下，显然 LP 满足条件①。另外，我们若将命题 α 视为空命题（因而具有 e），不仅是 ¬α 甚至 α∧¬α 的真理值亦会变成 e，如此一来，这两者都可以说是"真理"②。也就是说，在规约 E 之下，空思想变成了真正

---

① 只要相互定义"真理"与"有效性"，前者在概念上便不能从后者中独立出来。也就是说，所谓"真"唯有在"推论"这个概念操作脉络中，才能成为有意义的概念。因此，在此被采用的是"推论式的"真理概念。若不让"真"出现在"推论"中，也就是用推论之外的现象来突显它，它亦会失去意义。例如，在此不采用和概念的对应物一致的方法来定义"真理"的"符合论"。

② K_3（或 LP）的连接词之定义如下表所示：

∧	t	f	b
t	t	f	b
f	f	f	f
b	b	f	b

的矛盾。换言之，LP 能以逻辑的方式来表现空思想的真矛盾性。①

此外，（关于否定）非对立真理值的 e 显然是非对立真理样态的一个逻辑表现。而在 LP 中，e 和 t，f 这个彼此对立的真理值并存。这和对立的真理值形成一种超对立的对峙。结果是，在规约 E 之下，"～是空"或"空是～"的空命题（或作为其集合的空思想）带有非、超对立的真理样态。也就是说，LP 表现的是对立的真理与非、超对立的真理这两种真理。② 此外，对于空命题具有的真理值，和 t，f 不同的真理值是存在的。但（如 t 与 f 彼此是如此那样）借由否定而形成对立的真理值是不存在的。将空命题视为真，并不意味着将（包含其否定命题的）其他某种命题视为假而加以排斥。它以超越真假对立，或将该对立无效化的方式被呈现出来。

接着让我们来确认 LP 如何满足条件②。世界的三个相以 LP 的三种不同模式被展开（见表 2）。

表 2

命题	二元相模式	艺术相模式	宗教相模式
α_1：x 能证明毕达哥拉斯的定理	t	t	e
α_2：x 抱有某种热情	t	e	e
α_3：x 带有空间的广延	f	e	e
α_4：x 带有一定的质量	f	f	e

二元相的命题真理值不是 t 就是 f，但绝不是 e。在这里的真理样态，被限定在对立的存在。而艺术相的命题则具有三个真理值。在此相之中，对立的真理与非、超对立的真理同时成立。在宗教相里，所有的命题只带

---

① 同样，¬（α∨¬α）亦因具有 e 而成为真。包含 α，¬α，α∧¬α 在内，龙树的四否定（tetralemma）全都因 LP 的关系而成为真。
② 提出 LP 的普利斯特自己将第三真理值解释为"真且假"，将 t 解释为"真且只有真"。在此情况下，真理只有一种。根据他和笔者的通信，他表示完全没有用 LP 来表现"二种真理"的想法。

有 e。此处的真理全部都是非、超对立的。①

现在对应到表 2，在各自的模型当中，以下的真理值评估得以成立（见表 3）。

表 3

	二元相模式	艺术相模式	宗教相模式
$(\alpha_2 \wedge \neg \alpha_2) \wedge (\alpha_3 \wedge \neg \alpha_3)$	f	e	E
$(\alpha_1 \wedge \neg \alpha_1) \wedge (\alpha_4 \wedge \neg \alpha_4)$	f	f	E

如表 3 所示，在二元相模式里，双重矛盾全都变成假，在艺术相里有一部分变成真，在宗教相里则全部变成真。② 此外所有命题以自明的方式变成真这种混沌现象，只有在宗教相中才会产生。LP 在此能够适切地表现出回互关联（以及以此为基础的三相之区分）。③

七、结论

若采用 LP 作为空逻辑，那它与现代古典逻辑的差异则可以整理为以下四点：

---

① 如前注所述，无论是不是对立，此处的真理全都是"推论式的"，而不是"符合论式的"。若参见本文的第 2 个注，可知这和非符合论的一元相真理之存在状态巧妙地一致。但事情并没有那么简单，因为二元相的真理亦非符合论。

② 矛盾律［¬（α∧¬α）］因 LP 而变成重言式或永真式（tautology）。另外，在 LP 里，某种矛盾（即关于具有真理值 e 之命题的矛盾）亦会变成真。在具有非对立的真理值 e 的 LP 里，矛盾律的永真性并不会排除真正矛盾的存在（如下表）。关于此点，笔者想要感谢佐野胜彦（现为北海道大学副教授）给笔者的一些启发。

α	α∧¬α	¬（α∧¬α）	α∨¬α
t	f	t	t
f	f	t	t
e	e	e	e

③ 从宗教相的所有双重矛盾命题具有 e 来看，通过真理表的定义，任意的命题具有 e，因此会被导向成为真。如本文第二节所述，我们可以将宗教相里的混沌现象视为整体的回互关联之结果。

（1）在将ECQ视为有效推论的古典逻辑里，小爆炸会产生。也就是说，一旦承认矛盾，其言说便会自我崩坏。另一方面，在将ECQ非有效化的空逻辑里，小爆炸不会产生，即使承认矛盾，其言说亦不会崩溃。

（2）相对于古典逻辑只具有一种真理，空逻辑则具有不同真理函数样态的两种真理。

（3）在这两个真理中，具有空思想（空命题）的真理，通过否定固定点真理值的表现，具有非、超对立性。另外，古典逻辑既不具有否定固定点，亦无法表现非、超对立的真理。

（4）在空逻辑里，由空命题构成的矛盾命题全都以（非、超对立形式）变成真。另一方面，在古典逻辑里，矛盾命题则全部都是假。

无论是古典逻辑还是空逻辑，都是一种命题逻辑。① 两者共有"带真理值的命题""保持指定值的有效推论""被解释为真理函数的逻辑连接"等逻辑道具。两者的差异可以说集中在"被视为指定值的否定固定点真理值"这一点上。

满足空逻辑条件的逻辑，可能是复数存在。笔者并非主张LP在其中是最好的。LP只是空逻辑的其中一个候补。但显然通过采用LP当候补，空思想的重要特征才能通过"作为指定值的否定固定点真理值"这一逻辑装置被表现出来。除此之外，更重要的是，作为LP的空逻辑与古典逻辑彼此间的异同，是极为单纯、明了的。此处并不存在人们谈论东方逻辑时常会出现的暧昧主义（Obscurantism）。当空思想的逻各斯作为LP被固定化时，其神秘面纱想必会被揭开。至少这对哲学家而言，是一个好消息。

参考文献

吉藏. 三论玄义［M］//高楠顺次郎. 大正新修大藏经：第45卷. 东京：大正一切经刊行会，1932.

吉藏. 三论玄义［M］//岩野真雄. 国译一切经：第44卷. 椎尾辨匡, 译. 东京：大东出版社，1937.

---

① 这也只限于本论文的讨论。两者很容易会被扩张成述语逻辑。

吉藏. 肇论　三论玄义 [M]. 平井俊荣, 译. 东京：中央公论社, 1990.

DEGUCHI Y. Neo-Nishitanian dialetheic Monism, Humaniora Kiotoensia: on the centenary of Kyoto humanities, Graduate School of Letters [M]. Kyoto: Kyoto University Press, 2006.

出口康夫. 真矛盾主义的一元论（上）[J]. 哲学研究, 2008a, 585.

出口康夫. 真矛盾主义的一元论（下）[J]. 哲学研究, 2008b, 586.

出口康夫. 拥抱虚无主义 [J]. 日本的哲学, 2009（10）.

西谷启治. 何谓宗教（1961）[M] //上田闲照. 宗教与非宗教之间. 东京：岩波书店, 2001.

西谷启治. 禅文化的诸问题（1967）[M] //上田闲照. 宗教与非宗教之间. 东京：岩波书店, 2001.

西谷启治. 空与即（1982）[M] //西谷启治著作集：第13卷. 东京：创文社, 1987.

PRIEST G. Logic of paradox [J]. Journal of philosophical logic, 1979（8）.

"二战"期间京都学派的宗教哲学与时局性发言：
以西谷启治为中心

杉本耕一[①]

一、前言

京都学派的哲学以东方式宗教的背景，亦即"无"的宗教哲学出名，此外亦因在"二战"期间的时代状况下，从哲学的立场积极地进行时局性发言而广为人知。其时局性发言含有对当时战争过度肯定的成分，因此在"二战"后长期受到从政治立场出发的严厉批判。相对于此，亦有研究以京都学派哲学发展这一内部发展的视点出发，主张京都学派的发言并非单纯对战争的赞美，而是在严峻的时代状况下对该时代提出的穷余策略。[②]

本论文不将焦点放在京都学派时局性发言的政治意义上，而是从哲学上、原理上的关心，来讨论京都学派的时局性发言（因此，在指出京都学派的时局性发言之问题点时，也是仅就其在哲学上的内部思想结构之问题来进行讨论）。在京都学派的哲学思想中，本论文特别将焦点放在"宗教哲学"上。

宗教哲学与时局性发言表面看来似乎没有太大关联。因为一般认为，因应当时的时代状况所产生的时局性发言与不受某种特定时代状况束缚、以超越的维度为主的宗教哲学所处理的问题维度可以说完全不同。然而，京都学派的时局性发言绝不是因应时代要求的即席式发言，而是基于他们的哲学式、原理式立场所产生的发言。这些立场又以其独特的宗教哲学为本质。若是如此，我们不得不承认京都学派的宗教哲学与时局性发言之间

[①] 爱媛大学副教授。
[②] [日]大岛康正：《大东亚战争与京都学派》（1965），载[日]森哲郎编《世界史的理论》，京都灯影舍2000年版，第274-304页；[日]上田闲照：《西田几多郎："那场战争"与〈日本文化的问题〉》，载《思想》1995年第857号，第107-133页；[日]大桥良介：《京都学派与日本海军》，京都PHP研究所2002年版。

有密切关联。①

因此，本论文将从以下两个问题来进行思考：①京都学派的宗教哲学究竟以何种形式形成该时局性发言的背景？②若京都学派的时局性发言含有应该被批判的问题点，那么该问题点与其独特的宗教与哲学究竟存在何种程度上的关联？本论文将就这两点，以西田门下的代表性宗教哲学家西谷启治（1900—1990）的一些战时著作来进行考察。②

针对问题①的讨论，将于本文第二、第三节进行。第二节将概观西谷宗教哲学在"二战"期间的基本框架。第三节将对照该基本框架与其"二战"期间的时局发言，找出两者共通的思想结构。在此先说明，讨论的焦点将放在"通过近代来克服近代"及"主体的无"的思想上。针对问题②的讨论，则在第四节进行。讨论焦点将放在西谷的时局性发言之问题点与其宗教哲学之间的内在关联上。具体来说，此节将以批判的立场来检讨西谷宗教哲学的"体验""合一"之立场。

二、西谷启治在"二战"期间的宗教哲学

（1）宗教的三个立场

为了阐明西谷宗教哲学在"二战"期间的基本架构，在此将以西谷于1941年发表的论文《宗教哲学：序论》为论述中心。在此论文中，西谷将宗教规定为"对于我们通常意味的存在方式……绝对的他者……以某种方式对我们显现"③，并主张我们对此绝对他者的勾连方式有三种态度。即"信仰"的、"认识"的、"体验"的这三种态度，从"信仰"的态度说，"绝对"作为和理性相矛盾的存在、作为将人类最高理性消除的存在而显现（参见N6·4）。"信仰"态度的本质在于以主体决断的方式相信和理性相互矛盾的"绝对"。此"信仰"的态度，很明显地可见于主张对人格神绝对服从的犹太、基督教式的宗教中。

然而，在人类历史里出现了一种对宗教的态度，亦即和"信仰"态度完全对峙的态度。此为"认识"的态度。"认识"的态度指的是"虽从信

---

① 此观点在前一个注中的研究文献里，并没有成为核心论点。
② 在此举出西谷启治，是因为现在很多研究者都认为他是京都学派宗教哲学的正统接班人。然而京都学派内部的分歧不容忽视。本论文并不是只将西谷视为京都学派宗教哲学的代表人。
③ [日]西谷启治：《西谷启治著作集》第6卷，东京创文社1987年版，第3页。以下引文皆以"N卷数·页数"标示出处。

第一部分 京都学派哲学

仰开始，却以某种普遍真理来理解信仰内容的态度"（N6·6）。当传统宗教与世俗生活相背离，人们则无法直接接受传统的宗教信条，因而不得不向和传统宗教之间的关系寻求理性的媒介。在此态度里，通常会出现合理主义式批判中的理性之自立与人类主体性自由的自觉。此倾向到了西方近世更加明显，在以黑格尔为代表的德国观念论里，出现了将信仰内容化为理性本身的内容理性，它取代了宗教的动向，之后开始朝向人类中心主义方向前进。费尔巴哈是一个代表，他将神学消解在人学之中。如此一来，"认识"的态度，就会完全背离传统的"神"，最终变成"否定神学的人学"或自觉性地成为"以人为中心的人学。"（参见 N6·21）

"认识"的态度若以上述意义呈现极端化，"信仰"的态度亦只能将自身极端化。如此，"信仰"的态度则会从正面拒绝"认识"的态度，我们可从克尔凯郭尔那里看到，那是一种完全否定用理性来理解信仰的立场。"信仰"的态度，在极端化处则成为"否定人学的神学"，或自觉性地成为"以神为中心的神学"。西谷认为"信仰"态度与"认识"态度的分裂，正是现代宗教直面的最大课题之一，并主张唯有统合那种分裂的新宗教，才是现今要求的宗教。然而，依西谷的说法，作为宗教的第三种态度，亦即"体验"的态度，才是那种新宗教的立场。

（2）"体验"的态度与"根源性的主体性"

那么，"体验"的态度是指何种态度呢？西谷首先排斥将"体验"作为"主观的""内在的""自我中心的""人类中心的"立场这种误解。"体验"的态度是指，不是以别人而是以自身体验为立足点的态度，因此容易引起误会。然而，根据西谷的说法，之所以会产生那种误解，是因为"于体验之中思考体验的'自我'""认为应该先有'自我'，并由自我来进行体验"（N6·24）。然而，西谷认为在真正的宗教体验里，"体验之为体验，是因为其在破除'自己'的方式下产生的"（N6·24）。也就是说，被认为是体验主体的"自我"破灭这种体验，才是真正的宗教体验。笔者认为，西谷在此思考的是自身参禅的体验。

但即使说在"体验"中自我破灭，也绝不是说"自身"的消灭。的确，自我在"体验"中消灭，意味着自我的"死"；但若能彻底化这个"死"，便能从将"死"视为"生"的对立面之立场进一步翻转，"站在死本身，将自己在面临自己根柢的死视为自己的东西，并将它变成自己"（N6·26）。若能转换成这种态度，那么"死"就会转变成"生"。理由

· 77 ·

是,"自己"原本就不该被视为一种实体,应该被视为一种在超越自己的"生"当中存活的存在,因此,当被视为一种实体的"自己"消灭时,自然意味着"自己"真正的死,这恰好是原本的"自己"恢复了在其中生存的"生"。西谷如此描述道:"所谓体验借由自己脱离自己,来获得脱离原本'自己'的生。"(N6·27)这种再生的状态,西谷称为"脱离自身根柢的主体性根源"或"根源主体的显现。"(N6·27)

依西谷的看法,在这种"根源主体性"的体验里,"自己"与"绝对"的关系,亦呈现出独特的状态。在"信仰"的态度里,"神"始终被描述成与自己相对立的存在,以及和自己相隔绝的存在。然若从西谷的立场来看,"神"作为那种存在被描述成在自己之外,是因为"自己"的立场还残存(参见 N6·99–100)。"自己"的立场还残存,因而才有所谓"自己"的"内"或"外"。然而在自我真正破灭之处,不会有自己的"内"或"外"。因此在那里,"自我"不再与"神"对立,而是"进入神里,与之合而为一,借此以主体方式和神的主体性合而为一,在其根源中承继神的意志,并作为从神的根柢诞生的一个人(神子)进入人群里"(N6·99)。此处说的是在"体验"中与"神"的"合一"。

西谷认为,此种"体验"态度才是包含"信仰"态度与"认识"态度之分裂的最大立场。"信仰"态度否定人的自律性自由,劝说对神的服从。"认识"态度与此不同,在根源主体性上保持自律性自由。或者应该说,在与"神"合一的根源主体性中,自律性自由更加彻底。在这一点上,"体验"态度不同于"信仰"态度与"认识"态度相矛盾,能够包容自律性自由。再者,由"认识"态度而成立的自律性自由,最终只停留在人类中心主义的立场。而"体验"态度则提供超越人类中心主义的观点。这也是当站在所有事物的中心来眺望所有事物的人类主体这个"自己"破灭时,才得以成立。因此,"体验"态度和"认识"态度不同,既不和"信仰"态度冲突,也不会遮蔽对宗教的视线。它保持了对宗教的可能性。西谷基于以上说明,主张"体验"立场能包容"信仰"与"认识"立场的分裂。

三、西谷的时局性发言与其宗教哲学的背景

(1)"近代超克"与"主体的无"

以上是关于"二战"期间西谷宗教哲学的概观。尽管西谷的这篇文章发表于1941年日美开战前的严峻时代,但所见之处,并无予人关于该严峻时代背景的论调。然而众所皆知,在几乎同一时期,西谷又写了一些时局性的文章。综观这些时局性文章可发现,在那些文章中的时局性发言,大多与上述宗教哲学有极为密切的关联,若阅读这些文章中便可知昭和初期的西谷将时局性发言和其宗教哲学进行一个紧密的结合。在此,首先将焦点放在西谷于1942年发表的论文——《"近代的超克"私论》[①]。此乃西谷寄给座谈会"近代的超克"的论文(此座谈会因知识分子的战争协助而恶名昭彰),也是战后最受批评的论文。有关西谷对时局的直接性发言,随处可见。

该论文开头就对"近代"进行批判性的分析。西谷将"形成统一世界观的基础崩坏的时代"(KC·19)视为欧洲近代的特征。根据西谷的说法,形成欧洲近代的运动有"宗教改革""文艺复兴"与"自然科学"三种。此三者原本在世界观上就相互冲突。譬如,即使在对"人性"这种态度上,文艺复兴的世界观对其采取全面肯定的立场,自然科学的世界观对它则采取无记(中性)的立场,宗教改革的世界观对它从根本上采取绝对否定的立场。因此,欧洲近代的人在世界观形成时,被置于这三者分裂的关系之中,很难带有统一的世界观。接受近代欧洲文化的近代日本,亦同样面临了形成统一世界观的基础崩坏的危机。这里存在着近代这个时代固有的问题。

西谷针对这种近代固有的问题,希求能统一这种分裂的宗教立场(KC·22)。他认为,旧有的宗教已经无法包含文艺复兴式的人性及自然科学。理由是,它无论面对的是人性还是科学,都采取超越立场,以至于倾向否定这些存在。相对于此,现今所追求的宗教,不能单单只是否定这些存在,而必须具有承认人性从否定到肯定的开放性以及不违背科学的教义。

[①] 此论文并未收录在前揭《西谷启治著作集》中。关于引文,则用竹内好等编《近代的超克》,东京富山房1979版,以"KC·页数"的形式标示出处。

西谷以上论述与论文《宗教哲学·序论》中的论述，在相当程度上有共通之处。前者说的是"信仰"态度与"认识"态度的分裂，在此说的是"宗教"立场与"文化""科学"立场的分裂。无论何者，其分裂都被视为近代这个时代固有的问题，而要求统合这种分裂的新"宗教"立场则是其特征。在此大略指出西谷的思想结构特征。此新"宗教"，并不是从回归传统宗教这种方向，而是从一度通过近代"科学"与"人性"的立场，以此为基础从更高的地方来统摄这种方向，也就是说，并不是从单纯的反近代，而是从所谓"通过近代的近代超克"之方向来追求。

西谷在论文《"近代的超克"私论》中提出"主体的无"这种立场，来作为上述他所追求的宗教性。此种"主体的无"的立场可以说相当于《宗教哲学·序论》中的"体验"态度或"根源主体性"的立场。所谓"主体的无"，西谷如此主张道："当我们除去一个物体的身体与通常被称为'心'的意识自我来看时，我们真的什么都没有了吗？或许真的什么都没有。但事实上在那个什么都没有的地方，却有剩下来的东西。我们应该说，就是在这里有一个无法被对象化、无法进入科学视野的唯一存在，亦即存于作为主体自我的真正主体性立场出现。"（KC·24）

或许我们会将作为科学对象的身体性自我与作为人性存在的意识自我视为"自我"，但西谷认为真正的自我（无法被对象化的自我）是产生自那个意识自我消灭或无化之处。此即为西谷所谓作为真正主体性的"主体的无"。西谷如此说明"主体的无"："它是物与心之彼处的东西，也就是出现在这些否定，亦即'身心脱落'的东西，这是一种意识自我的否定，所谓消灭小我的'无我''无心'。"（KC·25）依照西谷的说法，在这个"主体的无"当中，关于意识自我的文艺复兴式人性与关于身体自我的自然科学一度会被否定、超越。但与此同时，在该处又会出现转变成肯定的立场。也就是说，作为"主体的无"的自我，以一种创造文化、发展科学的主体，再次让它们重生。西谷在这里找到了"超克"作为近代问题之分裂的立场。

（2）"国家"的问题与其宗教哲学的背景

以上指出代表西谷宗教哲学论文的《宗教哲学·序论》与强烈带有时局性倾向的论文《"近代的超克"私论》之间的共通思想结构，并确认了西谷的"通过近代的近代超克"及"主体的无"的思想。西谷的时局性论文，确实有其自身的宗教哲学为背景，但《"近代的超克"私论》亦包含在《宗教哲学·序论》里所看不到的要素。其中值得注目的是关于"国家"的论述。

在《宗教哲学·序论》中,"国家"并没有成为问题,而在《"近代的超克"私论》中,"主体的无"的立场则被挪用在关于"国家"的问题上。西谷沿用上述近代人观之分裂的分析方式,认为这种近代世界观分裂的形态,还必须包含国家与个人之间的分裂。针对此分裂,他主张必须有一个统一的立场出现。

西谷提出"灭私奉公"(KC·26)口号(这亦是"二战"期间的一个流行口号),认为在此种思考中能找到其统一的方向。所谓"灭私奉公",是指首先每个个人在其各自的职场,必须致力于"灭私",也就是进行"消灭肆意的小我、利己主义的我"(KC·26),在各自的职场为其熟练度而进行献身的努力。西谷认为,这虽然是贴近日常实际生活的事,但在其根柢带有深层的宗教性(无我)立场。这个宗教性的开启,可造就"每个国民灭其私和作为全体的国家合而为一这种伦理性"(KC·27)。依这种伦理性的造就,国民不只是和国家对立、抗争,亦会借由主体性的"灭私"而参与到国家来。由这种国民所构成的国家,则可以更加强化内部的统一,如此才能提高自身与其他国家之间关系的能量。西谷在此对处于当时局势的国家及其国民提出了一个应然关系的图像。

在此我们可明显看到西谷将自身独特的宗教哲学立场,亦即"主体的无"的立场联结到当时流行的"灭私奉公"口号上,为当时的国家提供了一个思想基础。这里确实可看到其宗教哲学已经偏离了原本的轨道,而走向迎合时局、国家的道路。

这一两面性的立场,我们可以在西谷于1941年出版的《世界观与国家观》当中看到。西谷在"二战"之后为该书的出版意图做出如下说明:"我将国家的世界性视为通过自我否定的无我之主体性,以及将此立场思考为日本及所有国家内部以某种方式开显自身的课题,这是区分我的思想与国家主义的根本所在。"(N4·381)西谷思想的根本,并非只是强行要求个人对国家的"无我"态度,亦是在要求国家本身的"无我"态度。西谷如此说道:"这是从国家的'我'的主体性到国家的'无我'的主体性之跳跃。"(N4·382)

那么,国家的"无我"究竟意味着什么?以下是对《世界观与国家观》的概观。在《世界观与国家观》里,和《"近代的超克"私论》一样,"国家"的问题即是如何统合个人与国家的对立与分裂。西谷对此问题做出如下回答:"其可能的唯一道路是,国家在其自身必须包含这种超越国家的自由立场、世界性或普遍人性的立场。此外,还必须对此有所自觉。"(N4·284)西谷更进一步说明"所谓内在于国家的超国家之世界性,是指国家在其自身结构内包含自我否定或自我超越面"(N4·285)。国家在其自身具有"超国家之世界性""自我否定或自我超越性"便是指"国家的无我"。

那么,"国家的无我"的"超国家之世界性"究竟意味着什么?这意味着"'世界'真正作为世界,成为一种现实的世界性自觉"(N4·300)。这表示出从近代到现代的历史过程中所出现的一种历史事件。近代的"世界"特征,就在于多个强国的均衡。在这里,国家才会有各自作为一个活的个体之意义。因此,国家才被视为在其自身具有存在理由的自立性存在。在这个前提下,将这些国家彼此争夺霸权的共通场所理解为"世界",是近代的世界观与国家观。在这个意义上,此"世界"观念即是"以众多独立国家的原子论分立为不说自明的观念,是一种以世界作为和这种个别分立的相互关系之场所的'世界'观念"(N6·302)。然而,这种"世界"最终只是脱离每个国家的抽象的普遍世界。①

在这个从近代到现代的转移过程中,"世界"似乎变得比较具体。何以如此?因为世界不再作为抽象普遍,而是没有世界,每个国家已经无法成立的具体存在。也就是说,"我们必须实际以'世界'为主,从世界来看他国以及本国的事件"(N4·299),"世界各地的事件直接影响本国,本国事件也直接影响世界各地"(N4·299)。如此一来,在国家底部开展的具体"世界"是一种否定以自身存在这种自立性国家的存在,因而是一种超越国家的存在。然而,这个"世界"②又内在于国家,因为这个"世界"是每个国家成立所不可或缺的条件。上述意义的"世界"在国家根部开展,正意味着国家在其"无我"之中获得了真正的主体性。

对西谷来说,个人以"主体的无"之立场参与国家,在真正的意义

---

① 西谷从此观点来批判所谓"国际联盟"(参见 N4·302)。
② 森哲郎指出,西谷的"世界"概念包含三个必须加以区分的要素,即"普遍人类性""历史世界""超越的开放"。(Mori Tetsuro, "Nishitani Keiji and the Question of Nationalism," in James W. Heisig and John C. Maraldo (eds.), *Rude Awakenings: Zen, the Kyoto School, and the Question of Nationalism*, University of Hawaii Press, 1994, pp. 316–332.)

上，必须是"世界"在国家底部开展，才得以成立。国家若将自己封闭在自身之内，个人和国家只能处在彼此对立的状态。然而，国家在其底层具有自我否定性、向世界开放等的特征，这意味着个人与国家一同在各自的"灭私""无我"之中，向世界开放，借此国家的强制及个人的自由才能相互契合（参见 N4·319）。

上述讨论看似主张个人自由与国家强制的一致性，但个人其实必须为国家所吸纳。因此，此主张有迎合时局、国家之嫌。但须注意的是，这里并非主张封闭自我的国家可以直接吸纳个人，此处的国家必须是在其底部含有宗教性、自我否定性、向世界开放的国家。西谷通过这种国家构想，提出以自身宗教哲学为基础的超越观点，并以此来纠正走向极端自我主张的国家。我们必须在西谷的时局性发言中考察到宗教哲学为国家哲学奠基的肯定面向及否定面向。

四、西谷时局性发言的问题与其宗教哲学的背景

（1）西谷时局性发言的问题性

以上检讨了西谷的时局性发言以其宗教哲学背景为基础，并指出两者相通的思想，亦即"通过近代的近代超克"与"主体的无"之思想。在此过程中，确认了国家的讨论亦必须以宗教哲学为基础。对西谷哲学而言，时局性的发言并非其哲学发展的内在必要，而是在时代中的外部要求。然而据上所述可知，他的发言并非实时性的产物，而是以其宗教哲学立场为基础的。因此，将"国家"视为问题来讨论本身，就其哲学而言，虽不是必然，但既然讨论国家，那么他实际上以该论述方式来讨论，亦是必然的结果。这也是为何他即使在"二战"后受到严厉批判，但仍没有收回其"二战"期间的时局性发言之缘故。①

然而不可否认的是，西谷的时局性发言即使以其宗教哲学背景为基础，也还是含有从现代来看难以全面性肯定的部分。譬如，西谷论述国家在理念与现实之间的定位暧昧不清，这点在他的时局性发言里便是一个很大的问题。把国家视为"无我"的国家，并提出应然的国家图像，确实有

---

① 关于战后西谷的政治哲学，参见 Bret Davis《从宗教到政治、从政治到宗教：西谷启治的转换》，载［日］藤田正胜、卞崇道、高坂史朗编《东亚与哲学》，东京ナカニシヤ出版社2003年版，第347–362页。

其相应的积极性意义。然而必须注意的是，其积极性的评价必须是一种制约框架内（如作为一种理念）的评价。所谓理念，既是现实中无法实现的东西，但就是因为无法实现，对现实而言，又必须是永远都能朝向的目标、领导现实的东西。西谷所提示的国家，作为一种理念，必须是不断地批判现状的国家，并能成为一直改善它的动因。但是，当它超越了作为理念的制约时，也就是说，当它已在现存特定的国家中被实现时，在那里就会产生非常危险的思想。

然而，回顾西谷的时局性发言可知，实际上，在理念与现实之间的制约，不见得就被严格遵守。也就是说，西谷在某些地方，以明确的口吻主张，原本只应作为理念的"无我"的国家，在日本这一现实、特定的国家中已经实现，或在日本的历史中一开始就已经被实现。譬如，西谷说道："现在每个国家，虽处于必须在自身内部打开这种基础的必然方向里，然而却仅仅只停留在摸索的阶段。与此相反，我国国体一开始就具有此种结构。"（N4·291）"主体的无的宗教性，若只是一般所谓东方宗教性的话，那么，此宗教性渗透到现实生活中，并找出与国民伦理心相即的道路，这对日本来说，是极为特殊的事情。"（KC·31）当这种主张出现时，西谷原来的意图，即反对纯粹的国家主义，为国家的根柢开启宗教性，并依此来批判现行的国家这种意图，就只能面临扭曲的命运。在那里，日本这一现实里的国家，则必然被视为作为已体现理念的国家，在"主体的无"的立场中消灭自己，则被视同为立刻消灭自己，顺从既存的国家。在这种情况下论及国家时所带来的宗教性，最终也只能服务于现行国家的强制力而已。

在此，我们不得不针对宗教与现实批判的问题来进行思考。对"宗教"的关注，在其固有的"超越"意向里，理应可以提供从超越时代状况的立场、以一种批判视野重新掌握现实的逻辑。[①] 西谷自身在关于对宗教的关注所能带来的现实批判之可能性，在某个程度上已有自觉。[②] 然而，实际上，如上所述，西谷这种观点无法做到彻底，因而才有混同作为理念

---

① 关于此点，Jan Van Bragt 从京都学派的大乘佛教之宗教哲学批判这个立场来考察。参见 Jan Van Bragt, "kyouto Philosophy: Instrinsically Nationalistic?", in *Rude Awakenings*, pp. 233-254.

② 比如西谷如此说道："国民可以在自己的共同体的这个超越中心，找到对国家权力滥用的伦理性批判之基准。因为此中心在国家之中超越国家，国民将其置于自己的共同体中心，以是否适于具体出现在此中心的理念为客观标准，来思考国家的方针与行动。"（N4·287）

国家与现实国家这两者的论述出现。

（2）西谷时局性发言的问题及其宗教哲学背景

何以西谷无法贯彻其批判观点呢？如本论文所述，若能掌握西谷的时局性发言始终是以其宗教哲学为基础的话，对上述问题的接近方式即使不是唯一方式，提出以下的问题亦不失其妥当性。究竟西谷宗教哲学中包含的何种逻辑结构，阻碍了从宗教固有的超越性观点来批判现实这种态度的完全实现呢？

笔者将其逻辑由来归结于，在西谷宗教哲学底部的"体验"立场或"体验"中的"合一"立场。宗教观点是否能成为对现实批判的基准，也仅仅只是限制在宗教的超越世界观彻底保持其超越性的时候。超越与现实的界限若被暧昧化，那么从超越现实立场而来的批判，亦会变得暧昧不清。然而西谷所说的"体验"中的"合一"立场（特别是哲学讨论上的），不就恰恰是一种包含将超越与现实的断绝性暧昧化的危险立场吗？

所谓"合一"，即通过将自己无化，来达到自我与自我以外的存在之间对立的消解。虽然西谷积极掌握它，并在那里思考所谓"根源的主体性"的成立，但相反，这种做法也包含了否定超越与现实之间差异，亦即消除理念与现实之间差异的意味。对达到"合一"立场的"根源主体性"来说，已经没有从外部反省、观看自身行为或从外部规制自身行为的东西存在。在此境界里，人只有用"完全变为"这种形式，埋头于每一个发言和行动，对自身的发言、行动也只能以自我言及的方式来进行肯定。在那里，成为从超越现实而来的批判现实之基准也就是超越性观点，往往很容易消失。当然，在真正的宗教体验里，自我与自我以外的存在的"合一"，通常以两者"不一不异"的形式带有否定性，因而绝不是单纯地消除自我与自我以外的存在之间的差别。关于这样的论述，若在哲学讨论的层面上作为一种立场被主张时，其危险性则很难被遮蔽。

若从以上观点来看，作为西谷宗教哲学的根本，也就是"合一"的立场与时局性发言中理念与现实的混同，确实形成一个关联。然而主张前者与后者纯粹是直线式的连接，却又有过言之处。那么，我们若否定"体验""合一"的立场，是否就能立即避免理念与现实之间的混同？我想问题并不是那么简单。比如，田边元批判将"合一"的宗教体验带入哲学，并主张彻底的"媒介"。然而，田边并没有将现实国家视为单纯的理念，而将它视为绝对于现实中出现的"应然存在"。这对田边来说，是一种自觉的思想。田边如此说道:"相当于种与个交互否定媒介的国家……这种国家遭受到批评:它不应该是现实存在,而必须是一种单纯的应该理念。我不得不说这种批评,正是忽视现实具有的存在与应该相即的实践意涵之抽象结果。""与此相反,对于辩证法伦理的实践立场,唯有存在与应然的相即才能建构出现实。"① 田边主张作为"应现存在"的国家,该怎么看待是一个极为困难的问题。田边从存在与应然(现实与理念)彻底媒介的观点,来说明作为应现存在的国家。然而,这能说是彻底的"媒介"吗?毋宁说他为了避免现实与理念的"乖离",而脱离了两者的"媒介",进而主张两者的"合一"。关于此问题,伊藤益将其解释为田边"实践意向态度"下的"逻辑破绽"。"种的逻辑"虽排斥完整的体系性,却将自己逼入封闭框架之中,因而带来自我矛盾,这原因不正是存在于田边自身的实践意向态度之中吗?②

但是,至少在现阶段可指出的是,此"合一"立场所包含的危险性,应该时时刻刻被自觉(由于此立场在某一方面确实非常有魅力,因此更应该如此)。这也是今后重新评价京都学派的宗教哲学,特别是其禅哲学(不可否认的是,"合一"立场在最根本处形成禅体验的背景)时不可或缺的观点。③

---

① [日] 田边元:《田边元全集》第7卷,东京筑摩书房1963年版,第30-31页。
② [日] 伊藤益:《爱与死的哲学:田边元》,东京北树出版社2005年版,第48页。
③ 若从此观点来看,后期西田几多郎哲学中有关宗教哲学与国家论的关系,值得吾人重新思考。后期西田哲学和继承西田初期"纯粹经验"立场的西谷强调和神的"合一"不同,强调神人之间的绝对断绝。在论及"国家"时,亦主张国家与绝对者之间的断绝性。因而现存国家不会被视为绝对者的直接现实化。关于此点,值得注意的是嘉户一将把西田的国家论解释为,把国家"制度"之"准则"置入"无"当中的言论。(参见 [日] 嘉户一将《西田几多郎与对国家的质问》,东京以文社2007年版;拙文《书评:嘉户一将〈西田几多郎与对国家的质问〉》,载《日本的哲学》2007年第8号,第133-143页)

美意识"あはれ"（aware）中的表现问题

田中久文①

一、前言

作为一个思考"日本的哲学与表现的问题"这个主题的线索，在此笔者想谈一谈"あはれ"（aware）② 这个日本传统的美意识。"あはれ"这个表达，即使在今日，仍然作为日常生活的语言为日本人所使用。作为一种美意识的"あはれ"，主要在日本平安时代（794—1192）的和歌及物语当中，能看到其特征。

关于日本近代美学家的代表，可以举出大西克礼（1888—1959）。其是第一位真正地将日本人的美意识纳入美学体系当中的人。"あはれ"便是他举出的日本人的代表性的美意识之一。③ 他所参考的是，日本江户时代国学家本居宣长（1730—1801）有关"あはれ"的论述。宣长将平安时代的长篇物语《源氏物语》（成书于11世纪初期）的本质定为"あはれ"或"物的あはれ"（もののあはれ、物のあはれ）并对其进行分析。④

本论文以大西、宣长的论述为中心，针对"あはれ"这个美意识中有关"表现"的问题，来进行思考。

---

① 日本女子大学教授。
② 日本人用"哀""怜"这两个汉字来表示"あはれ"，但"あはれ"在此文中并无法只用这两个汉字来概括。再加上此日语词汇已被思想、哲学化，因此，译者在此保留"あはれ"这个日语原文。此外，"もののあはれ"或"物のあはれ"一般翻译成"物之哀"，但在此译者一律翻译成"物的あはれ"。
③ ［日］大西克礼：《幽玄与哀（あはれ）》，东京岩波书店1939年版。亦可参见大西克礼《幽玄、哀（あはれ）、寂（さび）》，东京书肆心水2012年版。
④ ［日］本居宣长：《紫文要领》《石上私淑言》，载《新潮日本古典集成　本居宣长集》，东京新潮社1983年版。

二、"あはれ"的外在性

根据本居宣长的说法,"あはれ"是由"ああ"和"はれ"这两个语言连接而来的。"ああ"与"はれ"都是当心有所触动,在不知不觉之中所发出来的语词。也就是说,"あはれ"是无法放在心中,自然而然地被表现出来的情感。

"あはれ"这个词,在现代日语中是表示悲伤的意思,原本是用于表达喜怒哀乐等所有情感的词。然而,大西认为亦有一些情感无法用"あはれ"这个词来表达。

首先,他指出,"嫌恶""轻蔑"等情感就没有被包含在内。也就是说,通过排斥或压抑对象,让自我高涨的心理态度,并没有被包含在内。即使是遇到"嫌恶""轻蔑"的对象时,也会在将其远离自我,并以感叹的态度来静观它时,才会有"あはれ"这个表现出现。

其次,和"嫌恶""轻蔑"相反的"爱欲""执着"等,对对象有强烈执着的情感,亦不能说是"あはれ"。这里也是显示出若没有和对象保持距离,就不是"あはれ"。关于这点,本居宣长亦认为"あはれ"并不是"欲",而是"情"。根据宣长的说法,所谓欲,就是一直祈求的心,而没有任何"感慨"。相对于此,"情"则是对事物有所"感慨"。

根据以上诸点,大西推断出"あはれ"这种情感,本来所意味的精神态度,是"一种'静观的'(kontemplativ)的'态度'(Einstellung)"。

"あはれ"作为一种日常生活的语言,具有以上的基本意思。其若要发展成表示美意识的语言,究竟需要什么呢?根据大西的说法,那便是触及对象的本质这种客观的契机。

关于此点,宣长早已说过。宣长注意到,当"あはれ"表示美意识时,通常是作为"物のあはれ"来使用,并认为"あはれ"并非主观的情感,而是内在于对象"物"的情感。也就是说,让人产生喜怒哀乐之情感的东西,潜藏在"物"这一方,人借由知道该"物"的本质,就会拥有"あはれ"这个情感。

在每个"物"当中,早就有给予高兴的情感或悲伤的情感的东西,也就是说,人的情感是在对应每个"物"时而被诱发出来的。相反,我们也可以说,人是通过情感来分别与知道"物之心""事之心"(事物的本质)。因此,宣长并不是使用"感受到物のあはれ",而是使用"知道物

的あはれ"这种表达。在这个意思上,我们可以说"物的あはれ"论是情感的认识论。据上可知,当引起"あはれ"这个情感的根源,从人的主观性转向外面的"物"之时,"あはれ"才会成为表现美意识的语言。

宣长注意到《源氏物语》都是用"あはれ"来表现四季的样貌、人的容貌、衣服、家中财产和道具、房子等各种事物的优点。宣长认为这便是在表现内在于这些事物的"物的あはれ"。而作者之所以会特别在各种面向上将《源氏物语》的主角光源氏描绘成理想型人物,是因为要将"物のあはれ"集中表现在其一人身上的关系。

如此一来,《源氏物语》则变成一本通过物语这种虚构来明确表现出"物のあはれ"之精髓的书。然而,宣长认为,那种"物のあはれ",一直是普遍存在于现实世界之中的东西。相良亨指出,宣长有"我们在'生命'中遇到的所有'事物',全部都内含丰富的'あはれ'"的想法,也就是"这个世界是'物のあはれ'之海"这种世界观。①

三、"あはれ"与现代哲学

笔者认为,以上所介绍的本居宣长"あはれ"论和现代哲学的脉络有共通的地方。例如,很多人或许会想起现代日本的代表性哲学家大森庄藏(1921—1997)的以下两段话。

> 人似乎有把任何东西都往"心里"放的坏习惯。这里若有恐怖的东西或人的话,人就会很快地将恐怖的情感剥取下来放在自己的心中,并误以为所谓情感就只是自己心中的东西而已。然而,人在根本上,并无法只将情感剥取或抽取下来。首先,被剥取下来的东西,应该已经不恐怖了才对。事实上,这是很单纯明快的事,恐怖的东西就在眼前,仅仅只是如此而已。
>
> 事实上,世界本身已经是具有情感的存在。世界是情感的,世界本身既是一个欢喜的世界,也是一个悲伤的世界。认为是自己内心情感的东西,事实上,只不过是这个世界整体情感的一小部分前景而已。……简单来说,世界是情感的,天地是有情的。和天地相连的人类,亦是作为其微小的前景,参与其有情。这便是我们一直认为是被

---

① [日]相良亨:《本居宣长》,东京讲谈社2011年版。

藏在"心中"的情感。①

这种关于世界的看法会消失，根据大森的说法，是因为近代哲学把"意识"放在哲学的根柢。此"意识"正是笛卡尔以来，作为西方思想的根柢贯穿到现代科学的骨髓的东西。我认为，此"意识"作为横跨在世界与人之间的薄膜，是阻挡世界与人直接交流的元凶。

关于此种奠基在近代哲学批判的大森哲学，若追溯起来，西田几多郎（1870—1945）其实在明治时代早就已经说过了。大森也意识到这点，并提出以下想法：

> 从外界被切离开来，并被封闭在意识内部的经验，事实上是不可能的。西田几多郎针对主客对峙这种西方传来的想法，从东方思想或佛教思想的立场不断地主张主客未分或主客合一。然而，根本不需要那么大费周章，因为所有一切，从一开始便是主客未分、主客合一。

西田认为，"情意"并不在人的主观当中，而是在实在的世界之中，并将此种说明的方式解读为"情意说明"②。将实在作为具有情意性质的东西，亦即将情意作为实在中的一个势力，以此来说明实在，这便是"情意说明"。关于此"情意说明"，西田说明如下。

> 触动吾人的情意来进行情意说明的，并非只是人那种具有表情的举动而已。天地的万象亦皆如此。就连天色的变化以及浮云飘浮的样子，只要虚心并仔细地观察它的话，就会发现很多有意义以及让吾人不堪于缠绵之情的东西。

根据上述西田的想法可知，人唯有通过"情意"才能真正地触碰到世界的真实面貌。这可以说是和宣长的"物のあはれ"论共通的想法。那

---

① ［日］大森庄藏：《和自己相遇：意识才是隔绝人与世界的元凶》，载《朝日新闻》1996年11月11日（收录于［日］饭田隆他编《大森庄藏集》，东京平凡社2011年版）。
② ［日］西田几多郎：《关于纯粹经验的断章》，载《西田几多郎全集》第16卷，东京岩波书店1966年版。

么,说到通过"あはれ"触及"物"的真实时,这个"物"的真实究竟是什么?

如前所述,宣长知道"物的あはれ",便是知道"物之心""事之心"。此处所说的"物之心""事之心",可以置换为事物的"本质"。那么,此处的"本质"究竟是什么意思呢?关于这一点,东方思想研究者井筒俊彦(1914—1993)曾展开详细的论述。①

井筒首先注意到宣长的"物的あはれ"论,是在批判"中国思维或想法"(汉心)的脉络中所发展出来的。宣长所谓的"汉心",具体是指以朱子学为中心的宋学。根据井筒的说法,宋学的核心就在于"追求事物、现象的普遍'本质'"。然而,宣长批判宋学是以"对事物的概念式掌握"为核心的学问。相对于此,其主张"通过直接接触物,从内部而不是从外部来一举掌握该物之心"。

> 以概念的一般者为媒介,"本质"式地认识事物这种做法,会在这个地方将该事物抹杀掉。概念式的"本质"世界是死的世界。在那里,并没有所谓活得很精彩的或跃动的生命。然而在现实之中,在吾人面前的事物,每个都在活生生地主张自己的实在性。若要捕捉活生生的事物,除了通过自然、朴素的实存感动,"深深地感受在心里"别无他法。
>
> 若是如此,当然此处所说的"物",必定是实在于活生生的现实世界之具体存在者,也就是个体。以梅洛-庞蒂式的说法来说的话,便是现在存在于这里的这个"前客体化的个体"(cet individu préobjectif),亦即作为意识的对象被客体化以及被置放在认识主体面前以前的原初实在性之个物。那必须是通过掌握那种个物的"心",也就是一举用直观的方式来掌握该个物的"独自(语言意思以前的)、实在意味的核心"(l'unique noyau de signification existentielle)才能存在。

也就是说,若将"本质"这个词思考为"概念的一般者",那么,宣长所追求的东西就不能说是"本质"。然而,譬如汉学家吉川幸次郎

---

① [日]井筒俊彦:《意识与本质》,东京岩波书店1983年版。

（1904—1980）便认为，宣长所谓知道"物的あはれ"就是借由感动来认识事物，并将此规定为"接触存在的本质"。① 井筒认为若是如此，便能够将宣长所说的"物之心""事之心"称为事物的"本质"了。

在此，井筒一方面援用专门的伊斯兰哲学概念，另一方面将"本质"区分为"普遍的'本质'"与"个体的'本质'"。相对于前者是"因人的意识之分节机能，而被普遍者化与一般者化，甚至被概念化的形态，这些事物所提示的'本质'"，后者则是"一种人在原初的存在邂逅中找到的事物之本质，亦即一种作为浓密的个体实在性之结晶点的'本质'"。宣长所追求的"本质"便是后者所说的"个体的'本质'"。

如上所述，井筒就是将宣长所说的"物之心""事之心"视为"'物'作为意识的对象被客体化之前的、被置放在认识主体面前之前的个物，亦即在原初的实在性之中的个物。像那种个物的'心'"来加以解释。这是站在和大森与西田的"主客合一"同样立场的论述（关于从"主客合一"的立场如何说明物的"本质"之问题，大森与西田都展开了非常复杂的论述，在此省略不谈）。

然而，井筒对"物的あはれ"的解释还存在一些问题。因为井筒所说的"个体的'本质'"应该是每个个体都不一样的，而宣长所说的"物之心""事之心"，则存在着某种普遍的面向。接着，笔者想要针对这个问题来进行一些思考。

四、作为宇宙本质的悲哀

如前所指出的，在日常生活语言中，"あはれ"原本是用于表达喜怒哀乐等所有情感的词，后来才变成只意味着悲伤。根据宣长的说法，那个词在美的境界之中，亦有很深的意思。

宣长指出，"知道物的あはれ"本身也有深浅的程度。有趣的、高兴的、好笑的这些感动都比较轻且浅，而悲伤的、留恋的这些感动都比较重且深。在日常生活语言当中，"あはれ"开始只表示悲哀，是因为整体比重都倾向后者的关系。

如前所述，若联系知道"物的あはれ"便是触及事物的"本质"以及悲伤便是"物的あはれ"比较深重这两个观点，那便意味着带有悲伤情

---

① 参见［日］吉川幸次郎《仁斋、徂徕、宣长》，东京岩波书店1975年版。

感的情况比较能够深入触及事物的"本质"。换言之,对宣长而言,世界最深的"本质"便来自悲伤。

先前已介绍过,井筒俊彦将宣长所说的"物之心""事之心"解释为"个体的'本质'"。然而,若考虑到世界最深的"本质"是悲伤这种宣长的想法,便会发现到在那里潜藏着某种超越"个体的'本质'"的普遍性。

大西克礼亦注意到宣长的"深深地感受到"(深く感ずる)这种表达,并提出此处的"深深地"(深く)究竟是什么意思的问题。根据大西的说法,在那里有两个意思。一个是"情感本身在其体验之中,强烈地撼动着'自我'"之意,另一个是"情感体验在那之中,同时是借由包含有'直观'与'谛观'才得以产生的一种精神上的'深度'"之意。后者并非指单纯情感本身的强度,亦指"将吾人之心深深地沉浸在该体验的动机与根据上,进而谛观在人生乃至世界中的一种形而上学之普遍性",因而无法"从以情感为本位的片面主观主义之见地来阐明"。

大西认为,在这个"深层"意思上的"あはれ"是一种"该'直观'乃至'谛观'的知性视野超越特定现象的范围,甚至被扩大到人生与世界的'存在'一般,因而多多少少都类似形而上学或神秘主义的观看体验",而且是一种"从世界万有的'存在根据'(Seinsgrund)中汲取一脉相承的'悲哀感'"。因此,悲哀在此虽然是一个负面情感,但相反,通过它却能得到"一种特意的、美的满足甚至是快感"。那么,为何在平安朝的文学里,会诞生将世界的"本质"视为"物的あはれ"的美意识呢?

首先,大西从平安贵族的生活氛围来说明它。在平安朝,工艺美术、造园术、服装、游戏等都极为发达,生活也不断地在艺术化,事实上,艺术生活非常发达。然而,相对于异常发达的美文化,知的文化就显得非常幼稚。对疾病和天灾地变等皆束手无策,因此,从这里对世界才会产生忧愁与倦怠感(ennui)。

大西认为,西方近代的"颓废"(decadence),是从"人不知调整现实的方法,一味地朝伟大的东西努力却遇到挫折这种地方"产生的,在那里,可以找到"对生命充满苦痛的反抗意志"。相对于此,平安朝的贵族并没有道德上的烦闷、怀疑、苦恼等,反而被动的"无气力感""倦怠感"或"本源的、宿命的、无可奈何的深度'哀愁'氛围"才是其核心。

关于平安朝的文学将世界的"本质"视为悲伤的另一个理由,大西举出平安朝贵族的自然情感这一例子。他们通过纤细的季节情感，深入地凝视不断变化的"自然"样貌，并从那里感受到人生的无奈。

然而，大西不仅针对以上平安朝的历史背景，还对"美"与"悲伤"的普遍关系进行了考察。大西认为"悲伤"并不是只有否定的意思。另外，还有"从悲哀、痛苦中还感受到一种美的满足那种特殊体验的方式"存在。也就是说，也有一种表示肯定"悲哀的快感"之意的情况出现。这表现在看到悲剧后得到美的满足这件事上。

此种感性也不是日本特有的东西，事实上，在西方亦能找到。"吾人最甘美的歌便是，诉说最悲伤的思想之歌。"（雪莱）"哀愁是所有诗歌情绪中最正统的东西。"（爱伦·坡）"我找到了美的定义、我对美的定义。在那之中，有某种热情与一种哀愁。"（波德莱尔）以上语句，都是在表现悲伤与美的普遍性关系。那么，这种悲伤与美的普遍性关系，为何会产生呢？根据大西的说法，那是因为悲伤对人而言，具有客观性和普遍性的关系。

我们可以说，和喜悦相比，悲伤更是充满了现实世界。悲伤与其说是人往往比较容易接受的现实，倒不如说是实际上经常被客观给予的东西。然而，虽说如此，人却很习惯于将悲伤这种情感客观化，并以感叹、情绪的方式来处理它。悲伤与美的关系便是从这里产生的。

此外，若说人生的本质是生老病死，那么悲伤对人类来说，应该算是普遍性的东西。因此，人才会一直都将悲伤视为不可避免的东西，并从这里找到谛念与慰藉。大西认为，悲伤与美的关系亦是从这里产生的。

而此种悲伤的客观性与普遍性，通过悲伤，来向人要求其"根本的动因"，并从中找出"向横跨在人类生活的经验世界背后的一种形而上学之根柢挖掘下去"的态度。其所造成的"形而上学直观"，确实会带来"一种深度的精神满足快感"。

五、"あはれ"与救济

据上可知，大西认为"あはれ"这种美意识，最终带来的是一种"形而上学直观"，这也带来了"一种深度的精神满足快感"。

然而，若就《源氏物语》来思考，其中登场的人物并非要向这种"あはれ"寻求内心的最后救济。相良亨指出："《源氏物语》的'あはれ'，就如光源氏与浮舟所示，具有一种从'あはれ'超越出来的意念，

亦即出家的意念。"事实上，不仅是光源氏和浮舟，就连藤壶、女三之宫也出家了。而光源氏的正妻紫之上，虽然没有实现出家的愿望，但晚年一直想要出家。如此看来，《源氏物语》的主要登场人物的大多数皆有出家的愿望，有一些实际上也出家了。然而，展开"物的あはれ"论的本居宣长，基本上是站在批判佛教为"汉心"的立场，因此，对《源氏物语》那种佛教面向并不是很关心，只是强调"物的あはれ"本身的救济作用。

知道"物的あはれ"变成一种救济，先前已说过，那是一种"形而上学直观"下所带来的"深度的精神满足快感"。但不仅是如此，宣长认为，通过创作诗歌或物语来表现"あはれ"，人的内心可以得到"慰藉""解放"。

根据宣长的说法，当人感到"あはれ"时，人首先会有一股"很长的气息"，亦即叹气。借此，因悲伤而凝固化的心就会得到解放。深深感到"あはれ"的时候，很自然地，"文"（特别是对事物的说法）就会诞生。那便是"诗歌"。诗歌再长一点，就会变成"物语"。让人听这些"诗歌"和"物语"，并让他们产生共感与同情，人的心也会因此而得到"慰藉"与"解放"。在此，我们能够看到的，不只是"形而上学直观"，还有借由他者的共感与同情所产生的救济这种结构。

宣长认为，必须通过恋爱，才能够深深地知道"物的あはれ"。因此，有最多恋爱经验的光源氏，是最能够深深地知道"物的あはれ"的人。我们可以说，像这种恋爱，是他者的共感或同情比外部的任何关系都要被加以要求的场景。

然而，相良亨认为，无论是"形而上学直观"，还是他者的共感或同情，宣长所说的"解放""慰藉"只是一时的"解放"与"慰藉"，并非完全烟消云散的意思。其接着解释道："不久这个难以解放的意识，则以此'物的あはれ'亦是神的杰作，除了顺从别无他法的方式而被接受。"也就是说，为了寻求"物的あはれ"论的最后解决方式，宣长逐渐将其关心转移到"古道"论，亦即关于古代神的论述上。

笔者认为，此种从宣长的"物的あはれ"论到"古道"论的发展，从一般来看，不是一种突然的跳跃。因为先前已介绍过，大森庄藏谈论的可以说是当代版的"物的あはれ"论之哲学，其亦有类似的论述。① 大森

---

① 以下大森引文参见［日］大森庄藏《知的建构及其束缚》，东京筑摩书房1994年版。

认为"将滔滔流动的水及让森林舞动的风理解为'有心的生物',这从现代的眼光来看一点都没有什么错误",并提出"哲学的泛灵论"。

> 泛灵论既不是迷信,也不是虚妄。如果说将心映在森林或湖泊上是迷信的话,那么将心映在人类伙伴上,亦可说是迷信、泛灵论。

若以哲学或严密的方式来思考,我们确实无法明确掌握他者的心的存在。然而,我们会相信他者亦有和自己相同的心,并以这种心态度过每一天。若是如此,时时刻刻改变姿态的森林和湖泊,亦有和自己相同的心,像这种想法也绝不会不自然。大森是如此主张的。大森就是以上述立场为基础,来论及宣长的"古道"论。

> 对宣长而言,此充满神灵的世界,绝不是过去的神话或童话,而真正的是他的时代现实。(儒者认为)"神的时代的种种事皆是寓言"便是"不知人的智慧有限,不及之处甚多,认为万般道理都能用自己的智慧来得知,此乃中国思想的扭曲"。(括号中的内容为译者所加)

大森还如此说道:"此种宣长的世界,宣长所看到、所相信的神代世界,绝不是理论的矛盾,其和现代科学并非矛盾的存在。因此,想象并理解它,对现代的我们而言,亦是可能的。"

总之,宣长试图在引起"あはれ"这种情感的"物"的最深处,寻找"神灵"的世界、神的世界。然而,在此种"古道"论里,宣长并不是要提出完全超越"あはれ"的悲哀的纯洁世界。相良亨认为:"从宣长身上可以看到,将'あはれ'作为'あはれ'来接受,并将其带进某种安定(在和神关系之中的某种安定)之中的意念。"也就是说,在和神之间的关系里,"あはれ"的悲哀并没有消失,而是在抱有悲哀的同时,产生某种安定的意思。

上述宣长的想法,在他的《铃屋答问录》的"无安心的安心"论中,被表达得很清楚。在此,宣长指出日本的神道认为,人无论是好人还是坏人,死了都会到黑暗、污秽的"黄泉国"。他认为,人们只能悲伤,在面对这样的命运只能无奈放弃的想法里,有所谓的"神道的安心"存在,并指出明明是极为悲伤的事,却说一些道理假装不悲伤,并不是"真实之

第一部分　京都学派哲学

道"。

关于《铃屋答问录》的这个部分，文艺评论家小林秀雄（1902—1983）提出以下论评：

> 当宣长向他的门生等说"在我国上古时代，人只要死了就会前往黄泉国，因此人们只能悲伤而已"的时候，始终没有离开他的念头的是，彻底于悲伤这种潜藏于无心当中难以汲取尽的意思。感叹与悲伤死亡的心，虽然有所动摇，但不久将会采取感慨的形式，而安定下来。他所想的是，守护在这之间的一种沈兽。……一方面沉浸在死亡不可测知的悲伤当中，另一方面又说不求任何人的帮助，像这种仰赖自力的事，就更不用说了，就如同自然而然地出现那样，创造出其不可动摇的图像。此处所包含的意思很难完全汲取，被确认的彼世之死亡图像，似乎映照出此世之生命的意义。①

如上所述，宣长在"物的あはれ"论的延伸上，提出了神道。那么，若从《源氏物语》来看，在"物的あはれ"当中，难道就真的无法看到那种宗教性吗？论及此问题的是和辻哲郎（1889—1960）的"物的あはれ"论。②

和辻针对"物的あはれ"中的"物"，添加了自身独特的解释。作为一般的使用方式，"'说'（物いう）是指把某个意思表现在语言当中"的意思，"'看'（物见）是指看到某物"的意思。也就是说，所谓物，是一个除了意味着每个个物，还意味着东西全体的语词。在此，和辻试图从"物的あはれ"之中找出"在'物'被限定的每个个物中出现，同时又回归到其本来就无法限定的'物'那种永无休止的动态"。也就是说，有一个"在'物'这个语词中出现的根源"，而"此根源在每个个物当中起作用，同时又将这些个物拉引到该根源之中"。接着，他还指出，"'物的あはれ'就是对这个永恒根源的思慕"。

根据和辻的说法，"物的あはれ"所带来的悲哀是指"对永恒之思慕

---

① 参见［日］小林秀雄《本居宣长》，东京新潮社 1977 年版。
② 参见［日］和辻哲郎《关于"物的あはれ"》，载《和辻哲郎全集》第 4 卷，东京岩波书店 1962 年版。

的表现","在现实的生命中没有被完全填满的情感,或悲伤,或苦恼,或恋爱,在不断地往前迫近的前途则是一条无穷尽的永恒之道"。然而,同时,这个"物的あはれ"若从相反方向来看的话,则是一种"其自身所带有的无限纯化与净化之倾向的无限情感"。总之,和辻要说的是"物的あはれ"不仅包含有"悲哀",还是一种持续"纯化""净化"的"对永恒之思慕"。

事实上,作为"あはれ"这个美意识的终极意义,大西还指出,"在将'优美''艳美''委婉美'等各种美的契机包摄、综合、统一在自身之中"的地方所产生的"あはれ"之"完美"形态。大西认为,以悲伤为根柢并包含各种美的完整形态之"あはれ"是存在的。大西试图在这种世界之中,找寻"あはれ"这个美的概念所显示的终极面貌。

六、结论

以上是笔者对"あはれ"的考察。"あはれ"不仅包含各种主观的情感,其最终所追求的是对世界的认识。源了圆认为宣长的"物的あはれ"论是一种"加入感情、感动等要素的认识论",其是一种作为"以美为基准的好坏、善恶之判断"的"美的判断力"问题,而且是一种"以情为核心"的"新想法的人学",同时也是一种以"共感、同情的能力"为基础的"人类形成之美的理念"。[①] 总之,这是一种日本人所建构的、以感情为基础的、总括式的"哲学"。笔者认为,此种哲学可以为"表现"这个问题给予思考上的启发。

[①] 参见[日]源了圆《德川思想小史》,中央公论社1973年版。

第二部分

东西宗教哲学

第二部分 东西宗教哲学

从《列维纳斯著作集》中的意思与节奏谈起

合田正人①

一、关于《囚房笔记》第 1 册开头处的假设

收录列维纳斯的《囚房笔记》、未公开论文、小说草稿等的《列维纳斯著作集》已出版到第 3 卷。关于这些文稿中的语言已经出现各种解释。虽说如此,无论是其在"二战"期间"被管制的日常生活"中所写下的笔记,还是在几经极其复杂的推敲而留下很多痕迹的未公开草稿,或者散落着如碎片云朵般的语言之笔记,这些材料的意思都不是那么容易就能被阐明的,比如《囚房笔记》(1940—1945)第 1 册的开头处。该处在 1937 年 9 月 8 日的日期之后,出现了"现象学"(Phénoménologie)这个名称。与胡塞尔及海德格尔的相遇,是奠定列维纳斯人生方向的最大事件。或许也因此,列维纳斯才会深有所感地在白纸上写下"现象学"。然而,至少对我而言,从"现象学"开始的这个小段落整体想传达的东西并不是自明的。

"现象学——科学。精确性。在那之前有斐洛式的(de style philonien)心理学分析。在这些行为中有那个,在这些存在中有这个。要如何才会变成那样?这里并没有被加以说明。"(Ⅰ, p. 51)②

为何亚历山大港的斐洛(Philon)会在此登场?以色列因巴比伦而沦陷,波斯因亚历山大大帝的征服而灭亡,其后很多犹太人开始居住在埃及。基督教历前 20 或 30 年,作为犹太人出生于亚历山大港的斐洛开展出

---

① 明治大学教授。
② 本论文所引用的列维纳斯著作以其下列的大写字母缩写表示: *TI*: *Totalité et infini*, Martinus Nijhoff, 1971. *DL*: *Difficile liberté*, Albin Michel, 1963 et. 1976. *AQE*: *Autrement qu'être ou au-delà de l'essence*, Martinus Nijhoff, 1978. *EI*: *Ethique et infini*, Fayard, 1982. *AV*: *L'au-delà du verset*, Minuit, 1982. *IH*: *Les imprévus de l'histoire*, Fata Morgana, 2000. *QLT*: *Quatre lectures talmudiques*, Minuit, 1968 et 2005. Ⅰ, Ⅲ: *OEuvres complètes de Levinas*, Grasset, 2009, 2013.

希腊文的《七十士译圣经》（Septuaginta）的"寓言式解释"，并试图融合希伯来思想与柏拉图等的希腊哲学。据说他是亚历山大港的犹太人共同体的领导人，一生致力于当地犹太人与希腊人之间对立的调停工作。

列维纳斯在《囚房笔记》开头处所思考的问题之一便是"寓言式的解释"。这在其第二页可以窥见。该处内容如下：

> 对迈蒙尼德（Maimonides）和巴赫耶·伊本·帕库达（Bahya ibn Paquda）而言——只有感性和知性这两种秩序。在感性的秩序里不可能的事，必须得表现出（figurer）具有知性的什么。寓言的观念便是从这里产生。然而，寓言特有的平面并不存在——因为它大概在第三维度当中。它始终是在特殊、感性的东西中被体验的知性物或反知性物。此种犹太式的再-表征化（refiguration juive）和希腊式的前-表征化（préfiguration grecque）是相反的。它是抵抗希腊式的普遍性之存在。（Ⅰ，p.51）

如一般所知，"寓言"（Allegory）是"allos"（其他事）和"agoleuõ"（我说话）的合成语。在"希腊式的前-表征"里，特殊的感性物，事先表现了普遍的知性物。相对于此，在"犹太式的再-表征"里，相反地被称为普遍的知性物，作为特殊的感性物，被重新表现并以具体的形式被体验。本雅明曾引用过歌德的一句话："诗人究竟是为了普遍而追求个物？还是在个物之中观看普遍？"[①] 而列维纳斯所要主张的，和这里所说的并没有不同。比如亚历山大港的斐洛便将四条河川的名称视为四个德的"寓言"。因此他所谓的寓言可说相当接近"希腊式的前-表征"。借此，斐洛揭露出所谓《旧约》的哲学性及摩西的哲学才能。须注意的是，在此无须引用列维纳斯的保罗·克洛岱尔论或西蒙娜·薇依论。"表征""前-表征"对基督教来说，亦是表示《旧约》相对于《新约》的位置。就如同从肉体的割礼到心灵的割礼、从文字到灵魂的转移那样，在此处亦能看到从肉体、物质的特殊性到精神的普遍性的脉络。"犹太式的再-表征"抵抗这样的动脉，试图在被视为已被超越的秩序中重新赋予其意思。这里

---

① 转引自［德］本雅明：《德意志悲哀剧的根源》，冈部仁译，东京讲谈社2001年版，第253页。

第二部分 东西宗教哲学

经常会有非难它的声音,即犹太"物质主义"。此外,亦有人指责这是在将文字的装饰视为解释对象的学者式释义上之塔木德式的蒙昧及其"完全的错乱"。当然,犹太式的"寓言"并非只肯定"肉体""物质"或"文字"。就如"在文字彼方的精神探求,这便是犹太教。学习它不一定要等待福音"(*QLT*, p. 61)所示,若是文字的话,文字与该"其他事"(al-los)、该彼方的关系和由福音所指定的关系、方位是完全异质的。

然而,本论文的目的并非探索"寓言"为何或"表征"为何。因为这里已经有像卢梭那样将最初的语言视为比喻的人物,在本义或特有的意思上,亦有像德里达那样的哲学家。因此,所谓特有的意思、通常的意思,通常蕴含着"其他事"这种说法本身的本质性问题。虽说如此,为何要通过谈论其他事,让人听取或读取其他事,或者说为何要听取或读取其他事?这里我并不打算强辩这是理由的全部,但就如暗号的情况是如此一样,这么做有时候不就是为了从谁那里隐藏什么东西吗?《复兴期的精神》(1946)的作者花田清辉为了要避免检阅,不就是用这种方式书写吗?这里可以让我们想起迈蒙尼德谈论自身生涯的话语。以下引自亚伯拉罕·赫舍尔(Abraham Joshua Heschel)的博士学位论文(1935,与列维纳斯的《迈蒙尼德的现实》同年出版):

> 我自流谪以来,迫害就不曾停止。自从我的诞生,不,打自我在娘胎时,我就一直在忍受各种痛苦。

十字军派遣及收复失地运动加剧了穆瓦希德王朝(1130—1269)对犹太教徒及基督教徒——甚至是不服从指导者的伊斯兰教徒——之迫害。迈蒙尼德(1135—1204)便是出生在此时期,并度过他的流浪生涯。迈蒙尼德(Maimonides)是其拉丁语名,希伯来语则是"RabbiMōšéh ben Maymōn",亦即"RaMBaM",阿拉伯语则是"Mūsā bin Maymūn"。为了避免迫害,他被迫离开出生地科尔多瓦,中经安达卢斯南部、北非后定居在开罗旧市街,职业是阿尤布王朝的宫廷医生,侍奉伊斯兰教徒,在撰写著作时亦用犹太-阿拉伯语(Judo-Arabic)。他的主要著作《迷途指津》(1185—1191)由伊本·提邦(Jacob Ben Machir ibn Tibbon)译为希伯来语。

处在穆瓦希德王朝支配下的安达卢斯之犹太人,被迫选择改宗或逃亡。不，应该说被迫改宗、逃亡或死亡比较贴切。迈蒙尼德的父亲曾寄书简给被迫改信伊斯兰教的犹太人，他以意味深长或背叛的激励方式来安慰这些人，"伊斯兰并非偶像崇拜，借由相信神可以一直是犹太教徒"。迈蒙尼德家在迈蒙尼德20岁之前一直都住在科尔多瓦，之后才选择流亡。有一种说法是，他们虽然已经伪装改宗，但仍不能安心，因而才逃亡。总之，作为犹太人的指导者迈蒙尼德最重要的任务是，响应被迫置身在这种境遇的犹太人之深刻烦恼。

前面已提过，不是改宗、流亡，就是死亡。死亡又分为被杀与自杀，无论何者都被称为"殉教"（martyrdom, martyre）。在犹太教里，与"殉教"相当的词便是"kiddush hashem"，即"称（神的）名"。然而，"kiddush hashem"是表示一般犹太教遵守律法（Torah）的语言，违背它便被视为"玷污名字"。例如，在15世纪末的西班牙或葡萄牙，拒绝改宗而选择流亡或死亡的犹太人便被列入"圣人"（Qedochim）行列。在第二次世界大战中死于大屠杀或浩劫（Shoah）的犹太人，亦被视为"圣人"。

关于此，芝加哥大学的约瑟夫·斯特恩（Josef Stern）教授在其演讲《关于殉教：迈蒙尼德及其先人》（Maimonides and his Predecessors on Martyrdom）中有详细的论述。① 根据他的说法，"kiddush hashem"（"称（神的）名"），亦即"通过为神殉死而称神"（sanctifying God by dying for Him）是《塔木德》中最重要的主题之一。据说，迈蒙尼德撰写了《重述律法》，并将律法和其相关讨论体系化。他以细微的议论整体为基础，来回应活在同一个迫害时代的犹太人的生死提问。他是如何回应的呢？《迈蒙尼德的一生》一文的作者神田爱子如此描述道："他在书简中同他的父亲迈蒙一样，认为改信伊斯兰是能被容许的，并劝导同胞与其忍受迫害殉教，倒不如流亡到能够实践礼拜的地域去。正是因为他自己也处在相同的状况，因此才会呼吁同胞选择死不如选择活下去。"②

在此无法详述，《离散的力量》（Powers of Diaspora）的作者丹尼尔·博亚林有一本《为神殉死》（Dying for God）的著作。他在此书提出犹太教及基督教的"殉教"问题，把从"背教（改宗）或殉教"的两难逃离的人称为"无赖"（trickster），将离散与女性的问题联结在一起，并在现

---

① 此为2015年12月20日在同志社大学一神教学际中心的演讲。我担任了此演讲的评论人。
② ［日］神田爱子：《迈蒙尼德的一生》，载《一神教世界》2014年第5号，第23页。

代探讨在此世界里成为非"殉教主义者"的"无赖"之可能性及其意义。无论是萨特在谈论被占领下的法国状况之同时自问"若被拷问的话自己是否能受得了",还是"活着不受囚房之辱"这种阵前训话,或许都是必须和它在同一个文脉来进行思考的问题。

回顾前引的赫舍尔之博士论文可知,在20世纪30年代,不仅是赫舍尔,还有列维纳斯、列奥·施特劳斯(Leo Strauss)等著名哲学家都注意到迈蒙尼德,这可以说是具戏剧性的事件。施特劳斯于1952年出版了《迫害与写作技艺》(*Persecution and Art of Writing*)。此书题目本身便精准地显示出此事实:即使是在三个一神教这种局部的框架中的事件,在迫害及检阅中相当于处刑或殉教的事件,在某个意味上通过检阅者的语言是如何被叙述,又是如何被利用的。这不外乎是"寓言"。这里存在着"马拉诺式的生存"之先驱性格。而对犹太教的应对虽说各有不同,年轻的犹太"秀才"们,包含本雅明在内,都敏感地察知到"寓言"时代的到来。纳粹(德意志民族社会主义工人党)在掌握政权后,预感其将作为"新道德"而到来的列维纳斯,经由莱昂·布鲁姆的人民战线,在和纳粹的斗争中成为该政权的俘虏。他将此视为迈蒙尼德式的事件,亦即"寓言",一点也不会让我们感到惊讶。只要是"犹太式的再-表征",这种"寓言"就不会是精神的普遍化,相反,由于无法超越肉体的、物质的特殊性,因此变得更加难以实现。

列维纳斯或许经常在和他者的"危机性关系"上,来掌握"犹太性"。例如,关于弗朗兹·罗森茨威格(Franz Rosenzweig),他在1913年经常和改信基督教的罗森斯托克(Rosenstock)彻夜对话,因为他非常关心几乎要改信基督教的罗森茨威格。在三个月后,确信没有改宗的可能,认为也没那必要的罗森茨威格,将"自身的犹太性"描述为"黑暗的冲动"。

在此无法确认是哪个广播节目,这姑且不论。列维纳斯有一份题为"犹太式的俘虏经验"的广播放送,它被拿来用在"以色列之声"的原稿中而被保留下来,日期是1945年9月25日。若读过的话便可以知道,列维纳斯将"犹太式的俘虏经验"视为"殉教""称神的名"(kiddush hashem)。

　　被填满各种未知物与威胁,面对没有任何人类可依靠的明天之个人，无论是否从傲慢或偏见而犹豫称神之名，这不就是和神的孤独吗？／俘虏与被收到强制收容所的被收容者有共通的状况。然而，对被收容者而言，殉教（martyre）虽是当下的东西，但俘虏却仍有准备的时间。……俘虏的悲惨，还可以将总是还可以忍受的一切化为犹太性的自觉、将来的犹太式生活的可能性之萌芽，然而被收容者则只能将它作为拷问、死亡、称神的名来加以体验。（Ⅰ，p. 211）

反过来说，"俘虏"无法选择"殉教""称神的名"。迈蒙尼德即使在表面上改宗，（作为犹太教徒）也仍然主张活下去。至于列维纳斯，笔者认为他借由改变"殉教"的意思，来谈论无法选择"殉教"的生存。

不成熟的世界之僵硬化。若这种说法能被允许的话，犹太教不仅是对这种僵硬化的意识，还是其证言（témoignage），换言之，其证人＝殉教者（martyre）。在严酷之中，我的苦和我的死所带来的苦恼，转变成对他人（autre homme）的关怀及因此所产生的害怕。（AV，p. 18）

俘虏的剩余时间不仅禁止俘虏"殉教"，同时还让俘虏成为完全"为了他者"（pour-l'autre）的"证人＝殉教者"。全面地"为了他者"而继续生存。若说列维纳斯在这里听到了迈蒙尼德的要求之回音亦不为过。虽然列维纳斯本人自此未曾将"完全的他者"（tout autre）称为"寓言"。这种新的意思的"殉教"，亦即意味着新的"意思"的观念之诞生。

意思（signification）即是证言（témoignage），亦即作为证言的殉教（martyre）。这意味着先于光线、先于主导的现在之了解可能性。相对于此，逻各斯的意思，因主导在其现在、共时性之中意味着存在。（AQE，p. 124）

在此不过问"sigination"与"sens"的区别，列维纳斯如此规定"意思"后，这样记述道："意思（sens）并不会因存在或不存在而被掌握，反而是存在依据意思而被规定。"（AQE，p. 205）"意思"并非先于"存在"的先存在物。列维纳斯的哲学，毋宁说是以"意思"完全消灭为其出发点的。其小说草稿不断地重复叙述阿朗松（Alençon）的战斗场面，其中有一段如此写道：

> 因我对阿朗松的描写而不断地被剥去的各种装饰，这关系着诸多事物。诸多事物因此而解体，并丧失其意思（sens）。……然而，我并非只想谈论各种幻影的终结。毋宁说我想谈论意思的终结。（作为幻影的意思本身）（Ⅰ，p. 132）

"意思"的这种丧失经由事物的解体，最终达到作为全面"无"的不可能性之"有"（il y a）的"无意思"（non-sens）。从"有"中经 hypostasis（人格、实体）最终达到"面对"的脱出过程，是一种"意思"从"无意思"中产生的过程。就如"我认为'有'的，亦即无意思的影子，作为对脱离存在的无利害关系之试炼本身，仍然是必要的"所言，从"有"的脱出并非对"有"的放弃，"有"地不断在回归。在这层意义上，"有"的"无意思"并非只是列维纳斯哲学的出发点，还是没有终结的到达点，因此列维纳斯如此写道："'有'的无条理（无意思）带有一些意思——只要某物是为了他者（l'un-pour-l'autre）的样态，只要是一种被支撑物的话。"（AQE，p. 255）

关于此文本身的解释，笔者想在别处讨论。在此可总结"意思"并非只从"无意思"中产生，"无意思"也并非只有如影子般伴随着"意思"，"无意思"即是"意思"。关于《囚房笔记》第 1 册开头处的假设性考察，可以说带领了我们前往列维纳斯哲学的核心。而贯穿"犹太式的俘虏经验"以及阿朗松战斗中的"意思之终结"的，可以说是列维纳斯中的"节奏"。让我们倾听一下俘虏的语言：

> 有所谓恢复本质物的意思之剥夺。我虽然不是一直都处于贫困或饥饿，但在严格意味上，我已经没有所谓私人物品。因为日常生活的所有空间，都已化成集团性的东西。这里还残留有睡床。被左右和上面的邻人所限制的三立方米。人拥有着什么。虽说如此，拥有也并非在指挥着诸君，那不再是神圣的存在。看守人失礼的手，可以检查诸君所写的文字，并侵入到诸君回忆的深层秘密。然而，我们发现自己即使如此，还是不会死。我们学会拥有与存在的差异。我们学会为了

生存，只要有些许的空间和食物就可以了。这就是囚房真正的经验。痛苦、绝望、丧失——当然这些亦是如此，但超越这些东西的一切，有所谓生活的新节奏（un rythme nouveau de la vie）。（Ⅰ，p. 203）

生活的新节奏当然不会同等地分配到所有俘虏身上。各种不同的节奏，而且是多元节奏被各种方式加以破坏后，又被用各种方式将这些不同的节奏重新分配到俘虏身上。列维纳斯在犹太人俘虏与非犹太人俘虏之间所看到的差异，只不过是粗略分类的产物。事实上，若和大冈升平、石原吉郎、陀思妥耶夫斯基这些人的描写进行对比，则仍会让我们想起迈蒙尼德以及"犹太式的再－表征"之肉体性与物质性，实在是非常有意思。俘虏们早上一起床便得立刻出去工作。晚上会熄灭灯火，根本没有自由照明的器具。在这样的情况中，要如何进行早晚的祈祷？就如同文字与身体因灵魂被扬弃一样，每个人只能在心中祈祷而已吗？不，绝不会是这样。

犹太教有参加仪式"人数"（minyan）的制度，某种宗教仪式的成立，最少要有十名的成人聚集起来。这十名志愿者会聚集在某个房间。若有油灯可用就用，若没有就用自行车的电石灯（acetylene lamp），到了傍晚开始祈祷仪式。然而，灯很快就会消失，仪式必须很快结束。即使如此，祈祷在黑暗之中才结束。即使将这种称为晚上的祈祷（maariv），早上的祈祷（chaharit/Schacharit）也不会接在其后。因此，这种祈祷被称为"黄昏的祈祷"。这就是所谓"生活的新节奏"。

犹太人在数千年间就是如此活下来的。以下的两段引文表示列维纳斯将"犹太教的节奏"视为自身哲学的本质，并在此处发现和海德格尔哲学的不同。对列维纳斯来说，"殉教"恰好对应了海德格尔的"向死的存在"。

> 我的哲学的某种本质性要素——这便是我的哲学和海德格尔的哲学之不同——其便是"他者"的重要性。作为中心契机的"Erōs"（爱）另一方面，我的哲学跟随着犹太教的节奏。——因为父性——加入宽容的感情。族长们和他们率领的羊群——小孩们——预言者们。（Ⅰ，p. 134）

在此点上我和海德格尔不同：并非脱离日常性（Alltäglichkeit）朝向本来的经验，而是在其（苦痛？）（其本身？）之中，达到具日常

性的人类。（Ⅰ, pp. 328-329）

二、列维纳斯哲学中的意思与无意思、节奏与节奏的断裂

在1946年发表的文章《有》（Il y a）中，列维纳斯便将"从节奏的缺乏而来的节奏"对照到埃德加·爱伦·坡（Edgar Allan Poe）的《呼吸的丧失》（Loss of Breath）之文体来讨论。《呼吸的丧失》这个题目，促使了"呼吸困难"（essoufflement）这一列维纳斯的措辞之诞生。"呼吸困难"正是呼吸节奏的断裂。以下是列维纳斯引用《呼吸的丧失》的一部分内容。

> 是这个，我心灵思考，这个可触知的黑暗，被窒息的感情压迫的黑暗，这个，这个，是真正的死亡。是死亡，恐怖的死亡，神圣的死亡。……理性是疯狂，而哲学是谎言。谁也不知道我的感觉，我的惊恐，我的绝望。然而，人们却继续进行理性思考、哲学思考，而做出愚笨的事。我熟悉，此后并没有这个。这个，这个，这个，是唯一的永远。哦！巴力西卜（Belzebuth），是什么永远呢？在这个空阔地方中，在可怕的空虚中伸开的东西，丑陋的、模糊的、极无意味的状态伸开的东西？它不动，可是欲使我转动；没力量，可是渴望有力量。永远，永远，永远！（Edgar Alan Poe: Loss of Breath）（Ⅰ, p. 67）

有趣的是，列维纳斯认为这样的文体就是"有"。笔者认为这和列维纳斯在讨论"有"时举出杰克逊·波洛克（Jackson Pollock）绘画中出现的线之猬集是相同的。"ceci"（这个）的执拗的重复，加深了动词或系词être迟缓的印象。不仅是波洛克，还有普鲁斯特和塞利纳（Louis-Ferdinand Céline），列维纳斯都对这些人的文体有很敏感反应。

> 塞利纳的文体——动词避难在感叹词之中。猥亵的语言被加入在这种作为感叹词的性格之中。处在危机里的文体。呈现出静态样貌的无动词之文体，亦可呈现出这种作为感叹的叫唤（exclamation）之叫唤的样貌。（Ⅰ, p. 127）

列维纳斯在此指出"动词的不在"。"存在（être）不单只是一个动词——而是'动词'本身。"（Ⅰ，p. 166）若是如此，塞利纳的文体则具体表现出在构造上无法收摄在"有 S""S 是 P"这种"命题"（Apophansis）或"被谈论的事"（le Dit）的"谈论的事"（le Dire）中。笔者认为，列维纳斯将此称为"日常语言"（langage quotidien）。与此同时，列维纳斯针对"存在这个动词"，一方面谈论"存在的膨胀（dilatation）、收缩（contraction）"（Ⅰ，p. 167），即"存在"的节奏；另一方面认为"动词是声音（son），即作为反响的、作为振动（vibration）的声音"（Ⅰ，p. 166），并在此"震动"（frémissement）之中找出让"膨胀与收缩"成为可能的东西。对列维纳斯而言，在这种"声音"的极限里，存在着伊阿尼斯·泽纳基思（Iannis Xenakis）的大提琴独奏曲 Nomos Alpha。

从《囚房笔记》第 4 册中可发现列维纳斯对诗与节奏、韵律之间关系的思考。

> 思考的表现——通常和思考的客观内容是不同的。由于表现——语言——这一单纯的事实，分节化的存在全体及分节化所具有的"游戏"全体、语言的"精彩"将介入。唯有在思考的"质料"，亦即此语言当中，艺术才会开始活动。语言的质料这个游戏的最终形式，这是伴随节奏与韵律（rime）的诗。韵律及其技巧既不是思考的障碍，也不是思考的指引。这是诗的其中一个条件本身。（Ⅰ，p. 116）

近来笔者对比了九鬼周造的《日语的押韵》与马拉美的诗论，并进行了探讨。① 列维纳斯不知是否根据布朗肖，有时会将自由诗的羁绊，例如像"亚历山大格式的诗行"（alexandrin）这样的韵律视为诗，或将之视为语言本身的条件。在这一点上，笔者认为，列维纳斯参考了马拉美的《诗的危机》及《音乐与文艺》，或者和这些是站在同一立场的。关于此点，容我在后面叙述。在《列维纳斯著作集》中的片段记述里，即使是关于"善"（Bien）、"正义"（justice）等观念，列维纳斯仍然是从节奏或节奏的断裂这一视点来掌握的。

---

① 参见拙论《九鬼周造的战争》，载《现代思想》2017 年 1 月临时增刊号，第 164-179 页。

时间在本质上是节奏。节奏将瞬间从其特质、滞留那种悲剧性解放出来。因此，我们能得到关于"善"观念的最初见地。"善"并非一个存在。若将它和存在混同的话，则会让人陷入思考的胡同，"善"究竟是肯定性的存在，还是恶的单纯不在？善并非一个存在——其来自时间的节奏本身。此即为时间的节奏。如此一来，光线即被投到恶的问题本身。"善"若没有恶是不可能的。"善"和历史分不开。"善"并非抽象的完成，而是一个历史的一个到达点——它是存在，不是一蹴可及这一事实本身。严格来说，"善"不是完成——因为完成是永远被成就的成就。然而，所谓"善"，即是被完成的东西被解体、分解的意思。我们便是在这层意义上理解为何"善"是超越存在的东西（epekeina tes ousias）——存在的彼方。（Ⅲ，p. 203）

在遗弃的绝对被动性中，在从所有纽带的脱离中，拥抱着自己在"主"手中般的感情，并感觉到神的出现。……即使是绝望的深渊，亦抱着希望。此种痛苦亦可能转变成幸福，这若不是以赛亚、约伯以来的经验，那么犹太教究竟是什么？（Ⅰ，p. 248）

正义与节奏。所谓正义是指部分与全体的关系，然在这种关系中，部分既不会在全体之中被无化（自我＝普遍的对象），部分亦不会吸收全体（自我＝世界的观念性主体），部分不会渗入在首先是被思考其后思考我那样的全体（节奏）。所谓"发话"，就是破坏此节奏——而所谓正义是指在全体之中抵抗全体，我在此出现——发话的存在和其他发话的存在共存的方式——社会性的全体。（Ⅰ，p. 534）

柏格森在《物质与记忆》中提到持续持有复数的节奏。列维纳斯则在《整体与无限》中对抗柏格森式的持续之连续性，并论述持有复数之幕的戏剧。此时列维纳斯如同在前面的引用，认为后续之幕将解开先行之幕。已决定的转向未决定的，已经没有未来展望的东西朝向未来而敞开，因此它即使是些微的，但那和时间被残留在俘虏们身上是一样的。只是若恶转到善是时间的节奏，那么其也无法阻挡善转向恶。我认为，一直没有被讨论得很完整的是《整体与无限》第四部的结尾，这也是"为何——为了朝向善——需要恶、发展、戏剧"（TI，p. 317）这个疑问被记述下来的原因。即使如此，为何可以说"无限的时间不会禁止恶的回归，但救世主式的胜利，却由恶的复仇来保护"（TI，p. 318）？

我认为，关于"正义"，列维纳斯以"节奏"的视点来掌握"全体"与"部分"的关系，亦十分耐人寻味。每个部分虽拥有各自的节奏，但这些在经由聚合再次形成一个节奏那种"有机的整体性"则成为一种模式，然而将此打断的就是正义，究竟是怎么一回事呢？在《别于存在或超逾去在》（Autrement qu'être ou Au-delà de l'essence）里，在某个意义上，"正义"作为此种"节奏"被加以谈论，但在《整体与无限》里，"部分"与"部分"的关系（或分离）竟被视为能绝对地凌驾"整体"那种"无限的无限化"。与其如康托尔（Georg Ferdinand Ludwig Philipp Cantor）那样假设阿列夫数（Aleph number）或超限数，倒不如思考在整体与部分关系中四则计算（加减乘除）能成立，在无限中该计算则不能成立的原因。列维纳斯并没有像康托尔那样假设阿列夫数或超限数，而是仿效柏格森将前者视为"数的多样体"，将后者视为"非数的多样体"。

不知列维纳斯是否意识到了这点，我认为，将这两个多样体或两个维度视为能对应两个在质上相异的节奏之存在，至少这种视点是由奥古斯丁的音乐论所给予的。

灵魂从肉体的感觉脱离，并由"智慧"的神性节奏来矫正时，则能借由断绝经由身体所接受的节奏，而成为更高层次的存在。在《圣经》里确实是这样说的。"我转念，一心要知道，要考察，要寻求智慧和万事的理由。"（《传道书》7∶25）此话语绝不是在谈论让羞耻的剧场有所反响的节奏，在我所信的，那是在谈论灵魂并非从身体而是从至高的神那里领受，并刻印在身体上的那个节奏。①

在生前被公开发表的著述当中，列维纳斯将想象的音乐性及"节奏"主题化是在1948年的《现实及其影子》。列维纳斯在那里所强调的是，在像咒术般的节奏下催促脱离个体化与主体化，在此将不详述。可以想象的是，在此论文中，列维纳斯是以列维－布留尔（Lucien Lévy-Bruhl）对"原始的心性"（mentalité primitive）的考察为基础的。在某个意义上，"节奏"虽被人指出具有一种诱惑的危险性，但我们应该参与"节奏"。

节奏所表现的是我们无法谈论同意、接受、主导权、自由的状

---

① ［古罗马］奥古斯丁：《音乐论》，载《奥古斯丁著作集》第3卷，泉治典、原正幸译，东京教文馆1989年版，第494页。

况。为何这些都无法谈论？因为主体会因为节奏而被捕捉、被运走。……在节奏里，自己（soi）早已不存在，只有从自己到匿名性的移动而已。这便是诗与音乐带来的诱惑、魔法。（*IH*, p. 111）

关于"节奏"的上述见地，为围绕在"诗与尼采"的《总体与无限》之以下引文所继承：

> 诗的活动是意识的活动。然而，在我们不知不觉之中，感化力从此活动散发出来。此感化力如节奏那样，包摄诗的活动、安抚诗的活动。在诗的活动里，作品自身担任生产它的活动。根据尼采的表达，在那里，艺术家以狄奥尼索斯的方式变成艺术作品——而与此种诗的活动对立的是，不断地切断节奏的束缚，阻碍发话者的主导权变成单纯的角色那种语言。言说既是断裂，亦是开始。所谓言说是指吸引对话者，夺取他灵魂的节奏之断裂——此即散文。（*TI*, p. 222）

此处究竟参考了尼采哪本著作的哪个地方，我试图找过，但没找到，最近终于在《不合时宜的考察》第 4 篇《理查德·瓦格纳在拜罗伊特》这一节中找到。

> 随着激烈的节奏，而且是在飘动的舞蹈中，在恍惚的动作里，根源性的剧作家谈论在他之中，且是在自然之中正在发生的事。他的诸动作的狄奥尼索斯赞美歌（dithurambos）大多是一种动作的理解、傲慢的窥见，同时是爱的接近、充满喜悦的自己放弃。语言飘飘然地跟随于此节奏，和语言形成一对的旋律正在响起。①

将狄奥尼索斯式的恍惚联系到"节奏"的列维纳斯，将尼采肯定的"爱的接近""充满喜悦的自己放弃"掌握成以自我的主体化为前提的行动，并将这种主体化或个体化视为"节奏的断裂"。另一个必须提的问题是，只要"il y a"的"il"是匿名的"il"，朝往狄奥尼索斯式的存在之动作与朝往"有"的动作，在方向上应该是共有的。然而，为何前者是

---

① ［德］尼采：《不合时宜的考察》，小仓志祥译，东京筑摩书房1993年版，第403页。

"从节奏的缺乏而来的节奏",后者是被"节奏"所带动?最终,两者是相同的吗?至少对列维纳斯而言,并非如此。笔者先前已提到"存在"这个动词和"声音"的关系,因为"有"的"沉默下的嘈杂"甚至不是"声音"。例如,此处所说的"声音"即使是在 *Nomos Alpha* 中令人毛骨悚然的摩擦与呐喊。而"从节奏的缺乏而来的节奏"与"节奏"之间的差异,另一方面亦有可能是在"有"的回归中"节奏的断裂"与"从节奏的缺乏而来的节奏"之联结。

只不过列维纳斯无法知道这个事实,尼采在写作《悲剧的诞生》时就已经构想了"节奏的哲学",并留下"希腊式的节奏法""节奏的探求"等草稿,里面有一句话如此说道:"节奏是向个体化的探求(Versuch zur Individuation)……节奏是生成的形式,总的来说,是现象世界的形式。"①在白水社的《尼采全集》中有关1870—1871年的"遗稿断章"里,有一段话如此说道:"音乐即使是阿波罗的艺术,在严格的意味上来说,只有节奏才是如此。节奏的造型力量,正是因为阿波罗状态的表现,才能得以发达。"② 若是德勒兹的话,或许他会说"浸润在夜晚与混沌的节奏""前往白天与形状的节奏",但尼采有两个相反的"节奏",我们可以说这里出现了一段不可能的婚姻。以下是笔者的整理:

尼采	列维纳斯
阿波罗的节奏:个体化	节奏的断裂:主体化、个体化
狄奥尼索斯的节奏:脱离个体化	节奏:脱离个体化
	从节奏的缺乏而来的节奏:所有存在者的消失

然而,"节奏的断裂"究竟是什么?那可以说是当我们说"同与他"时的"与"(et)所表现出来的根本性"分离"(séparation)。这还可比拟于万物流转——事实上,由于存在者的不在,这种比喻是无法成立的——可以说是在"有"之中产生沉淀物的开端过程之产物。关于此"分离",

---

① Friedruch Nietzsche, *Werke. Kritische Gesamtausgabe*, Ⅱ3, Walter de Gruyter, 1993, S. 338.
② [德]尼采:《尼采全集》第1卷(第1期),浅井真男、西尾干二译,东京白水社1979年版,第221页。

在此引用本雅明的《歌德的〈亲和力〉》，然而，这不就是荷尔德林所说的"中间停止""断裂"（Zäsur, Cäsur, césure）吗？

> 换言之，悲剧的运转本来就是空虚，因为那一点也没有受到任何制约。——因此，在让这个运转出现的节奏性表象连锁当中，在诗的韵律里，会出现反逆所谓中间停止（Cäsur），亦即纯粹语言、节奏后所呈现的中断。①

这个断裂是英雄的沉默、诗语言的中断，总之，是一种"不带表现的存在"（das Ausdrucklose）。在列维纳斯看来，"indicible"这个词恰好和它形成对应。即使是在德勒兹的《差异与反复》中，这个"中间停止"仍扮演着极为重要的角色。若要举出链接列维纳斯与荷尔德林的点，当然无法脱离单纯的推测领域，但其中一个不就是布朗肖的《文学空间》以及《即将到来的书物》中的荷尔德林论及马拉美论吗？布朗肖引用了"所有一切不外乎是节奏"这句荷尔德林的话。所有一切若都是"节奏"的话，"节奏的断裂"仍旧是别种样貌的"节奏"，换言之，就如同戴德金式的"切断"（Schnitte）开拓了无理数的维度一样，"所有一切"是指开拓异质维度、开拓"别于存在或超逾去在"。列维纳斯在《别于存在或超逾去在》中如此记述道：

> 所谓近距离（proximité）便是差异——非一致，时间中的失常（arythmie），反逆主题化的隔时性（diachronie）——反逆将过去诸相共时化的想起之隔时性。这是无法叙述的东西。（AQE, p. 258）

根本性"分离"在此被置换为"近距离""隔时性"。这虽是一篇短文，却能完全地表示出列维纳斯哲学的全貌，因此，若要用一句话来评论列维纳斯哲学，我们可以说那是一种"失常的哲学"。我认为，列维纳斯哲学最大的魅力就在于，"失常"和《塔木德》解读中所说的"大洋的节奏"（un rythme océanique）（QLT, p. 21）的连接处。

---

① ［德］本雅明：《本雅明·Collection》第1卷，浅井健二郎编译，久保哲司译，东京筑摩书房1995年版，第145页。

三、迈向节奏的思想史

我认为,从"节奏"及"节奏的断裂"这个视点来论述列维纳斯的哲学,可以推动以同样视点来重新检讨列维纳斯身边哲学家或文学家(例如布朗肖),或者给予列维纳斯极大影响的哲学家及文学家的研究。黑格尔的《精神现象学》中有一段话如此说道:"节奏产生于两者(出于外的动作和回来的动作)在浮游的中间地带(Mitte)中被统一的地方。"海德格尔的《通往语言的途中》有一段话如此说道:"所谓节奏既不是流动(Fluβ)也不是流动,而是接合(Fügung)。"此外,柏格森的《物质与记忆》中有一段话如此说道:"事实上,持续的唯一节奏并不存在。但我们可以想象很多彼此相异的节奏。不论是比其他还缓慢还是急速的节奏,这些节奏都表示了意识的紧张或弛缓的程度,也因为如此,才能固定住在诸存在系列中的各种场所。"注意到这段话的其中一位哲学家是九鬼周造,此外还有加斯东·巴什拉(Gaston Bachelard)以及德勒兹。我曾在一个会议上说过,从"横跨节奏性"(transrythmicité)这个视点来考察德勒兹哲学整体并不是不可能,德勒兹亦曾经从巴什拉构想的"节奏分析"(rythmanalyse)中得到一些启发。①

说到20世纪的节奏论,或许会让我们想起路德维希·克拉格斯(Friedrich Konrad Eduard Wilhelm Ludwig Klages)的《关于节奏的本质》(1915)。其周边,一方面有鲁道夫·史坦纳,另一方面有马丁·布伯、古斯塔夫·兰道尔(Gustav Landauer)。他们都对"节奏"进行过各自的考察。在布伯看来,在和罗森茨威格一同进行的希伯来语《圣经》之德语翻译中,"节奏"——"韵律""风味"——最受到重视。不仅如此,在罗森茨威格的《救济之星》的艺术论里,"节奏"的观念亦有详细的讨论。

据上可知,我们可从"节奏"的观点,来重新检讨自黑格尔、荷尔德林、谢林、尼采到克拉格斯的思想史谱系。从以下引自克莱尔·马林(Claire Marin)的一段话,可以窥见在法国近代思想史里亦有同样的论调。

---

① 详见我在科学研究费补助金"德勒兹研究的国际化据点之形成"(主持人:桧垣立哉)主办的研讨会"德勒兹与列维纳斯"中发表的《Arythmie的哲学:德勒兹与列维纳斯》一文。该研讨会于2016年12月23日于大阪梅田Grand Front举办。

节奏的概念让接近拉维松（1813—1900）工作的复数轴形成了交错。在习惯里可见的节奏、接着是在非意志中被密藏的身体节奏、被赋予如心脏鼓动或呼吸运动那样存在的象征性负荷之周期性显露，还有更加深层地扎根于自然的位阶组织之节奏。最后是存在的节奏。虽然若干痕迹能揭示出这些节奏，然而存在的节奏一直以被隐藏的姿态继续存在，通过如蛇般的曲折移动才能稍微被显露出来。生理学的节奏、美的（感性的）节奏、存在论的节奏彼此纠缠在一起。在这种复杂的编织物中，成为其中心的是脉搏的形象。①

当然本论文亦论及了奥古斯丁的音乐论。众所皆知的是，在亚里士多德、柏拉图等的古代希腊哲学里，"节奏"及其附属的诸观念亦扮演着重要的角色。总之，以上勾勒的节奏思想史将会成为笔者今后的课题之一。最后再补充一些东西。在28年前出版的拙著里，笔者曾引用过梅肖尼克（Henri Meschonnic）的话："在列维纳斯的作品里，虽然不是很显目的方式，但希伯来语——'圣洁的语言'——这个守护者以多重的方式决定了符号的活动性。"② 然而，随着《列维纳斯著作集》被出版，青年列维纳斯的语言工作中不为人知的部分在今日逐渐地被揭露出来。如今我们已无法只从希伯来语和法语（或德语）的观点来描绘这个多重的决定。至少我认为俄语、立陶宛语也必须加入其中。这种多语言的或横跨语言的体验，不就是镶嵌在列维纳斯身心的"节奏"问题上吗？这里笔者想到文艺评论家兼诗人吉本隆明的一段话。吉本是笔者在和列维纳斯相遇之前就一直喜欢阅读其著作的一位作家。

一般来说，语言的音韵或韵律，对语言来说是最基本的东西。然而，关于其本质，我们却鲜少倾听语言学者的见解。这是基于何种理由并不是很清楚，总之，在谈论语言的同时，我们无法绕过这个问题。/时枝诚记在《国语学原论》中展开了关于韵律的本质之论述，至少这是我知道的唯一一个最完整的见解。/"我现在的问题是，语

---

① Claire Marin, "Ravaisson, une philosophie du rythme", in *Cahiers philosophiques*, 2012/2.
② Henri Meschonnic, *Le signe et le poème*, Gallimard, 1975, p. 51. 亦可参见拙著《列维纳斯的思想》，东京弘文堂1988年版，第308页。

言中节奏的本质是什么的问题。向内部发动性寻求节奏，可说是节奏在心理层面上的研究，而调查节奏的形式意味着研究节奏的客观面向。目前尚未有人阐明节奏的具体经验本身、语言中的节奏之本质。我则认为节奏的本质是语言中的场面。而且我认为节奏是语言中最根源的场面。①

时枝诚记为何有别于索绪尔，将"节奏"视为语言最重要的要素呢？据说，有人指出了他所说的"场面"和西田几多郎所说的"场所"之间的关联。此外，亦有人指责曾任京城大学教授的时枝对殖民地日语化政策（一种强制性的政策）之贡献。然而，"场所""场面"是什么？时枝在接触使用各种语言的人的同时，实际上他在那里经历了什么，没有经历过什么呢？这是另外一个值得探讨的问题。这和探讨克里斯蒂娃（Julia Kristeva）以"符号学"（Semiotic）之名展开对节奏分析之动机必须是并行的。"到目前为止一直都被遮蔽的某物，开始微微地在比无言的更下层之中蠢蠢欲动。'韵律'或许就在这领域中悄悄地而且是激烈地落脚下来。"这是引自继承吉本工作的菅谷规矩雄的《诗的节奏》中的一段话。笔者认为，现今的我们就活在长期忽视此领域的恐怖结果之中。

---

① ［日］吉本隆明：《对语言而言美是什么》，载《吉本隆明著作集》第6卷，东京劲草书房1972年版，第41－42页。

关于道德与宗教的一个考察：
列维纳斯与清泽满之

合田正人

一

"人生由无数的偶然构成"，说这句话的人，是《论幸福》的作者阿兰（1868—1951）。这是从无数的关系、无数的遭遇来说的。文艺评论家小林秀雄（1902—1983）称与诗人兰波的诗相遇是一个"事件"，只要人是"语言"的囚房，无论是直接还是间接地接触到某个语言、文章，或接触到记录某事的书籍、传达或记载某事的人物，都将会是左右我们每一个人的人生之重大事件。至今能鲜明地浮现出来的是那个青年的事。

因《局外人》《鼠疫》等而为人所熟知的诺贝尔文学奖得主加缪（1913—1960）20岁时在阿尔及尔阅读其恩师格尔尼埃（Jean Grenier, 1898—1971）的《孤岛》[①]后，便立志当作家。在一场意外的交通事故中过世之前，他如此写道：

> 人生在世，能受到很大启示的东西不多，最多一两个。然而这个启示和幸运一样，会改变面貌。对生存或因生存而具有热情的人来说，我知道每翻阅这本书（《孤岛》）时，它都会给我同样的启示。（纪德的）《人间食粮》带给大众冲突，要花上20年时间。现在是新读者追随《孤岛》的时刻了。我想再次成为那些新读者的一员。我想要回到那个傍晚，亦即翻开这个小册，阅读最初的几行后随即将它合上，将读过的文字着实放在心里，为了在无人之处贪婪地阅读它，一口气地跑回自己房间的那个傍晚。我非常羡慕现在第一次接触这本《孤岛》的未知青年。不要觉得苦闷，——我非常羡慕，应该说要有

[①] ［法］格尔尼埃：《孤岛》，井上究一郎译，东京竹内书店1968年版。

热情……①

加缪想要说的是,他阅读那本书已经超过20年,但那本书一直活在他的心中。若仿效这位大作家的经验来说的话,在35年前与法籍犹太裔哲学家伊曼努尔·列维纳斯(1905—1995)及其《总体与无限》(*Totalité et infini*, Martinus Nijhoff, 1961)相遇的笔者,也会说和加缪一样的话。

无论在法国还是其他国家,列维纳斯长期以来被萨特、梅洛-庞蒂以及之后的德勒兹、福柯等哲学家的光环掩盖,只有少数行家才知道他的存在。列维纳斯开始在世界被广泛阅读,是1980年以降的事,日本也不例外。我最初阅读列维纳斯的著作,是在1983年。当时知道列维纳斯的人,在日本屈指可数。然而,我认为,接受列维纳斯的土壤早已具备。在翻译书方面,有丸山静从《和胡塞尔、海德格尔一起发现存在》的节译《诗人的目光》、白井健三郎的布郎肖论著之日译(刊载于杂志《现代思想》)。至于列维纳斯论的研究又如何呢?笔者认为,能称得上列维纳斯论的东西可以说是没有。

在往后的35年间,在日本,列维纳斯成为最多人撰写有关哲学的学士、硕士、博士论文的主题人物之一。在翻译方面,在日本,列维纳斯的著作也是被翻译最多,阅读率最高的。《总体与无限》与《别于存在或超逾去在》的翻译,已被出版为文库本,并获得万名读者。对此现象,外国研究者无不感到惊讶。这种现象究竟是如何产生的呢?顺带一提,列维纳斯和同一时代的哲学思想家如海德格尔、拉冈、萨特、梅洛-庞蒂相比,对东方、亚洲、日本文化的关心可以说是惊人的少。

如同实用主义在哲学家鹤见俊辅推动的各种市民运动中强力发生作用一样,也如同萨特读者们在各种场合提出异议的声音一样,当某个异邦思想被植入时,它通常会从别的角度来照耀该社会所蕴含的各种问题,并以批判的方式来指出它,甚至会带来改革该社会的运动。然而,所谓接纳,同时也明确暴露出和接纳者们的默契、基本情态与意念、生存节奏等的亲和性,甚至是共谋性(complicité)、彼此契合性等。我们可以用"习性"来表示,但这些东西就像空气一样,连接纳者自己都没有自觉的情况很多,因而也难以解明。此外,这些东西也因为触及连自己也不太承认的保

---

① [法]格尔尼埃:《孤岛》,井上究一郎译,东京竹内书店1968年版,第17页。

守性与秘密的快感,因而接纳者们或多或少必会对解明它有所抵抗。不仅如此,这种契合性一方面虽能突显出接纳的思想家在其活动圈内所持的特异性,但另一方面也随着突显出接纳的思想家之语言与接纳者之间难以填补的差异性,而将其隐蔽起来。

例如,列维纳斯将"您请先"(Après vous)这种他者优先的语言作为其哲学的中心。加藤尚武很早就针对此点如此说道:"列维纳斯……对他者的感觉,和日本人每逢遇到他者,必会说'对不起'(すみません),有深度相通的地方。"① 我自己也有同样的感受,但并没有将这种感受语言化公诸于世。卡尔·列维特曾经将日本称为与西方"颠倒的世界",相反的相反刚好呈现出一致的样貌。但这也不会因为看似一致就可以免除检证的事态,更何况将一致作为借口而对当前现象(例如"对不起")无所批判地加以肯定是不被允许的。

在此漠然地举一些例子,在这方面有儒教的、朱子学的道德观,武士道,他力与利他的佛教思想,天皇制支配,谦让的美德,以及本尼迪克特的《菊与刀》(东京讲谈社)指出的"义理""人情""恩情""亏欠""羞耻"等诸观念。"自死"是丸山真男在《日本的思想》(东京岩波书店)中所指出的,交出某个犯罪者的村民全体无期限地担保了"无限责任"。同样的还有丸山揭露的日本法西斯的"无责任体系"等。这些"日本意识形态"的各种潮流可以马上浮现出来。如前所述,这些对笔者来说,就像一团模糊的云似的,随时都在变化。

有缘者、邻近者、教师们所发出的无数言语,他们的所作所为,时时在耳边缭绕的军歌,被装饰在房间却不认识的家族(天皇家)照片,飘扬的国旗,《君之代》,往远处奔驰的列车向少年少女挥舞着国旗,礼仪与步行的执拗训练,在小学教室出现的在日朝鲜人及受差等待遇的部落,不断上演的葬仪、法事、扫墓、参拜神社等仪式,日复一日地在佛坛前合掌,线香的味道,蜡烛火焰的摇摆……然而,无论如何联想,云朵在何时如何形成,却不得而知。最终被问及的或许是米歇尔·福柯针对基督教的告解制度所说的"主体化=臣属化"(assujettissement, subjectivation)的错综过程。

"主体化"若不是对某物的隶属,接受某种检阅或承认是不可能成立

---

① [日]加藤尚武:《20世纪的思想:从马克思到德里达》,东京PHP出版社1997年版。

的。首先若没有铭记这点就不会有改变"主体化＝臣属化"的轨迹之可能性。福柯的《古典时代疯狂史》、列维纳斯的《总体与无限》于1961年问世，是年，竹内好重新质问日本的近代化意义，并说明"为了以更大规模实现西欧的优越价值，必须再一次用东方来重新包容西方，相反地必须从这方来变革西方本身"。他将这种制造出变革的行为体之"主体形成过程"称为"作为方法的亚洲"。在某种意义上，列维纳斯的尝试或许称得上是"作为方法的犹太"。以下笔者试图建构这个即将到来的方法或道路之端绪。

二

"哲学"这个词是由儒学者西周助（1829—1897）创造出来的，距今已超过150年。如今，"哲学"还是"哲学"。日本这个国家以及日语这种语言的变化令人晕眩，然而，不仅是"哲学"，还有西周其他多数的造语，至今仍然存在。这是为什么呢？另外，中江兆民（1847—1901）于1901年断言日本没有"哲学"（包括西周的思想活动在内）。西田几多郎（1870—1945）出版《善的研究》是在那10年后的事，有不少人认为日本哲学的开端始于该书。"开端"事实上极为复杂。这标示着此一巨大课题：思考支撑被称为"个人"的"主体化＝臣属化"之"记忆"，以及其与某个长达150余年的国家"历史"之间的关联。然而，前面笔者随意列举的诸潮流中的任何一种，都参与了编织这个并不单纯的"开端"（beginnings）。在这些连锁中，笔者想举出一位思想家，从"无限（者）"的观点来考察这位思想家与列维纳斯关于"道德""伦理"与"宗教"的关联。

在此举出清泽满之这位净土真宗大谷派的僧侣。清泽出生于1863年尾张名古屋下级士族家，是德永荣则与净土真宗虔诚信徒Taki（タキ）的长男，于1903年逝世。1888年他入赘后，改姓清泽。"真宗大谷派"（东本愿寺）是以亲鸾（1173—1263）为宗祖的净土真宗之宗派，在此不触及"本愿寺"（1321年成立）的历史，"真宗大谷派"正式成为宗派名是在1881年，恰好是在推动废佛毁释的神道国教化运动挫败之后。

当时学校制度处于混乱状态，清泽在爱知外国语学校——英语学校、爱知医学校学习，中途就退学了，为了继续学业，16岁在东本愿寺剃度，进入宗派专为培育未来人才所设置的育英教校，因成绩优秀而到东京帝国

第二部分 东西宗教哲学

大学预备门、东京帝国大学文学部哲学科就学，于 1887 年毕业。费诺洛萨（Ernest Francisco Fenollosa，1853—1908）与布赛（Carl Heinrich August Ludwig Busse，1862—1907）为其当时的教师。布赛为洛采（Rudolf Hermann Lotze，1817—1881）的学生。关于洛采的哲学与清泽之间的关系，渡部清等学者多有探讨。

布赛的弟子，除了清泽之外，还有一位叫井上圆了（1858—1919）。他是"哲学馆"的创办人。井上和清泽同为"真宗大谷派"育英教校的派遣学生，他比清泽年长一岁。清泽进入同大学研究所学习"宗教哲学"，并在第一高等学校及"哲学馆"执教。尔后，清泽成为一位教育家，并以教团成员的身份从事各种活动。他试图改革教团，却反被剥夺了僧籍。僧籍恢复后，他伴随真宗大学转移至东京，成为第一任学监，1900 年和弟子晓乌敏（1877—1954）、佐佐木月樵（1875—1926）、多田鼎（1875—1937）一同在近角常观（1870—1941）的宅邸开办私塾"浩浩洞"，开始共同生活。次年发行杂志《精神界》，开始对外开放星期日的讲话。这和内村鉴三（1861—1930）的圣经讲读会几乎是同时的。1924 年就任大谷大学校长的佐佐木，聘请西田几多郎当讲师，在西田的帮助下，铃木大拙得以在该大学任教。

我以前并非清泽的读者。2012 年夏天，我在耶路撒冷希伯来大学的演讲中，第一次论及清泽与列维纳斯的关联。此演讲题目为"宛如大洋的漂流物——关于列维纳斯的'犹太复国主义'（Zionism）"（此演讲稿收录于《对犹太教传统的理解与展开》，同志社大学一神教学际中心 CISMOR，2013 年）。之后就再也没有展开相关题目的研究。然而，近年现代佛教学泰斗末木文美士在《他者/死者/私》（东京岩波书店）一书中，提及列维纳斯是一位极为重视"死者"的罕见的哲学家。我在读完此书后，又继续阅读了他的《作为思想的近代佛教》（东京中央公论社）、《反·佛教学》等其他著作，获得了不少惊奇的体验。首先让我们看看《精神界》创刊号（1901）的开卷内容，此内容虽无署名，但几乎可断定是清泽写的。

> 吾人在世，须有一完全的立脚处。若缺乏此立足点来处世做事，就像站在浮云上表演技艺一样，难免其反转、颠覆。然吾人如何才能获得处世的完全立脚处呢？我认为唯有倚靠绝对无限者，别无他法。此无限者究竟是在吾人精神之内还是精神之外？吾人找不到断言的关

键。理由是，此绝对无限者存在于求它的人和它接触的地方，既不限于内，也不限于外。①

至少对笔者而言，清泽这位思想家，恰好处于西周与井上哲次郎、西田几多郎之"间"的位置。"无限（者）"（梵文为 ānandaḥ）这个向度在此被敞开，这和同样主张"无限"（infini，希伯来文为 ênsôph）的哲学家列维纳斯有极大的关联，应被视为首要的问题。或许列维纳斯的读者在几个观点上，已经感到有一些隔阂。因为列维纳斯绝不会将"完全的立脚处"这个说法放在"无限（者）"上。相反，毋宁说对列维纳斯而言，"无限（者）"夺走扎根在世界的安定性，要用"无＝起源""无＝秩序"的措辞才能说明它。

在末木之后，让笔者感到惊讶的是，已故的今村仁司（先生）最后提及了清泽。在近年的清泽满之热潮里，末木最看重的是今村提出的问题。简言之，今村认为前期的清泽谈论"哲学与宗教的两立或彼此充实"，后期的清泽则主张"完全和哲学与宗教两立相反的，亦即和一切理性工作诀别、彻底于宗教信念"的立场。这种看法是否恰当，并非此处的话题。我们可以说列维纳斯继承了从康德到赫尔曼·科恩这个"单纯理性限度内的宗教"或"作为理性宗教"的立场。无论如何，笔者感到惊讶的是，三四年前今村读了笔者最初撰写的列维纳斯论《伊曼努尔·列维纳斯与超越的问题》后，竟邀请我参加他主持的列维纳斯研究会。今村是著名的马克思和阿尔都塞研究专家。他不仅对列维纳斯抱有关心，还将清泽满之的研究作为其人生的最后课题，着实令人印象深刻。我想，以上两点足以成为在此谈论清泽满之的动机。

三

前面提到"接触"，清泽将"无限（者）"视为内与外的界限，而不是离开而存在的外部。在《宗教哲学骸骨》（1892）里，可见以下对比，"有限与无限究竟是二体同体还是异体"的问题被提出来。

---

① ［日］末木文美士：《作为思想的近代佛教》，东京中央公论社 2017 年版，第 63 页。参见［日］清泽满之《清泽满之全集》，东京岩波书店 2003 年版，第 3 页。

有限＝依立＝单一＝部分＝不完全

无限＝独立＝唯一＝全体＝完全

有人回答是异体。清泽本人主张"有限无论怎么开发还是有限",答案是"同体"。先不论这可能与否的问题,那是因为无数的有限若能集合为一,就能和无限一体化。先前已说过,清泽将"无限者"比喻为"立脚处",若没此立脚处,就如同在浮云上表演,难免反转、颠覆。根据亲鸾研究者前田寿雄,关于"横超",亲鸾在《一念多念文意》中如此主张:"横就是横的样态,超就是超越。这是指乘坐佛的大愿业力之船,横越生死大海,到达真实报土之岸的意思。"清泽或许是在描绘"接岸"。前田指出,亲鸾用"广大难思"这个比喻性的语词来表现无限性。

清泽指出,"无限"有"本体"、"实体"(noumenon)、"不可知的"(unknowable)、"无意识"(Unbewusstsein)等各种称呼。"有限"与"无限"能否对应到康德所谓的"现象"(phenomenon)与"实体"(noumenon)呢?若可以的话,那么从时代来说,清泽或许曾读过新康德学派哲学家赫尔曼·科恩(对西田与田边元影响很大)的著作。事实上,清泽的"接触"这个表现和"接线"有关,"接线"和掌握科恩认识理论关键的"微分"(无限小方法)有关。无限→有限是"微分",有限→无限是"积分"。

清泽的"接触"这一表现,让笔者想到和列维纳斯同样是法籍犹太哲学家的弗拉基米尔·扬科列维奇(Vladimir Jankélévitch)。扬科列维奇比列维纳斯更早谈论"绝对的他者"(absolument autre),并用"接线"(tangent)这个词来谈论和绝对他者的接线式接触。相对于此,列维纳斯始终强调分离。对列维纳斯而言,"无限(者)"并非存在者(非实在),而是无限者(不断地在无限)。如果说这种说法能成立,那应该说"无限(者)"是越成为无限越无法成为无限(者)。无论如何,列维纳斯并没有将"无限(者)"与有限视为同体。关于此点容我后述。

创造"哲学"一语的西周,在荷兰主要学习的是约翰·弥尔的功利主义哲学及奥古斯特·孔德的实证主义哲学。他不断地强调"知识的来源在于五官所感之处",这表示西周采取经验论的立场。事实上,他重视归纳而不是演绎,重视观察而不是内省,将"实证主义"视为超越传统哲学即"形而上学"的东西,并称它为"百一新论"。这和清泽形成鲜明的对照。

然而，清泽本人主张自己的"精神主义"虽是"内观主义"，但和唯心论不同，没有否定外物。这看似在说孤独的隐居，其实最重视的是"生活问题"以及以共同作用为重的"实际主义"。西周亦是"心理学"一词的创造者，但他一点也没有轻视过它。

西周翻译了西蒙·卫斯林（Simon Vissering，1818—1888）的《万国公法》，讲述"万国公法"〔国际法〕（international law，droit des gens），并亲自实践前往"世界大共和国"（grand république du monde）这种从小联结的扩大，而推动此实践的正是单纯对"四海同胞"的五官共通性之信赖。此外，他也是《军人敕谕》的起草者，并以国民的"福利"（幸福）为"哲学"的目标。西周一生的敌手是福泽谕吉。福泽的《文明论之概略》的主张如下。

> 轻重、长短、善恶、是非等字，皆由相对性的思考所产生。无轻则无重。无善则无恶。因此，轻就是比重还要轻，善就是比恶还要善。若无此与彼的相对，则无法论轻重、善恶。如此相对才能定重与善，此为议论的本位。①

从清泽的角度来看，这些正是"有限""相对"的立场。然而，"有限"者无法与无限际相提并论。我们可以说这是"球"或"圆环"的发现。关于此点，福泽如此说道："圆地球的通路是，在西边之前还有西边，回过来了就到原来的路，圆环之端无限际。"（《亚细亚州》）在这种知识状况下，清泽提出了"无限""绝对"的立场。有趣的是，中江兆民在这种哲思情况下，竟主张日本没有哲学。这就像排除相对性"不局限在五尺躯体、人类、十八里的氛围、太阳系、天体"，而置身在"无始无终无边无际之物"的"正中间"一样（《续一年有半》，1901）。这和《三醉人经纶问答》所说的"无何有之乡"不无关系。中江和清泽在这里找到了"哲学"的场所或者非-场所，在这点上，两者处在同一个位置。然而众所周知，中江是在"断然主张无佛、无神、身精魂，亦即单纯的物质学说"时才那么说的，就像这里有"相反的一致"似的。

"相反的一致"有双重的意思。因为在《教界时言》的创刊号

---

① ［日］福泽谕吉：《文明论之概略》，东京岩波书店1995年版，第15页。

(1896)里,清泽和福泽一样都在谈论地球是圆的。清泽一开口便说:"世界诸国家都有东、西场所的差异,昔、今势力亦有不同。"他不仅批评由东方发起,逐渐往西,超越西欧北美而来到日本的这种"西方文化的潮流",也批评由西方发起,逐渐往东,经中国与朝鲜而来到日本的这种"东方文化的潮流"。他如此说道:

> 这两个潮流传来的时期虽不同,如今却在我国交汇,并同化在我国固有的精气里,成为我大日本帝国的文化。现在这个光芒正照耀在世界万国之上。这正是世界的、统一的文化。①

笔者认为,同样都是发现球体,却有很大的差异。清泽既不说日本文化已经异化,也不说应该异化,而是用过去式来说其在此时期早已同化。"脱亚入欧"等的说法早已不成立,也不存在所谓的翻译。若有这种说法,那就是已经"万邦入日"。这或许是"无限"所造的业。进一步说,尔后"日本的世界史使命"这种表达、长期被使用的契机与"自信",大概就来自这里。

前面已说过,清泽处在西周与西田之间。从回金泽当四高教授的1900年起,西田开始和志愿的学生们到"三三塾"学习,清泽的弟子晓乌敏时常到这里来讲课。西田便是通过晓乌敏知道清泽的存在及其著作。小林敏明描述此情况时指出"西田的佛教思想中心是禅与净土真宗"②,并介绍说,西田在日记里写了"在精神界里阅读清泽氏文章有所感触",在寄给田边元的书信里则如此写道:"小生曾经读过网岛梁川的书《病间录》《回光录》、清泽氏的《我的信念》等,极为有趣。"③

或许有人会认为这很夸张。但我们可以在《善的研究》的以下内容中,看到几乎近似清泽所写的内容。

> 宗教的要求是对自己的要求、对自身生命的要求。这是吾人觉知自身的相对、有限,同时却又欲求与绝对无限的力量合一,借此得到

---

① [日] 清泽满之:《精神主义》,东京中央公论社2015年版,第155页。
② [日] 小林敏明:《西田几多郎的忧郁》,东京岩波书店2011年版,第85页。
③ [日] 小林敏明:《西田几多郎的忧郁》,东京岩波书店2011年版,第86页。

永恒的真正生命之要求。……因此,《叹异钞》有这么一句话:"吾心中励行往生之业的念佛,亦是自力行。"①

若说日本的"哲学"是同西田一起开始的话,那么我们可以说它是肯定"无限"的哲学,因而亦如西田所言,是随着肯定哪儿都不存在的圆周与哪儿都是中心的立场开始的。田边的西田批判,大多放在这个对"无限"的肯定上。虽然田边在"二战"后,也倾向亲鸾。在《善的研究》这本书当中,我们还可以发现一些清泽的影子。

  我并没有将神视为超越于宇宙外部的造物者,而是直接将祂思考为此实在的根柢。此即所谓进入他力的信心。如果人一生的工作就是知与爱的话,我们每天必定是在他力信心之上工作。②
  主观即是自力,客观即是他力。我们知物、爱物,这就是所谓舍弃自力进入他力的信心。如果人一生的工作就是知与爱的话,我们每天必定是在他力信心之上工作。③

后者是总结《善的研究》的话。在此不厌其烦地引用这两段引文,是因为除了"他力"外,第一个引用显示出西田及清泽的泛神论倾向。事实上,西田如此说道:"在斯宾诺莎哲学中,万物即是神的差别相(modes)。"④ 关于此点,容笔者后述。清泽是"无限"的思想家,理所当然也是"他力"的思想家。众所皆知,列维纳斯是谈论"他律"(hétéronomie)的哲学家,下面让我们来看看,对以"他力"为首,和列维纳斯有关联而成为问题的一连串的论点,如"责任""同情""伦理""宗教"等,清泽是怎么发话的。

四

"他力"究竟是什么?清泽问道:"吾人为相信无限而存在,还是无

---

① [日] 西田几多郎:《善的研究》,东京岩波书店1979年版,第223-224页。
② [日] 西田几多郎:《善的研究》,东京岩波书店1979年版,第236页。
③ [日] 西田几多郎:《善的研究》,东京岩波书店1979年版,第262页。
④ [日] 西田几多郎:《善的研究》,东京岩波书店1979年版,第232页。

限令吾人相信而存在？吾人对无限的信仰究竟是自力的，还是他力的？"①其答案终究还是"他力的"。然而，事情的经纬并非这么简单。①承认"无限"之前，人会认为自力能够知道"无限"。然而，②那是不可能的，此时人才会知道自己是"有限不完全"的。然后，③这同时也成为对"无限"的认知，如此一来，如前所述，人才会达到"有限""无限"同体之体悟。然而，这三重过程整体，事实上都是"无限（者）"的"大悲"之效用。

据此可知，清泽所谓"有限"与"无限"的同体性，完全不是单纯的融合或合一，而是以列维纳斯所说的"分离"，即"同与他"（Même et Autre）为前提。同时我们可以说，清泽的同体性可比拟列维纳斯的一个构思，即"同中之他"（Autre dans le Même）。

再回到前述的三重过程，所谓"被动""服从"，对清泽而言，并非隶属的状态，必须重新加以思考。"主动"与"被动"，"自由"与"服从"，事实上是"无限""本体"的两个面相（aspect）。"自由与服从固然只是原一本体活动上两个相依的必然两个面向，自由即是其本体的自动面向，服从即是其他动的面向。我们必须认知到，针对此两个面向必须经常保持平等心。"②

有限与无限的关系，通过无限（者）的大悲，让对无限的信仰于有限者之中产生。此为他力信仰的本义，其和列维纳斯的关系，就在于"重要的是这种他力信仰的结果是如何产生的"。根据清泽的说法，"被赋予他力信仰的结果成为对朋友的同情，同情的开展处，则会达到让道德有所推进、让真正的和平文明能够发达"③。我们可以看到，"道德"便是来自"无限""他力"的归结。只不过对清泽来说，和"无限"的他力接触，并无法被收纳在"人与人的关系"里。他如此说道："伦理存在于人与人的关系之上，因此全都是相对、有限的。……绝对无限并非立足在伦理之上，伦理的实践必须立足在绝对无限，亦即立足在伦理以上的根据之上。"④

---

① ［日］清泽满之：《清泽满之集》，安富信哉等编，东京岩波书店2012年版，第230页。
② ［日］清泽满之：《清泽满之集》，安富信哉等编，东京岩波书店2012年版，第89页。
③ ［日］清泽满之：《清泽满之集》，安富信哉等编，东京岩波书店2012年版，第232页。
④ ［日］清泽满之：《清泽满之集》，安富信哉等编，东京岩波书店2012年版，第141－142页。

即使是清泽也和克尔凯郭尔及末木文美士所主张的一样,将超越的"宗教"置放在"伦理"之上。净土真宗的"俗谛"(一般道德)与"真谛"(无限者信仰),这种"真俗二谛"的教义,恰好和该说法有重合之处。清泽用"宗教的道德"这种说法,将"俗谛"置放在"一般的道德"与"真谛"的中间,我们必须看重此点。"道德"这个用语,在清泽的脉络里,是作为这个中间的指示来被使用的。换别的方式说,对清泽而言,"伦理"以作为"伦理以上根据"的"宗教"为核心,另外,宗教的归结却始终是"伦理"。列维纳斯的情况,则是将"宗教"视为"同与他"的伦理照面关系。虽说如此,列维纳斯却把克尔凯郭尔那种"命令亚伯拉罕杀害自己的儿子以撒"的宗教阶段视为一种暴力而加以排斥。

"一般道德"或"人与人的关系"有所谓远近与轻重。因此,必须不断地提出"应该重视谁?以谁为优先?"的困难问题。对列维纳斯来说,这种"不可能比较的比较"才是正义或公正的质问本身。清泽则强调这种"伦理"具有"伦理以上的根据",有限者之间的关系必须全面倚靠和无限者的关系才能成立。如此一来,在"伦理"这个范畴里,是要以对双亲的"孝"为优先,还是要以对君主的"忠"为优先,或者说是要以亲属为优先,还是要以非亲属为优先,则变成了困难的抉择。然而,若从绝对无限的立场来看,这种义务的冲突及远近的差异,则完全消失殆尽。此时,在无限的光明之中,"我"亦化为一切众生的"同朋"。

若是如此,我们可以知道此处虽使用"同朋"这个词,但这并不是指因地缘或血缘等事先早和"我"有关联的一群人。关于此点,赫尔曼·科恩与列维纳斯的哲学抗争,可说是对将犹太教"邻人"概念视为地缘、血缘"同胞"并给予批判的旧有执拗偏见的抗争。当然,这里并不是说任意的他者是"邻人",就无须顾虑到所谓近亲者。此外,列维纳斯强烈意识到的是尼采,不使用能翻译成同情的 Mitleid、compassion、sympathy 等词,同时拒绝这些词的接头词所包含的同期性,强调以 dia 这个接头词表示的隔离、分歧或差异。

清泽的情况则是,一切众生在无限的光明中成为"我"的"同朋","我"亦化为一切众生的"同朋"。列维纳斯在其第二本主要著作《别于存在或超逾去在》中的题词是《以赛亚书》的"愿平安康泰归与远处的人,也归与近处的人"这段祈祷文。这个祈祷同时也可以说是清泽的祈祷:"吾人相信同类朋友间的同情是最重要的。同情不允许吾人争斗。同情不允许吾人忍受。同情教导吾人要各有分际。同情教导吾人不可富而骄。同情教导吾人不可强暴。同情教导吾人必须救济贫者。同情教导吾人扶助弱者。同情教导吾人学会宽容。同情教导吾人学会谦让。同情教导吾人必须克己复礼,'努力自制,并做出符合社会规范与礼仪的行动'。同情教导吾人不可自害害他,'避免伤害自他的语言,学习利己利他的语言'。同情教导吾人要自利利他,'为己修业,为他人的救济尽力'。"①

救济贫者,扶助弱者。关于此点,清泽举了一个意味深长的例子。显然这是以《路加福音》第10章耶稣的预言"好撒玛利亚人的比喻"为前提。现在假设"有人为路旁急患呻吟",此时我们应该怎么做?当然,可以的话,我们应该救助一时之急,不是吗?但"精神主义"却有可能全交给无限大悲,"以一副事不关己的态度通过",不是吗?在《路加福音》里,装作不知道而通过的人便是犹太教的拉比。然而,清泽必会如此回答:"不,事实上并非如此。"他力始终是在自身之中感悟、得到,才是他力。因此所谓全交给无限大悲、"不关己事"的态度(列维纳斯称为"quant à soi"),根本是不可能的。这或许是"我"的问题(mea res agitur),但"究竟是要照料还是要通过",决定的是无限大悲,"我"只是以"平心静气"的态度等待无限大悲的命令而已。这听起来好像很平和的样子,但这也适用于自己在大地震之际,被迫选择外出还是不外出的情况。

或许会有人反问,"究竟是要照料还是要通过"自己根本不用决定,这不正是没有责任的意思吗?事实上并非如此。对清泽来说,"责任"才是"精神主义"的核心。而且他是这样说的:"我对宇宙万有有全部的责任。"② 列维纳斯的读者对清泽与列维纳斯异口同声地说"责任"(responsabilité),而且是"我"对宇宙全体的"责任",应该会感到非常吃惊才是。清泽的这种想法,可以说是撷取自《法华经》的"今此三界,皆是我有,其中众生,悉是吾子"。当然也不会有"万有都是我的所有"这种想法。当针对某个事件,必会出现对"责任分割主义"(比如一方面指出自己以外的什么或哪些人不好,另一方面指出此有责任彼无责任)以及和其相反的"全责任主义"的强烈提问,此时被突显出来的是,"我"所能承担的"义务责任"是多么的小、像我这种无力的人、像我这种罪恶

---

① [日]清泽满之:《清泽满之集》,安富信哉等编,东京岩波书店2012年版,第228-229页。
② [日]清泽满之:《精神主义》,东京中央公论社2015年版,第74页。

深重的人。虽说如此,"责任"是否就会伴随"苦痛"或"强制"?事实上并非如此。"责任"反而会使人"经常感受到自由行动的欢喜"①。这又让我们不得不想起列维纳斯将"律法"或"戒律"的枷锁重新认识为一种"欢喜"的片段。

五

笔者认为,还有许多论点可以提出来探讨。因为这两位哲学家相遇的组织化,可以说是无穷尽。即使如此,极为有趣的"力量之场"不就在此出现了吗?在"日本哲学"的黎明期,日本这一民族国家兴起,和诸外国进行交往,日语在此过程中遇到了大改革,人们的生活也重新被组织化。在这个知识布置的力动变化中,以净土真宗为源泉而诞生的清泽思想——无限主义,造就了西田几多郎的存在,使得西田经过"二战"的大变动后至今仍受到众人的广泛支持。另外,从清泽活跃的时期到现在已经过了百余年,其思想也在暗地里逐渐地将日本读者推向这个以东欧拉比犹太教系谱为源泉的列维纳斯哲学——大屠杀后的哲学,并促使他们进行更进一步的分析与研究。

---

① [日]清泽满之:《精神主义》,东京中央公论社2015年版,第77页。

探究清泽满之的宗教哲学：
如来与他力门论述

加来雄之①

> 圣人有言，如来若发誓愿，"他力即是以不义为义"。
>
> （亲鸾亲笔）

一、前言

本文试图通过考察日本近代宗教哲学家清泽满之（1863—1903）在其时代如何理解如来、如何谈论他力门（净土佛教）来思考近代东亚佛教的面貌。

"他力门"的"他力"，原本是中国北魏昙鸾的用语。昙鸾将佛教分为难行道与易行道时所使用的基准便是自力与他力（《净土论注》《略论安乐土义》）。注意到此他力思想性的是日本镰仓时期的源空（1133—1212）。当源空将净土教作为"宗派"让它独立出来时，为区别于圣道门的难行性，他注意的是表示净土宗的易行性。将源空的他力易行性彻底化，并将它作为佛教的根本原理的人，便是源空的弟子亲鸾（1173—1263）。对此，亲鸾如此明确地定义道："他力者如来本愿力也。""何况十方群生海归命斯行信者摄取不舍故名阿弥陀佛，是曰他力。"（《教行信证·行卷》）。清泽将此种亲鸾的思想（净土真宗）和单纯的他力门进行了区分，并称之为"他力门中的他力门"②。清泽在谈论他力门时，显然意识里是亲鸾的思想。

然而，如后所述，清泽并非毫无加工地使用自力、他力这组佛教用

---

① 大谷大学教授。
② [日]清泽满之：《在床忏悔录》，载清泽满之《清泽满之全集》第2卷，东京岩波书店2002年版，第5页。以下此全集引文，皆以"K卷数·页数"标示出处。

语，他将这两个概念视为一种宗教哲学的概念，并给予其独特的定义。在现今日本的近代佛教研究热潮中，清泽极受瞩目。清泽的思想无论在他生前还是死后，都给予日本思想界极为深远的影响。

清泽在东京大学时代的同学冈田良平（1864—1934）曾任京都帝国大学校长、教育部长等。他担任文部大臣时（1927年1月），曾向第52届帝国议会（贵族院）提出宗教法案。其提出的理由如下：

> 宗教是关于人心深处信仰的东西，其对社会风教有极大的影响，这是毋庸置言的。因此，健全的宗教若越兴隆、发达，则越能让人得以安心立命，对世道人心会有很大的帮助。这是吾人所希望的。①

此引文中出现的"人心深处的信仰""让人得以安心立命"等说法，显然反映的是清泽的宗教观。可惜的是，此法案遭到否决，该宗教观并没有被用在日本的宗教政策上。然而，如果清泽拒绝真宗大谷派（以下简称"宗门"）的要求，继续在东京大学进行研究的话，或许东京大学哲学科的首任教授不会是政府御用学者井上哲次郎（1855—1944）而是清泽。②若是如此，日本的宗教理解或许会和现在有很大的不同。

或许用世俗化概念来思考近代社会特征过于落伍。然而，保罗·利科却将"世俗化过程的焦点"和"遗忘各种表现人类生存可能性的语言层面""遗忘历史表现的可能性"这种根本性的遗忘进行了关联性的考察。这一观点明确地揭示出清泽在近代日本所背负的课题。我们可将清泽作为课题的近代日本之"世俗化"理解为"宗教丧失社会的影响力"以及"宗教语言被世俗关心所侵蚀"的事态。也就是说，宗教叙述被收编在世俗关心之中。这导致宗教叙述无法再引起人们对宗教抱有切身的关心。这种社会的事态或过程，被清泽视为有问题的日本近代"世俗化"。

此外，保罗·利科认为，所谓近代是指马克思、尼采、弗洛伊德这三位伟人从更基础的立场批判宗教为虚伪意识产物的时代，所有宗教都有义

---

① 检索国立国会图书馆帝国议会会议录 HP。
② 参见［日］山本伸裕《清泽满之与日本近现代思想：从自力的束缚到他力思想》第2章，东京明石书店2014年版。

务来回应这种批评。① 清泽虽是日本第一位阅读马克思的人,但不一定就十分理解这些批判。然而,清泽的思想明确指出,宗教或信仰的本质并非虚伪意识,而在于人类存在的深处(实存),因此,我认为,这具有回应上述批判的意义。

关于佛教近代化的定义,有诸种说法。如果我们把此现象理解为"单纯用西方哲学这个新的思想让佛教适应于近代"的话,那么或许用"佛教的近代化"这种表现来谈论清泽不是很适合。当然,我们无法否认的是,清泽活在日本近代化这一大叙事中。东京大学时代以"建峰"为号的清泽,亦曾有过贡献佛教近代化的野心。然而,从以"骸骨"为号那年(清泽28岁)开始,他对近代的态度显然产生了变化。通过对近代的批判,清泽企图的不是要将净土佛教近代化,而是通过"他力门"的叙述唤起宗教关心(安心修德、安心立命),或者是试图为近代日本提供一个活在他力的人类图像。

虽然被论述的教义内容及思想体系也很重要,但若要实现清泽的上述目标,该如何谈论其思想才是更确切的实践问题。在宗教的实际层面上,要如何谈论,和该宗教活生生的存在方式有关,这比该思想或学说更重要,此外,这似乎也规定着该宗教在社会中所扮演的角色。

当然,我们也不应该忘记人们对清泽的他力门叙述给予严厉目光的事实。因为无论清泽脑中有什么样的思想,清泽的他力门叙述不就是让自己和他人往内面沉潜而阻碍对社会的关心吗?或许也有这样的质疑,清泽的门下生或思想继承者们,比如以晓乌敏为代表的赞美天皇制国体、协助战争的人不是也很多吗?

今村仁司认为清泽的叙述就是"谈论无法谈论的内容"。佛教将此说法称为"离言之言"。今村将清泽的叙述分为前期与后期。末木文美士很精准地如此说明其意义:"在前期,即使是'无法谈论的内容',亦能看到譬喻性的叙述。然而,到了后期,甚至连譬喻都消失了。他即使直面叙述的不可能性,仍将不可能的叙述编织出来。后期的清泽可以说挑战了该不可能性。"②

本来这个有限人类的理性"无法谈论的东西",用清泽的话来说就是

---

① 参见[法]保罗·利科《圣经解释学》,久米博、佐佐木启译,东京约旦社1955年版。
② [日]末木文美士:《作为思想的近代佛教》,东京中央公论社2017年版,第62页。

无限，或者是"一如"。佛陀的教法就是为了有限的我们来谈论它的。事实上，在清泽的叙述底部，潜藏着对佛陀教法的深度信赖。关于清泽自身叙述的变化之理由，在此可举出和他所处时代的社会状况、教团、家庭问题、自己的疾病等各种原因，但笔者认为，更重要的还是在于清泽是如何理解佛的教法。

之所以以"如来"概念为线索思考清泽的他力门叙述之变迁，是基于清泽对"如来"的理解之变化和其佛法理解及他力门叙述方式有很大的关联。为何"如来"概念这么重要？那是因为"如来"才是大乘佛教最根源性的概念。这在亲鸾的思想来看，亦是一个极为重要的关键概念。亲鸾将"如来"理解为"从如来生"（《佛说无量寿经》下、《教行信证·证卷》），也就是"从一如显现形相"（《唯信钞文意》）摄取迷惘众生的作用这种人格式显示的概念。

清泽满之是尾张德川家足轻头德永永则的长男，生于 1863 年（日本进入近代、明治维新前 5 年）6 月 26 日，死于 1903 年（日俄战争开始的前 1 年）6 月 6 日。以下聚焦清泽的宗教叙述之变迁，并概观其人生。

清泽家庭穷困，为继续求学，15 岁时便在以亲鸾为宗祖的宗门得度成为僧侣，并进入宗门经营的育英学校就读。

【"哲学骸骨"的叙述】

18 岁时，奉宗门之命留学于东京，20 岁进入东京大学哲学科就读，24 岁进入同大学研究所专攻宗教哲学。25 岁时，奉宗门之命中断研究，担任京都府立寻常中学的校长。次年，辞去校长职位，成为一般教师。同时在真宗大学寮讲授宗教哲学，29 岁出版《宗教哲学骸骨》。31 岁时，被诊断出当时的不治之症（肺结核），进入疗养生活，32 岁执笔撰写《在床忏悔录》《他力门哲学骸骨试稿》。

【《教界时言》的叙述】

32 岁，结束疗养，和同志一同投身于宗门改革运动，发行《教界时言》。

【叙述的转机："确立信念"】

35 岁，改革失败，随家族回到西方寺，开始撰写日记《腊扇记》。

第二部分　东西宗教哲学

【"精神主义"的叙述】

36岁,奉宗门之命前往东京,致力于真宗大学的创立。38岁,发行《精神界》提倡精神主义。39岁,因学生的罢免运动,辞掉大学职位,回到西方寺。次年,逝世,享年40岁。

在不满40年的短暂生涯中,具有社会影响力的是,清泽29岁时出版处女作《宗教哲学骸骨》之后的12年时间,精神主义时期只不过是两年半时间。

据以上概述可知,清泽是日本最初的宗教哲学家,但更重要的是,他是宗派的学问僧。清泽直面净土真宗面临的思想危机时,把打造他力门的思想基础视为其一生的课题。清泽在处理此课题时,一生采用两种宗教的叙述方式。

其中一个叙述方式是"哲学骸骨"。其课题是以"哲学""骸骨"这个学问的开展,来为"宗教"或"他力门"进行奠基工作。借今村仁司的话来说,"哲学"方法是一种"普遍的叙述"。也就是说,超越时代、民族、地域的限定,从普遍真理或人类存在的深处,重新照耀他力门,并以普遍的表现逻辑方式来谈论它。以"骸骨"这种譬喻的称谓来表现的方法,就是借由思想将多余的皮肉拔除,只保留其骨架。清泽便是以此方式来显露出宗教或他力门的本质,即以普遍的原理显露出最精微的构造。"哲学骸骨"便是承担了这两个课题时所使用的称谓。

另一个叙述方式是表示"确立信念"的课题。"确立信念"是从清泽宗门改革运动失败时向友人表示"我想致力于信念的确立"① 这句话而来的。这种以"信念的确立"为课题的叙述方式,早在35岁那年,即明治三十二年(1899)9月阅读《爱比克泰德氏语录》时就种下因子,并在明治三十五年(1902)他38岁时提倡的"精神主义"之信仰运动时成为其社会实践的叙述。清泽的叙述方式,在遇到爱比克泰德以前和以后,在文

---

① "清泽先生于京都下京的旅馆经长里,和河野法云氏有一段谈话。在此谈话里,信念的确立特别明显。事实上,做了这么多事,其后可以说不管做任何事都非常伟大了。然而这里忽略了一件事。那就是少部分的人无论如何急躁、如何挣扎都没有用。即使有一些从帝国大学或真宗大学出来的人,但只要此派在天下七千座寺院中有一些寺院和以前一样没变的话,那么如此费心的改革,也就枉然了。他一开始并没有预料到此事。因此他后来就放弃一切改革,尽力在确立信念一事上。"([日]西村见晓:《清泽满之先生》,京都法藏馆1951年版,第186–187页)

体上有很大的改变。在那之后，其叙述开始带有实存的意味。换言之，在利用"哲学骸骨"确立他力门哲学之概念的同时，他开始谈论自己的宗教或他力门体验。这是一种以其生活态度为基础的论述方式。

清泽这两种叙述方式可对应在亲鸾作为课题的"真宗"学上：

$$\left.\begin{array}{l}\text{真……普遍的叙述　哲学骸骨}\\ \text{宗……主体的叙述　确立信念}\end{array}\right\}\text{学}$$

我们应该如何看待这两种叙述方式的关系呢？笔者不赞同清泽舍弃前期、转向后期这种说法。理由在后面会加以说明。对清泽来说，"哲学骸骨"与"确立信念"的关系，并非"是知还是信"这种二选一的关系，而是模拟于佛教里"智慧、慈悲、方便"这种动态构造的关系。

在思考宗教叙述之前，首先要进行确认。宗教叙述是由宗教人格构成的。而清泽是在何时确立其宗教人格的呢？在净土真宗的视域里，一生只有一次"回心"。这不是指一个人的体验或心境，而要以其生命方向的确定作为宗教人格的确立。无论多大程度的感动、思想的转变还是生活态度的变化，即使这些是伴随"回心"的经验，其都绝不是人生当中唯一一次"回心"的宗教经验本质。那么，清泽在自己的一生当中是如何理解唯一一次的"回心"的呢？

> 个人存在的有限，在初次觉知和无限的关系后，其有限早已从本来的个人存在观念脱离，进而转入有机组织的观念。这是一个明显的阶段性转变。而此新观念绝不会消灭，会永远相继不变。这岂不是正定聚不退转之意吗？（K2·25）

"个人存在的有限""觉知和无限的关系""一个明显的阶段性转变"和"回心"概念是一致的。也就是说，我们必须区分宗教人格诞生的觉知及其人格信仰的展开、确立、成熟这两者。那么，我们是否能定位清泽自觉性归入他力门的时间点是其人生的哪个时期呢？

二、"哲学骸骨"的叙述[①]

关于清泽最初期的宗教哲学讲义，可举出明治二十一年（1888）7月他上任京都府立寻常中学校长那年到明治二十二年（1889）4月在《教学志》[②]里的《宗教哲学讲义》（目录结构为本论内篇10章、外篇10章，但发表的东西实际上只有内篇第1-4章）。在该讲义里，清泽将宗教哲学区分为总关宗教哲学与特殊宗教哲学，并如此说明其关系："简言之，若适当地扩张在总关宗教哲学中得到的原理，则可适应于各宗哲学的原理，此外，存于各教哲学的原理，并不应有和总关宗教哲学中的原理相背反的东西。"（K1·162）在此构想下，之后他撰写了《宗教哲学骸骨》和《他力门哲学骸骨试稿》。前者对应总关宗教哲学，后者对应特殊宗教哲学。关于这两种区分，笔者先做一个简单的说明。"总关宗教哲学"是清泽的特殊用语，出现在现存最早的清泽宗教哲学讲义之中。他针对"宗教哲学"的定义如此说道：

> 宗教哲学并非论究佛教、基督教或伊斯兰教等各种宗教的原理，而是探究贯穿于所有能称得上宗教的东西之原理。就如同哲学有分纯正哲学与特殊哲学，我认为宗教哲学亦有总关宗教哲学与特殊宗教哲学之别。……而佛学、神学等通常都是在其上赋予宗教哲学的名称，而今单纯将总关宗教哲学称为宗教哲学。……若将总关宗教哲学的原理适当地加以扩张，则可适用于各宗哲学的原理，此外存于各教哲学的原理则不得违反总关宗教哲学中的原理。（K1·161-162）

显然"总关宗教哲学"意味着处理所有宗教的哲学。笔者认为，清泽在《宗教哲学骸骨》中明确指出宗教哲学的原理，在《他力门哲学骸骨试稿》中则试图阐明属于各教哲学其中之一的他力净土教之原理。

《教学志》所载的讲义和他之后的宗教哲学讲义有很大的不同，那就是清泽宗教哲学的根本概念"有限无限的一致"这种表现的登场（虽无

[①] 关于清泽"哲学骸骨"之展开的资料，参见大谷大学真宗总合研究所编《清泽满之"哲学骸骨"集》2001年版。

[②] 《教学志》是京都有志之士创办的日本佛教学会为独学佛教哲学而发行的刊物。

法排除讲义若持续刊载会有出现的可能性)。从明治二十四年（1891）9月开始的《宗教哲学讲义》（住田智见笔记），是《教学志》里内篇10章的全部内容。在第一章"宗教义解"里，已出现代表清泽前期的定义，即"宗教是有限无限的调和也"（K1·212）。此变化究竟只是思想上的展开，还是有更重要的意义呢？

清泽7月辞去校长职务，开始"骸骨"所示的清贫生活，8月15日体验了所谓"感得""感解"。其记录为《西方问答》《信愿要义》《咏歌》。《西方问答》引用了亲鸾的和赞（《高僧和赞》第3首）"十方国土为净土，何以在西方"，并如此说道："那只是心所变（心内）的方位吗？若是如此，吾人归返西方、寻求净土往生岂不甚深？"（K7·156）

清泽在"信愿要义"中如此记述："于是乎，实相，无相，唯心唯识，四无碍法海等妙理，应当流入、融会于当代潮流所谈之中。何以如此呢？要知道净土乃精神世界，心内有方相，绝对无方相的妙境。""任由右述的感解，因过度高兴而提起秃笔，不分左右，绝无他见。/真宗末徒释满之。"（K7·157－158）

此内容和《西方问答》一样，都是对净土教相之疑问的消除。（唯独对法藏比丘的理解持保留态度——"只对法藏比丘发愿摄化稍有疑惑"。）值得注意的是，在此文的最后，论及亲鸾向弟子们不断地传达其师源空的"以不义为义"的教法["若能以不义为义，则是听闻自然（自然即是他力）之教、相信本愿的不思议、乐听南无阿弥陀佛的深义"]。或许清泽在这个时点之前，无法消除对他力门的疑惑。但清泽因15日的感得而觉知他力真宗，真正成为门徒。

这15日的感得被写在20日的"愿生偈"中。《愿生偈》的开头处是英文，接下来是七言五十七句的汉诗。开头处的英文内容如下：

> In the Universe, there is an inconceivable power（不可思议的力量——译者注）. We give a name to this unnamable and call him Nyorai; we personify (so to say) him because we are persons, (Hence many honorable epithets).① （K7·161）

---

① 翻译如下："在宇宙中存在着某种不可思议的力量。我们为那无法用言语表达的作用赋予名称，称此力量为'如来'。我们会将它人格化是因为我们是具人格的存在。"（此处存在很多尊号

清泽在此确认两件事。一个是，宇宙有不可思议的作用，该超越语言的作用被称为"如来"。另一个是，将"Nyorai"（如来）人格化是因为我们都是具人格的存在，正因为作用在我们的人格之上，"如来"才会有这么多尊号。

这里无法论及汉诗的部分，其内容赞美无量无边的阿弥陀，记述教法分二门展开的意义等，并展开此"Nyorai"（如来）的作用。关于15日的净土教教相之感得，我们可以做如下理解：它已作为"如来"的作用被逻辑化。这是清泽寄给稻叶昌丸的诗，因而不是一时兴起。在这个时点，清泽显然将净土真宗的"南无阿弥陀佛"这一教相本质视为他力（如来的本愿力）。

此时以普遍的方式来谈论此"如来"尊号"南无阿弥陀佛"的方法是"哲学骸骨"。我们可从清泽讲述《宗教哲学骸骨》时记下"南无阿弥陀佛"六字的笔记中窥见（参见 K1·49－50）。

西村见晓将这15日的体验称为"净土的感得"，并如此说道："此感得便是先前说的《宗教哲学骸骨》结合康德哲学笔记图表的基本思想。""这在今日看来，也不是那么特别的事，但老师发现这个道理似乎非常高兴。"①

三、《宗教哲学骸骨》与《他力门哲学骸骨试稿》的他力门叙述

清泽以此心灵上的事实为基础，在真宗大学寮讲述了"宗教哲学讲义"（稻叶昌丸认为他"竭尽全力"），并于明治二十五年（1892）8月将此讲义整理为《宗教哲学骸骨》出版。《宗教哲学骸骨》的内容整体由六章构成。清泽在《宗教哲学骸骨》的第二章"有限无限"中，首先揭示自己采用有限无限作为宗教的根本概念，并论述其关系。或许清泽试图阐明佛教的法与法性的关系。他在此章的最后，针对"自力他力"如此下定义。

> 有限面对无限有两种不同。一是以无限为因性，一是以无限为果体。我认为吾人认识事物不得不以之为因，或以之为果。今日认识无

---

① ［日］西村见晓：《清泽满之先生》，京都法藏馆1951年版，第122页。

限亦然……此二门的区别在宗教上是最根本的。吾人不依此二门,则无法进入宗教的实际。(K1・11-12)

以上是清泽将自力门与他力门视为宗教的根本范畴的论述。他强调在宗教的实际当中只能从任一方进入。

此外,在最终章第六章"安心修德"① 里,清泽简单从因果的两面,来说明自力门与他力门的具体存在样态。然而,清泽并没有明确告诉读者该选择哪一个。笔者认为此种叙述方式是因为作为"总关宗教哲学"的"骸骨"之分际。这同时表示若没有设定"特殊宗教哲学"的"骸骨"("他力门哲学骸骨"),"哲学骸骨"的开展是无法形成体系的。

清泽在明治二十八年(1895)1月②开始撰写《在床忏悔录》。此论著援引净土三部经与《教行信证》,通过《宗教哲学骸骨》的概念,以23个项目、问答的方式来阐明真宗的精髓"教行信证"四法。清泽以此为基础,在2月初到3月之间,撰写《他力门哲学骸骨试稿》来作为特殊宗教哲学的骸骨。此论稿以《净土论》《净土论注》《大乘起信论》等为背景阐明他力门佛教,总共有45个项目,内容分为总说、有限无限论、心灵论、神佛论、佛德论、净土论、转迷开悟论。

和《宗教哲学骸骨》不同,《他力门哲学骸骨试稿》的他力门叙述,有以下几个特征。①一开始就以他力门立场将无限定义为阿弥陀佛(无量寿、无量光)。②有限的自觉非常彻底。例如,重新定义以无限为基础思想来立论的是自力门,以有限为基础思想来立论的是他力门。在第25项目"自力他力"里,清泽断言,"因而从他力门信者来说,不仅自己没有无限性,一切有限亦没有无限性。完全不用踌躇"(K2・67-68)。据此可知,以无限救济为必要条件的"机的自觉"极为彻底。③《宗教哲学

---

① 顺带一提,清泽以《宗教哲学骸骨》为教材,在明治二十六年(1893)讲述了《宗教哲学讲义》。他在此讲义中如此说道:"本章是宗教哲学中最重要的地方,以上诸章皆是为了这个准备的。"(K1・96)

② 《保养杂记》第二编,从明治二十七年(1894)9月13日到明治二十八年(1895)1月。1月18日以后则为"记于18—26日之间的日记",清泽在此写道:"悔改愚蒙如此。穴贤々々。"此日记的解题推测清泽已开始撰写《在床忏悔录》(参见K8・477-478)。《他力门哲学骸骨试稿》接近完成时,从3月13日到21日之间的日记里,清泽写下七则遗言,分别给父亲、妻子、Michi、信一、松宫钟女、西方寺与清泽家、朋友(《保养杂记》第二编,参见K8・479)。在这一周内,他已经写下遗书。我们应该理解为,撰写特殊宗教哲学骸骨是他认为的使命。

骸骨》中并没有论及，作为果体显现的无限摄取有限的具体样态，清泽以《净土论注》的善巧方便及《大乘起信论》的随缘方便为线索，使用"展现有限""相对无限"的独特概念，来回应此问题。

特别在第26个项目"方便"里，清泽如此主张："在此应设置运用真实至诚的妙智来接通有限的大活路（所谓善巧方便即是也）在诸教之中杂说神佛的化现，便是基于此原理。而且这是他力教的第一义，依此教相可成立，不依此则教门不开。"（K2·69）这种想法对他力门的教相来说是极为重要的。这相当于在阐明亲鸾思想中的"如来回向"。《他力门哲学骸骨试稿》显然是将亲鸾净土真宗阐释为"他力门中的他力门"的论著。

清泽在撰写上述两个"哲学骸骨"期间，"因疗养……转变人生的思想"（回忆文，K8·441），其号也从"骸骨"变成"石水"，并将宗教定义为"在死生问题上给予安心立命的存在"等。清泽直面死亡是其撰写《他力门哲学骸骨试稿》的动机。

但笔者对这种见解持不同看法。因为笔者认为《他力门哲学骸骨试稿》依旧使用"哲学骸骨"这个称谓。这两种"哲学骸骨"都是清泽作为宗教哲学家的毕生课题，这些著作的完成便是对宗门恩义的回报。其撰写动机或许是他想企图完成总关宗教哲学与特殊宗教哲学的"骸骨"之构想。这可在清泽于东本愿寺两堂重建迁座法要开始的4月之前完成撰写这件事中得到证明。笔者认为这应该是看到宗门的危机状况、直面死亡的清泽，为完成宗教哲学者的使命所做出的努力。

四、叙述的转机

（1）重问《教界时言》中的宗教言说

明治二十八年3月末，完成《他力门哲学骸骨试稿》的清泽，在同年8月以后迁移到京都，用了大约3年时间，致力于宗门改革运动。此间，他发行《教界时言》，发表了27篇无署名的文章。在此运动之前，宗门对清泽来说一直是博格（Peter Ludwig Berger）所说的"神圣的帷幕"（The Sacred Canopy），并非对峙的存在。然而，革新运动让清泽从外部重新审视了宗门、宗学，进而推动他与保守的教条主义之宗学进行对决。这可以说是他重新审视学习宗教的机会。比如，在文章《论贯练会》（载《教界时言》1897年10月第12号）一文中，他批判宗学者的见解，认为他们将"宗义与宗学混同是个谬见"（K7·113）。《教界时言》的论述虽说带有革新运动的意涵，但在笔者看来，其仍不出护持宗门的框架。清泽在同时期于其笔记本《六花翩翩》中，如此记述宗教言说的本质。

> 他力信心乃佛智回向信心也。/当今大谬在于向人语求安心。无论人语如何完美、尚不足以赋予真正安心。更何况是末学用以烦琐言句。/安心的源泉不是言句、文字、末学、亦不是列祖。不/虽是宗祖/应信如来如实言/唯可信此高僧说/如此教导而已。（《明治三十年10月记》，K8·159—160）

清泽认为，今日之大谬在于向人的语言寻求安心。有限人类的语言无论多么完整、美丽，都不足以给予安心。末学的烦琐语言，更不可能给予。此外，清泽从亲鸾的"正信念佛偈"引用"应信如来如实言"与"唯可信斯高僧说"这两句话。唯一能信的高僧言说，亦必须依据"如来如实言"，因此，唯有"如来如实言"才能给予"真正的安心"。"如来如实言"是什么？根据亲鸾的亲笔资料，亲鸾当初写的是"应信释迦如实言"，之后将"释迦"写为"如来"。笔者认为这里有很明确的意图，不是因为释迦的话而相信，而是因为"如来"的话才相信。①

（2）寻求"确立信念"的叙述：仿效爱比克泰德

清泽抱病（咳血）推动的宗门革新运动遭受挫败。明治三十五年（1902）5月，他随家人回到自己作为养子的西方寺。如上所述，这是为了"致力于信念的确立"。从明治三十一年（1898）1月1日到次年1月25日为止，清泽每天都记录了自己的生活。这三本日记（《病床杂志》第1-3号、《徒然杂志》第1号、《腊扇记》第1-2号）留了下来。与其说这是三本日记，倒不如说是清泽求道的记录。若注意到"如来"一语，我们便可以发现极为有趣的事。清泽自《病床杂志》（第1号）开始《阿含经》全卷的读诵与拔粹，在最初的拔粹里，自《增一阿含经》卷第一序品引用其偈，在"肉体虽逝法身在""如来法身不败坏""菩萨发意趣大乘""方等大乘义玄邃"这四句话加上强调的傍点，并注意到这在开显除

---

① 但在《净土文类聚钞》的"念佛正信偈"里却是"唯信释迦如实言"（真宗圣典编纂委员会：《真宗圣典》，京都东本愿寺出版部1978年版，第411页）。

小乘外还有大乘的意涵。以下内容虽多引自《阿含经》的经文，其中含有"如来"一语的文句甚多。他在《徒然杂志》（第 1 号）中，以下列引文作为结论。

> 有后生，乃善因善果恶因恶果也。恶趣地狱也、善处天上也。大乘一乘的法乃得涅槃也、成阿罗汉也。于得涅槃生死已尽也。阿罗汉乃离生死存在也。其物什么。阿罗汉与如来有多少的差等。所谓如来何物何在耶。[《徒然杂志》（第 1 号）卷末，K8·333]

依大乘一乘的法而得涅槃，成为阿罗汉。但"阿罗汉"与"如来"有差异面与平等面。"如来究竟是什么样的存在呢？""如来究竟在何处呢？"在清泽接受这些提问后撰写的《腊扇记》里，无论第 1 号还是第 2 号都没有出现过"如来"这个词。这是为什么呢？笔者推测《腊扇记》的课题应该是不用"如来"这个词来解明"如来"。

只要接触过一些清泽思想的人，都会发现《腊扇记》在清泽思想中的重要性。在《回忆文》中，他如此回顾道："回到自家得到休养机会，有幸得以大大地反观、自省，然由于修养不足，尚无法对人情、烦累泰然处之。／卅一年秋冬之交，阅读《爱比克泰德氏语录》，颇有所得。"（K8·441）爱比克泰德的影响可以说是决定性的。清泽不断地阅读爱比克泰德的语录。① 对清泽来说，爱比克泰德的语录究竟有什么意思？明治三十五年，清泽针对爱比克泰德如此说道：

> 小生对爱比克泰德氏敬慕不已，关于此点容我说一下。以一句话来说，就是奴隶学者。举凡学者，在演说上大多讲述很伟大的东西，其大多数游刃有余，但空论、空议甚多。而奴隶的身份首先并没有那么多闲暇……当我确认爱比克泰德演说并非空论、空议，而是确切的实学时，不由得更加佩服他。（《爱比克泰德氏》，K6·315-316）

---

① "去年秋天来到东京访问泽柳政太郎时，突然发现其书架上一本题为《爱比克泰德氏语录》的书，于是就直接借来阅读，尔后将它通读了几遍，并将其意义说给友人听，实在很高兴。"（《爱比克泰德氏》，参见 K6·313）

"演说并非空论、空议,而是确切的实学",这种感动,是大大地改变了清泽叙述方式的契机。也就是说,清泽在熟读爱比克泰德的语录后,逐渐吸取了爱比克泰德的论述方式。借此,清泽不再以"如来"为对象加以论述,而是在自己的事实之中讲述"如来"。

另一件重要的事是,清泽将爱比克泰德的"如意与不如意"之区别的思想对照到《论语》的话,如此感悟道:"我想这是想要体达生死有命富贵在天之真意的想法。"(参见寄给草间的书信,K9·176)此处《论语》的话,随同"如来是此天与命的根本本体"这一表现,被引用在其绝笔文章《我是如此相信如来(我的信念)》的结论处。

五、"精神主义"的叙述

清泽自37岁,即明治三十三年(1900)1月起,和晓乌敏等弟子在浩浩洞开始共同生活,并发行杂志《精神界》。《精神界》排除充满教义色彩的佛教专门用语,以讲述佛教精神为目的。招来的结果是对清泽的信念是否以净土真宗的传统为基础的疑问与责难。

此外,清泽借由《精神界》的杂志名称,将自己的宗教立场命为"精神主义",此"主义"的表现亦招来误解。或许对清泽来说,"主义"意味着行动目标或方针标语的"motto"(座右铭),而不是意味着主义、主张的"ism"。然而,通过"主义"的名称却产生了佛教被翻译成 buddhism 所产生的相同误解。

也因此,清泽不断地强调精神主义既非学说,亦非学问的理论,更不是哲学上的原理。清泽的"精神主义"叙述之性格,在以下的引文中可明确地窥见一斑:

> 佛在何处?具有何种形相?这无法从客观上来得知。然而,我相信作为心灵上的事实救济我的佛,俨然存在。无论谁拿任何理论来责难我,我也不会动摇此信仰。①

对他而言,《精神主义》中的叙述是心灵上的事实之叙述,不是说明

---

① [日]原子广宣:《清泽先生言行录》第2集,载福岛宽隆等编《资料清泽满之(资料篇)》,京都同朋舍1990年版,第430页。

或论证。"谈论不可谈论者",其论述并非对象逻辑的论述,而是作为自身事实的论述。

清泽在《精神界》创刊号的论文《精神主义》以"吾人在世,必须要有一个完全的立足点"这一观点开始,接着表示获得该立足点的根据是"除倚靠绝对无限者外别无他法",并如此主张:"我将获得此立足点的精神发达之路称为精神主义。"(K6·3)此处所谓"完全的立足点"是指"真宗","绝对无限者"是指阿弥陀如来,"精神发达之路"则是指"往生"或"现生不退"。然而,这不是单纯地将净土真宗的概念以简易的方式来进行置换的工作。从"吾人"这个第一人称开始,清泽排除专门术语,试图以普遍、严密的方式,来谈论自己活在他力门的心灵事实。

清泽的他力门叙述之终点,是其人生最后的三篇文章:《他力救济》《宗教道德(俗谛)与普通道德的交涉》《我是如此相信如来(我的信念)》。(笔者有幸得见此三篇文章的真迹,无须担心因他人的改变,遇见清泽的活说法。)

关于最后两篇文章,清泽在寄给晓乌敏的书信中,分别对应在俗谛义与真谛义。① 这可以说是清泽赌上一生致力阐明的安心与修德、安心立命、信仰与修养等最终成果。

"他力救济" { 《宗教道德(俗谛)与普通道德的交涉》俗谛义
　　　　　　　　释迦(立命、修养)
　　　　　　《我是如此相信如来(我的信念)》真谛义
　　　　　　　　弥陀(安心、信心)

在《宗教道德(俗谛)与普通道德的交涉》里,"如来"的表现并没有出现,但有一段话是这样的:"针对彼之俗谛义,笔者多少抓住了学究的根据……大抵将在通常所谓三毒段里的'宜各勤精神努力自求之'云云

---

① 在(1903 年)6 月 1 日写给晓乌敏的书信中,清泽如此写道:"原稿在三十日晚上寄出我想你应该收到了。也没有什么特别的地方,就是述说了自己的实际感觉。我就是想针对上一号的俗谛义讲述真谛义而已。"(参见 K9·305)

与'努力勤修善精进愿度世'云云这两个文句视为核心。"①《佛说无量寿经》的这两段文句,是来自释尊悲悯、教化浊世的人们这一段(显通悲化段)的引用。从这里我们可以知道,清泽在释尊悲悯、教化的工作中,找到宗教道德的根源。也就是说,清泽认为,真宗的俗谛便是在谈论带着始终无法进行道德实践的悲哀和如来相遇的教义。

最后,笔者想考察一下被清泽定位为真谛义的《我是如此相信如来(我的信念)》这篇文章。此文以"我经常把信念或如来挂在口上,但我的信念究竟是什么?我相信的如来又是什么?我想谈谈这个"这句话开始,以"我将我生死大事寄托在此如来,一点也没有感到不安或不平。有'生死有命,富贵在天'这么一句话,我所相信的如来,便是此天与命的根本本体"这句话结束。(参见 K6·330 – 336)

表面上清泽此文好像在谈论"我的信念是什么",事实上,这个信念是在谈论倚靠如来的无限力量。如前人所注意的,此文出现 71 次"我",强调的是"在于我"的立场。前人将这个"我"模拟于"我闻如是"(《大无量寿经》)、"世尊我一心归命尽十方无碍光如来愿生安乐国"的"我"。也就是说,清泽将在传统里表示相信如来的主体的"我"表现为"我"。

在此文结语处,是清泽向日本近代诉说的最后一段话。清泽将如来表现为"我所相信的如来",进一步引用由爱比克泰德所教导的处世座右铭"生死有命,富贵在天",明确表示此天与命的根本本体才是如来。②

清泽的"精神主义"叙述,表面上不用专门术语来谈论佛教,本质上却是被如来所呼唤的自己这一实存深处的叙述。此便是清泽到达的他力门叙述方式。此种叙述被他以"我是如此相信如来"的表现象征出来。

然而,我们不能忘记清泽到达的他力门叙述,亦即"精神主义"的叙述,存在着理解普遍人类存在的深度。这是他通过"哲学骸骨"的开展进行彻底思索,并将狭隘的宗教夹杂物(历史或心理)彻底剔除的结果。如果我们忽略了此种普遍深度的话,那种"在于我"的主体性叙述将变成

---

① 《宗教道德(俗谛)与普通道德的交涉》是回应从道德面对《精神界》的叙述进行论难的文章。该批判如下:①不仅没有尊重道德,而且还破坏它;②真宗的真俗二谛中的"俗谛,完全是人伦道德的教义,然而……有只倡导真谛的偏颇之失","不仅如此真宗对国家社会可说已失去其效益"。(参见 K6·148)

② 顺带一提,此"根本本体"的表现,在此论文只出现 3 次。

"我"这种主观性叙述,情绪性叙述、拟人化的表现也将成为实体,他力人格的叙述也会变成恩宠的叙述。在这层意思上,笔者认为我们能接触到未被公开于世的《在床忏悔录》《他力门哲学骸骨试稿》等思想,以及《病床杂志》《徒然杂志》《腊扇记》这些日记阐述清泽在苦难中提出新叙述的奋斗轨迹,在向日本近代的清泽思想学习的过程中,是具有重要意义的。

六、结论

佛教在近代日本,被迫处在政府神佛分离令下的废佛毁释、开国政策下的基督教发展等危机状况之中。很多佛教者都苦心于如何将佛教近代化,为如何适应近代日本而奔走。这种佛教近代化的动向,可分成复古主义与进步主义、抵抗国家与追随国家的类型。然而,我们很难将清泽的思想和活动收纳在这个框架里。表面看来,清泽亦采用最新的西方哲学,向西方学习教团与学问的制度,在此意义上,可说处于佛教近代化的大潮流里。因此,我们也可认为他有将佛教近代化的意思。但从严格的意义上来说,清泽并非想将佛教近代化(使它成为近代化产物或合理化产物)。应该说,清泽发现了近代的局限与苛刻、残酷,在置身于近代这一巨大体系之中,讲述他力门并得到一个确信,那便是打造能彼此谈论他力门的小型共同体,才是他力门佛教在近代日本中所应背负的责任。

清泽的叙述区分社会与宗教、文化与宗教、伦理与宗教。表面看来,这似乎在为宗教确保特别的领域。然而,确保的不是社会或思想的平面领域,而是潜于人类实存深处的领域。无论社会、文化还是伦理,从此处被重新照耀出来的领域,才是清泽通过他力门的叙述想要确保的领域。

在近代日本苛刻、残酷的资本主义、进步主义、竞争主义、合理宗义、数字化主义、积极主义、现世主义的潮流里,宗教是一种鸦片、依存、亡国、神话、消极的象征。逃避现实的净土教能够生存的道路是否会出现在未来呢?这显示出形势极为险峻。笔者认为,清泽的他力门叙述或许能带领我们重新思考净土教对人类而言究竟是什么的问题。

"他力门中的他力门"这种叙述,是以空间的形式谈论被如来摄取不舍的自己,因而可说是一种现在安住的救济形态(但他力门中的自力门之叙述,是一种未来形态,采取的是临终救赎救的形式)。前者并非所谓对象逻辑的叙述,而是在如来之中的叙述、在自身经验之中表现如来功德的叙述。若借安田理深的表现来说，那是一种"如来内存在"以实存方式论述活于此人世之意义的叙述。

笔者已从清泽感得"Nyorai"（如来）（《愿生偈》）那年开始，到其文章《我是如此相信如来（我的信念）》为止，探讨了他的他力门叙述。我们可以说，宗教叙述会失去唤起人活生生的宗教关心之力量，是因为该叙述已经失去"如来"的作用。在此引用清泽最后一年的日记最终处的一句话来结束此文。

我等大迷在于不知如来。……

成为如来的奴隶吧！勿成为其他东西的奴隶。[明治三十六年（1903）日记，K8·453-454]

第三部分

西方哲学在东亚

现象学与东方哲学：
日本的"间"(awai)概念

谷 彻[①]

一、前言：存在与"间"

众所周知，日本知识分子，比如像和辻哲郎（Watsuji Tetsuro, 1889—1960）、木村敏（Kimura Bin, 1931— ）、坂部惠（Sakabe Megumi, 1936—2009）皆对"间"（aida。译者按：awai 与 aida 均为"间"的训读，前者更古老）概念有所分析与发展。此三人也对西方的实体概念有所批判。

作为现象学家，理所当然地会对显露或出现这种现象感兴趣，也会对海德格尔这段著名的话非常熟悉："对古希腊思想家的思维来说，存在与假象既统一又对立，这在根源上是强而有力的事实。"[②] 他接着具体地说道："俄狄浦斯在一开始是国家的拯救者和统治者，是集聚名声及神的恩宠之光于一身的人，这是从假象被投射出来的。此假象不是俄狄浦斯对自己的单纯主观看法，而是其此在所出现的场所，这个假象最后却落脚到其存在是杀父、奸母者这个形象。"[③]

如上所示，一方面存在被掌握为显现的对比，那便是两者处于彼此对立的状况。与此同时，前者并没有脱离后者。两者处于一个统一，那是因

---

① 立命馆大学教授。

② "Für das Denken der frühen griechischen Denker waren Einheit und Widerstreit von Sein und Schein ursprünglich mächtig." (Martin Heidegger, *Gesamtausgabe* 40, Frankfurt a. M., 1983, p. 113f)

③ "Oedipus, zu Anfang der Retter und Herr des Staates, im Glanz des Ruhmens und der Gnade der Götter, wird aus diesem Schein, der keine bloβ subjektive Ansicht des Oedipus von sich selbst ist, sondern das, worin das Erscheinen seines Daseins geschieht, herausgeschleudert, bis die Unverborgenheit seines Seins als des Mörders des Vaters und des Schänders der Mutter geschehen ist." (Martin Heidegger, *Gesamtausgabe* 40, Frankfurt a. M., 1983, p. 114).

为俄狄浦斯作为杀父者（或奸母者）这个存在是真实、无隐藏的，而且是一种显现。其并不是一个没有显现或独立于显现的存在，而是一个被显现所统一的存在，而此显现是一种被平反或无隐藏的状态。再者，甚至是最初的国家拯救者之存在（其光明的存在状态），仍旧是被其自身的显露所统一。然而，当其杀父者之存在出现时，却和其最初的存在之显现（国家拯救者）产生了冲突。这个最初的"存在/显现"被新的"存在/显现"打败后，失去了其力量。它最终变成了一个单纯的显露（虽然这是一个其存在最早出现的显露）。存在与显现两者都是一种动态、一种力量。它们都处在力量关系或力量场域之中。两者的统一与对立之产生，皆是因为它们的力量，也因此而更加强而有力。

存在与显现的统一（或一致）和真实有关，就像两者的对立（或差异）和非真实有关一样。但无论哪一个被固定，都会失去其力量。它可以是一个单纯的真实或单纯的谬误，但却不会拥有显现的原初力量。存在与显露之间的差异，亦会关系到像存在与变化之间的差异。在此脉络里，西方哲学是一种追求真实的爱智之学，其视存在比显现更加重要。

除了上述内容之外，希腊人亦对何谓"东西自身"以及何谓"附带的"进行了区分。前者被认为是更重要的，而后者则依赖于前者。因此，最重要的是"存在本身"。

众所皆知，名词性的存在和在动态中的存在有所不同。古希腊哲学家亦承认这种差异，但在历史的长河里，动态这个面向却被世人所遗忘，而这个被固定化的"在它自身中的实体"（substance in itself，亦即名词性的存在）则变成了研究的唯一焦点。

我们这些东亚地区的现象学者们，拥有各自的传统现象概念。我们也知道实体概念在西方的历史里，扮演了一个非常重要的角色，而且也影响了东方人的思维。但对处理显现的力量以及急切地想要重新唤起并将它现实化的现象学者而言，存在概念作为一个实体，将不会是一个令人满意的结果。

与上述背景相反，"间"概念的到来，关系到一种对西方实体思维的批判。在这篇文章里，我尝试在语源及现象上阐明这个"间"概念。在此为何需要语源学呢？我相信语言具有让事物"出现"的作用，而此作用正因为这个理由，可以说是非常现象学式的。简言之，某物虽然会和语言一起出现，但并不是因为语言让某物出现，而是因为语言本身便是一种"出现"的"表现"。借由一种语源学式的考察来重新唤起和再活性化语言,我们可以让一些事物重新出现,亦即所谓温故知新。有很多例子都和"间"这个字有关。东亚地区虽然有很长一段时间分享了相同的汉字,然而我们所使用的词汇和语言是相当不同的。今日我将聚焦在由坂部惠所使用且牵涉到 awai 的日本之"间"概念。此外,我还要将这些概念关联到其他语言的相同意义之词汇上。

然而,为达成上述目的,有必要走一点迂回路来解释这个关系。首先,我将论证日语中存在这个字和概念以及其自身和"间"的关系,接着将焦点转到中文和英文的某些面向上。通过这些迂回的道路,我希望能厘清 awai(间)这个概念。

二、日语中的存在

为了阐明存在与显现的动态关系,海德格尔诉诸德语单词的力量。他提出了一个详细的德语单词 sein 之语源学说明,并指出了在 sein 当中(比如在 bin 和 bist 的形态中)能够找到印欧语词根 bheu-的足迹。同样的例子,在英文字 being(比如 being, be, been 等)以及法文字 être(如 fût 等),亦能看到。原本意味着发生或产生的希腊文字 physis,亦是从同样的根源被打造出来的。海德格尔进一步将 bheu-联结到 pha-,而 pha-和光(light)甚至和出现(appearing)有关。① 通过这种议论,他提出了一种存在与显现之间不可分离且非常重要的关系。他同时主张字根 wes-亦变成德语动词 sein 的一部分。这个根源意味着残存(remain)、留下(stay)等,因而也和时间(time)及暂时性(temporality)有关。② 虽然海德格尔指出语源学的字典本身是不完整的,特别是关于思考。然而,海德格尔的这种想法若没有其主要用语的语源学关系,是更加贫乏的。

接着,让我们检讨和存在有关的日文字。在此首先需要一个简短的叙述。古代日语,也就是在日本引进汉字和汉字典籍之前的日本文字,是具有多义性的文字。或者应该说,这些字的意思所涵盖的范围,比现代我们所使用的语言更加广泛,例如一个古代日本字通常能对应到多数的汉字。

日文字 ari(あり:有或在之意),今日听起来似乎已经不再流行,但

---

① bauen、wohnen 等词都是从相同的词源而来的。
② 这与他对 Wesen / wesen, Anwesenheit 等词的解释有关。

此字到现在仍然被使用。其可被视为等同于存在（being）。但是它的意思亦非常地接近出现（appearing）。ari（あり）的根源是 aru（ある），此字意味着发生（occurring）、萌出（springing out）、出生（being born）、出现（appearing）以及清楚和变得更明确（explicit and becoming actual）等。例如，ari-ari（ありあり）这种表现显然和 ari（being：存在）有关。此表现在今日，仍然被使用在一般生活上，意味着"活生生地"或"好像它确实就在那里"。

aru（ある）这个字更进一步和 ara（あら：粗、荒之意）这个字有关。其有不精致的（not refined）、野生的（wild）、粗糙的（harsh）、粗暴的（violent）意思，另一方面也有新（new）的意思。这是极为有趣的，因为我们可以从海德格尔对斗争（冲突、矛盾、对立）的解释看到类似的关系。矛盾对立或许暗含着一些粗糙、粗暴的意思。但是这个斗争亦孕育了所有的东西，并也会产生"新的"事物。[斗争不仅关联到自然（physis），亦与逻各斯（logos）有关，根据海德格尔，这也就是"聚集"或者是"收集"的意思。对日本人来说，"聚集"这样的关系必须要有更进一步的思考。]①

接着让我们的关注转到时间性关系这个面向上。当某物同时出现又不会消失而且一直保持出现的状态时，我们会说 ari（あり：它是存在的）。在这个意义上，ari（being、あり、存在）暗含着一时的持续出现状态（aru、ある、出现）。它是关系到时间或时间性的。确切而言，ari 和 aru 并不是两相对立的。与此相关，ari 还有两个功能。

（1）它提供强调的功能，而此功能或许和一时的持续出现状态有所关联，也就是 aru。时间是无法从无常（transience）分离出来的，因为每件事物都是在其出现后便会消亡。相对于这种背景，持续本身是一个出现的强度或力量之标志。同样地，ari 这个字带有强调持续出现状态的功能。

---

① aru 也和 araku（あらる、散：scatter）有关，其也与"聚集"相反。然而在日语中很难找到一个与 logos 相似的字。Musubu（むすぶ、結：connect），与 musu（むす、生、産：spring out or engender）相关，或许可以说与 gather 有相似的功能。但是 musubu 与 ari 没有任何语源上的关联。日本民俗学研究者折口信夫（Orikuchi Shinobu, 1887—1953）对日本的本体论有所解释。他参照 naru（なる）这个字。这与汉字"生"在一定程度上是可以对应的。这或许与 aru 有关，aru 也和"生"大体上可以相呼应。在广义下，两者都和"变成"（becoming）有关。但是，naru 并不是指"聚集"（gather）。

通过这个字的使用所带出的强调功能本身是一个"符号",而此符号代表着一个"主题化"或者是一个"让某物出现"的动作。ari 这个字和某个"显著的"东西有相互的关系。

我们可以进一步对人类用语言来保证这件事进行解释。人类本身在时间上是有限的,因而必须借由使用语言的"标记力量"不断地"鼓励"与"更新、延长、持续"(消极)存在。人类无法战胜存在,但其可以借由使用语言的强调功能,来让存在更有活力。①

(2) ari 亦有系词(copula)的功能,因为其能被用于联结一个主语及其谓语,就像"是……"(例如,"是一个杀手")。让我们把焦点限缩到欧洲和日本对存在这个词的思考,这个面向看起来似乎很琐碎。无论如何,就像埃米尔·本维尼斯特(Émile Benveniste,1902—1976)所指出的,有的语言中没有像系词一样的动词,有的语言中用于表现此在(Dasein)的动词和用于表现如在(Sosein)的动词是不一样的,再者,有的语言中有很多表达存在的动词。笔者很快会讨论中文的例子,但是现在笔者想指出的是,系词似乎让我们觉得主语和谓语之间的关系是不可变动的、永恒的,ari(和 aru)作为一个系词,也蕴含了假象的行动或运动。按照柏拉图的理型,ari 蕴含了"即将到来的如在"而不是"永恒的如在"。ari 作为系词,强调的是假象、暂时的连续,但是连续在柏拉图的意义上,并不能达到永恒。对此在和如在来说,ari 是动态的,是动词,也像是一个过程,而不是静态的。

三、汉语中的存在

从公元 5 世纪汉语典籍传入日本以来,日语一直受到中文强烈的影响。ari 这个字在某种程度上,可以说是两个中文字的结合,"存在"(中文发音为 cúnzài,而日文发音为 sonzai)。这两个字都是从"才"(cái／sai)这个字衍生出来的,虽然这个面向现在几乎都被遗忘了。按照语源学,这个字是源自一棵树以及一根棒子,这根棒子标记了一个令人感到畏惧的地方。"标记"是一种让某物出现的方式。一个被标记的东西,以它被标记的那个样子出现,可以被称作"存在":它"是"。"存在"这两个

---

① 笔者认为汉字的"文"和此工作有很深的关联。根据语源学上的解释,"文"原本是来自一个"有记号的"人的身体的外形,并且本来有鼓励延续或者巩固人类生命的功能。

字本身，说明了标记的功能。

理论上，我们可以、也应该区别这个功能的三个要素：第一，有东西被标记；第二，有东西没有被标记，这要与那被标记出现的东西相对照；第三，标记所发生在的某物或某地。第三个要素可以称为"存在的超越视域"（transcendental horizon of being），它既不是存在，也不是非存在：它是拓扑（topos：场所）。在任何情况下，汉字的形式，比起指出存在之行动，更能清楚地指出存在之所在。

"存"这个字包含了一个婴儿或孩子。一个新生儿是非常脆弱的，但是他应该"活着"和"是"。他的灵魂、生命、存在，通过"存"的实现或表达，变得更加茁壮，也更加强大。这个仪式发生在"才"所标记的场域中。可以说，"存"也意味着"生命"（life）。然而，生命只是一个暂时的存在，或者说是一个暂时被限制住的存在。"存亡"这个词——生和死——表明了这个面向的意义。"在"指涉到空间的存在，或者"被限定在某个空间的"存在，我们可以从"在家"这个词来理解，"在家"意指"存在—在—家"。它并不是指"在—所有地方"，就像"不在"，并不是指"在—没有地方"，而是指"不—存在—在——个—特定的—地方"。

同样地，"存在"这个词指涉暂时的、空间上的存在，特别与人类相关。但我想强调的是，标记的另一个附加功能，亦即"让东西出现"的这个功能。在这个意义上，中文里与being相对应的词——"存在"，也与假象有概念上的关联，但这样的关联并不是一个语源学上的关联。

汉字的"有"也可以对应到being，与"有"相对的是"无"。"有"最原初的意义在佛教进入中国以后有了改变，我想，关于这个变化需要更多仔细的研究。无论如何，在中文里，"有"同时意指拥有（having）以及存在（being），这与西方传统不同，西方语言里存在和拥有是有区别的。然而，语言学家本维尼斯特认为，这种区别既不清楚，也不普遍。例如，在欧洲语言里，法语就有c'est à moi（它属于我）这样的表达，这里用到了être（也就是这句话中的，est）去表明拥有。这蕴含着什么呢？从语源学上来说，"有"这个字包含了"月"，也就是"肉"。而"闲"这个字，最初的形式是"间"（閒）——之间，这个字也包含了"月"＝"肉"。那么，"拥有"（having）和"肉"（flesh）之间有何种关系呢？我

第三部分 西方哲学在东亚

觉得这是一个很有趣的问题，可惜我还没能处理。①

无论如何，中文里没有像 ari 一样的词，可以作为系词去表达 being。香港现象学研究者关子尹，指出古代中国中的"者"与当代中文中的"是"和"也"，都是系词。这些字与"存在"都没有语源学上的关联。它们彼此完全没有关系。

四、utsushi（うつし）这个概念

utsushi（うつし）是另外一个古代日语的概念和文字。这个字尚未被西方哲学充分发掘。但我认为这个字可以为我们开启一个新的思维向度。我在此要从笛卡尔的实体概念开始，接着阐明 utsushi 和实体这两个概念的不同。

现象学家都知道胡塞尔区别了 noesis 和 noema。这两者跟笛卡尔的 res cogitans 和 res extensa 不同，这两者不是两个实体。noema 从"客体通过其沉思被想到"这个意义上来说是客观的，noesis 就是"行动"的名字——在该行动中，出现了客观的东西。noesis 因而就是出现的行动，也是某种主观的东西——相对于 noema 是客观的东西。尽管这两者是不同的，但它们也是不可分割的。意向对象的东西（something noematic）出现在意向行为（noetic act）中。从"逻辑上"来说，这也就是"名词性的"（nominal）东西和"动词性的"（verbal）东西之间的关系。用德文来说就是 das Escheinende erscheint（某出现的东西出现）。这个表述不是同义反复，它清楚表明了名词性的和动词性的之间的关系。把这个表述应用到存在，就可以扩展为 das Seiende ist（某物是，是：something that is, is）。尽管我们常常忘记 being 的动词性质，这个表述依然成立，它显示了 neing 既是动词性的，也是名词性的。另一方面，存在（being）和出现（appearing）尽管都是动词性的，它们并不等同。按照海德格尔的说法，存在可以和出现处于统一状态，也可以和出现处于对立状态。

胡塞尔认为笛卡尔的 cogito 是一个行动。cogito 包含了"看""听"

---

① 日本语源学家白川静（Shirakawa Shizuka, 1910—2006）认为，"有"是"又"（右手）和"月＝肉"的结合。它意指"献上一块肉，这块肉被放在右手上"。根据这个解释，这个字与对他人的"给予"（giving）有关。我的问题是，"有"（having, taking）和"给"（giving）如何相关呢？并且存在的意义是从哪里来的呢？

"想"等动作，可以说它是一种出现。笛卡尔宣称的"je pense, donc je suis"（我思，所以我是）在这个脉络下意味着"我出现，所以我是"。在这个宣称里，出现（pense）和存在（being, suis）是统一的。笛卡尔标志了西方哲学史的终结——西方哲学史是从出现和存在两者之间既统一又对立的强大张力开始的。在笛卡尔之后，统一占了支配的地位，而对立就此没落。

"我"的地位在这里成了一个很重要的问题。"我"有两个角色，一个是某个出现的东西、某个"是什么"的东西，另一个是此统一所发生的特殊场所。虽然后者的角色比较重要，但笛卡尔埋没了后者的角色，或者更恰当地说，笛卡尔所说的"我"，原本就是会自我遗忘的——我是这样相信的。他的宣称不仅表达了真理，也必须被看作一种要求——要求"回想起""我"。这个"我"是非常"特殊的"。如果这个"我"和笛卡尔自身一样，都是一个个人存在的话，那么此宣称便意味着"笛卡尔思考，所以笛卡尔是"，并且只对笛卡尔来说是有效的。另外，如果这个"我"和一般所有的"我"是同义的话，那么此宣称便意味着"所有的我思考，所以所有的我是"。事实上，这个宣称只对实行"回想"或"反省"的"这个我"（ce moi）是有效的。而"这个我"唯有通过这种反省才得以出现，并且它无法用一个名词表示出来。"这个我"不是名词性的。没有什么恰当的"词类"可以表示它。其唯有通过一个像索引般的代名词，才得以被表示出来。然而笛卡尔"忘了"这件事，并以"精神""灵魂"或"思考的东西、实体"（res cogitans）这些名词来替代"这个我"。这些都是实体的名字，并且独立于其他实体。它们脱离了它们自身，并处在任何关系之外。

我打算从另一个面向来思考，亦即"这个我并不是一个实体"这个面向开始。"这个我"不出现在其本身之中，也不是在其本身之中。它只在将自身转换成其他东西时才出现。任何不把自身转换成其他东西的东西都不会出现。举例来说，忧郁的感觉不会出现在"我"里面——至少不是立即地。它一开始出现在外面、在风景里、在周遭世界里——它借着在那些地方转化自身而出现在外面。在忧郁的风景里，"我"感受到了"我"的忧郁。人类的自我理解并不立即在内部产生，而是一开始是在外部产生，在人类行为的地方产生，也就是在周遭世界中产生——借着在那些地方转化它自己而产生。"我"是从外在世界了解"我"是谁。一个没有外在、没有世界、没有他者的"我",不能理解其自身。唯有通过他者或在外面转化自身,"这个我"才会了解其自身。"转化"(transferring)也可以被称作"映照"(mirroring),一般被称作"媒介"(mediating)。

utsushi(移、映、写、现、显)是一个古代日本字。其原本的意思是过渡(transition)、转变(transfer)、投射(projection)、照射(mirroring)、反省(reflection)。它关联到媒介的行动或运动。媒介的行动或运动发生的场所(topos),是在之间,或者 awai。"我"是在 awai 之中第一次"遇到"自己(之后"我"或许又会回到反省"我"自己,但是那个"反省"是另外一种 utsushi)。若要达到"回想"或者"反省",把"我"视作一个拓扑(场所)是很重要的起点,但是仅把"我"视为是一个在"我"本身中的拓扑是不够的。"我"必须是可以容纳"之间"(betweenness)或 awai 的真实场所。

"之间"并不是两个实体之间(内部和外部之间)未被占据的空间。所谓的"内部"和"外部",起初是在"之间"中被组成,并且是通过互相媒介的行动或运动组成。"之间"处在内部和外部"之前"。"之间"可以说是让内部和外部成为可能的某个东西,或说是某处。在这个意义上,它可以说是超越的(trascendental)。

utsushi 的范围很广泛。在这里我只想举一个例子。utsushi 并不限于"真实的"经验。它也可以用在灵界。坂部以古代日本的天皇概念为例,解释了这一点。在古代,人们认为天皇是神在地上的臣子(utsushi-omi:现臣,或者 mirroring vassal)。他并不是当代意义上的主权者,也不是一个自由的统治者。他被当作神对地上一切事物的意念的"媒介者"。"媒介"这个概念可以扩展到所有人类。事实上,"utsushi"这个概念关联到人类的每一个要素。

"媒介"这个概念需要更多仔细的讨论。在此,笔者要介绍日本另外一位现象学家——新田义弘给大家。在此,笔者将把焦点放在 awai 的问题上。

五、awai(间)的可能性

坂部惠用了好几个日文字去解释间概念,aida 和 awai 就是其中两个字。① 坂部比较喜欢后者，因为后者的发音比较具有诗意，也比较古老。坂部解释这个概念如下："awai 这个字的日常意义在德文中是 Zwischenraum（空隙）。然而它不是静态的或停滞的间。awai 是动词 au（あう：遇到）的名词化，就像 katarai（かたらい：对话）是从 katari（かたり：说）变形而来，hakarai（はからい：谨慎、考虑周到）是从 hakari（はかり：测量、计划、推测）变形而来一样。因此，从意义上来看，awai 是动态的，而不是静态的，它从一开始的语感就是动词性的、谓词的。在我看来，这与西田几多郎所说的 basho（场所、拓扑）是一样的，basho 也是动态的和谓词的。如果要用欧洲的语言来表达 awai 的话，在德文里我会用 Zwischenheit-Begegnung，英文的话，我会用 Betweenness-Encounter，而法文的话我会用 entreté-rencontre。以上，我试着传达日语中的 awai 的语感。②

为什么说 awai 是动态的和动词性（而不是名词性）的呢？awai 是从动词 au 而来，au 具有很广泛的意义：像是"会、逢、遇、媾"（encounter）、"合"（fit or coincide），"闘·鬭"（conflict），"相"（mutual act），以及"敢·堪"③（dare to…）。所有这些意思，至少在概念上提供了"两者"（two）之间的动态关系。英文中的 between 根源于印欧语系中的 dwo-，这个字根也有"二"（two）的意义，并且蕴含了相似的动态关系。我相信"两者"（two）之间的关系，本质上是动态的。与此相对照，英文中的 betweenness 并不是从动词而来。它是从介系词 between 这个字延伸出来的新词。日语中的 awai 则是从 au（遇到）这个动词而来，它反而更能精准地去表达一种动态关系。awai 是行动，也是转换（transferring）、映照（mirroring）、遇到（encountering）这些行动或运动发生的场所（topos）。它是一个"行动—场所"（act-topos）。

awai 和 aida 与中文的"间"（原本是"閒"）相对应。这个字是"门"和"月＝肉"的结合。"肉"和"之间"这两个概念之间，似乎存

---

① 坂部也用了 hazama（日语：狭間）这个词。
② Megumi Sakabe, *Sakabe-Megumi-shu* Vol. 3, Tokyo, 2007, p. 308.
③ 白川认为，"敢"（au）和"堪"（au）有相同的根源。我认为这些字也蕴含了与 two 的关系，因为它们表明了代理人对一个问题或处境的态度或行动。

在一道鸿沟。关于两者的关联是如何发展，有很多理论已对此有所探讨。①

和辻哲郎是日本最早把间（间柄：aidagara）概念关联到存在概念来谈的哲学家之一。我们已经讨论了中文的"存在"这个词所蕴含的意义，它表示了时间和空间的存在——特别与人类有关。和辻一开始就把存在的空间与时间面向相对照来讨论，其中时间面向在西方哲学中已经有所研究。至于在空间的面向方面，和辻认为，尽管在西方哲学传统中已经可以找到一些与这个问题相关的重要洞见，空间的面向仍然没有被充分地探讨。除了上述这一点之外，和辻也强调存在与人类之间的紧密关系。

和辻在他的著作《风土》中，阐释了他的第一个焦点：对空间性的关心，其中的解释是他对这个概念最重要的表述之一。人类不是一个实体。他/她只可以在与他/她有关的环境中被理解，这里的"环境"用和辻的话来说，就是"风土"。他认为，既然人类受限于时间，理所当然也受限于空间。和辻把人类的空间限制分为几个类型：欧洲类型、沙漠类型，以此类推。然而，他并不是用自然科学的框架去区分各种环境。环境与人类是不可分割的。和辻所说的环境并不是在其自身之中的环境。它是每一个人类生活在其中的世界。这个环境的世界（风土）和人类，处在"之间"的关系中。只有在"之间"当中，所有的一切（不只有环境世界，也包括人类）才会"出现"（appear）并且"是"（is）。人类作为媒介影响（mediate）了环境世界的出现和存在，也作为媒介影响了其自身的出现和存在。

第二，和辻认为，说到存在，最重要的就是人类存在（日语：人间存在）。人类不只是个体的，也是社群的。个体和社群是不可分开的，即使两者是对立的。没有社群的个体，是一个抽象的实体化东西，而没有个体的社群是不可能成立的。我们在思考这个关系时，一定要很小心，因为和辻把它想作两面的关系。和辻把它想作个体和社群之间的关系，也是人类之间的关系。严格说来，这两个关系是不能等同的。然而，和辻借由辩证的动态去分析前者（个体），并用他所谓的"间柄"（aidagara）——一种互补的关系去思考后者（社群）。今天我要把焦点放在第二个面向。

---

① 白川指出，"门+外"这个字有另外一个古老的形式。而"外"是从"月"和"卜"而来。"月＝肉"是用在吉兆或占卜仪式中。我们可以把肉"献给"（give）上帝，以"获得"（take 或者 receive）我们对某个问题或要求的答案。

一个人的"是……和……",是每次都在这个之间中,依赖与他者的关系而被决定(或出现):是一个父亲(与孩子相关),是一个教授(与学生相关),以此类推。这也可以应用到所有的他者上。像这样,一个人的"是……和……"是通过和他者的交互转换、映照,或者通过一种相互的媒介而得以可能。我们不可以预设在"出现"(appearance)的后方有一个不变的"实体"可以说"在它自身之中"(in itself)。即使每一个"是……和……"(例如,是一个教授)是可变的,也是偶然发生的出现——可以说是一个"面具"——也没有一个不变的、实体的"人"(person)可以对应到一个"在其本身之中的存在"(being-that in itself)。即使所有那样的"面具"都可以被撕开,其后也没有任何东西。"人"不可能与面具(或者角色:persona)分开。所谓的"人"总是出现在与他者的相互转换和映照的关系中,也永远是如此。

两者之间相互转换和映照的行动或运动,被称作"utsushi-au"(うつしあう)。如同以上所说的,au 也意味着"相互的行动"(相)。同样地,在这个意义上,日语中与 au 相关的 awai 可以说比英文中的 betweenness 更能恰当地解释相互转换的运动。

更进一步地,我们可以看到 utsushi-ai(うつしあい)其实有一个起源上的结构。坂部用日语的人称代名词解释这一点。古日语中的第一人称是 a(あ)或者 are(あれ),第二人称是 na(な)或 nare(なれ)。然而,有另一组字——o(お)和 ore(おれ)——可以用于第一和第二人称。坂部认为这些都是"主要的人"(archi-person)的痕迹。自然地,这个"主要的人"不是一个作为实体的人,而是一个行动或运动,也就是我们所了解的所有"人"的构成得以可能的条件。所谓的"人",就是在这个主要的人的面向中,通过交互转化和映照的行为或运动而出现。

o 是一个非常多产的字母。从 o 可以引伸出 onore(おのれ):意指"自我"(self),也可以引伸出 onozu-kara(おのずから)或者 onozu-to(おのずと),意指"它本身的"(of itself)这两个字。这两个词在日文中都是用汉字的"自"来表示。这使得它与东亚的"自然"概念有了附加的联结。而这又再一次地回到了动词的地位和动词的代理人或者主体的地位问题。交互转换和映照的动词性的行动或运动——它的根源是 o,没有代理人，没有主词。它发生"它本身的"（of itself）。① 对于那些"它本身的"发生和出现的东西，我们把它叫作"自然"（nature or physis）。这个发生或出现被"自我"接管，"自我"也发生和出现在同一个行动或运动中。（关于这一方面的物力论，木村敏比坂部惠的解释更加系统化。）②

"它本身的"（onozu-kara：おのずから）和"自我"（onore：おのれ）形成了一个动态的连续。前者促使我们在动词的功能方面，去重新思考与"主动语态"和"被动语态"相对照的"中动语态"。而后者则让我们重新思考了西方意义上的"代理人"概念或者"主体"概念。③ 这项分析对发生现象学来说是很重要的，尽管今日我无法去发展这个概念，我相信它可以带领我们去重新思考动词性词和名词性词的关系。

现在，这两个间概念的面向——人类之间以及人类存在和他/她的环境世界（风土）之间——应该被统一。虽然坂部相信和辻并没有完全地完成这个统合。事实上，这两的面向是不能分割的。若站在统一的立场，我们不仅能看到每个构成要素是如何更强而有力地转化及映照其自身到其他要素，还能看到每个存在（ari）在一种 ari-ari 的方式——扩大彼此关系的行动或运动——之中，是如何以更多的现实和活力来显现其自身。我们——活在关系之间的人类存在——从事及参与在这种显现的行动或运动之中。我们是我们自身显现的媒介者。若是如此思考的话，或许能让结束于笛卡尔的西方哲学史再生。

六、没有封闭的文字

存在的这个面向，至今仍未在西方传统中被充分地主题化，它借着和辻和坂部的讨论而"出现"。我也相信和辻的解释是深受中国文学作品和中国文化的影响。举例来说，古代日语 ari（あり）并没有蕴含空间性的意义。和辻会如此强调存在的空间性面向，我想可能是受到中文的"存

---

① Rolf Elberfeld 有以这个为主题的研究。参见 Rolf Elberfeld, *Sprache and Sprachen*, *Eine philosophische Grundorientierung*, Freiburg i. Br, 2012。
② 根据木村，当自我无法接受其自身的出现时，精神病理学的问题就会产生。
③ 按照"西方的意义"，我主张主词处于动词之前。以"那里有某个东西"（there is something）为例，或许有人会假定在 being-there 之前有一个隐藏的主词。然而，东亚思想家不会满足于这样的想法。being-there 可以在没有任何主词的情况下自己（of itself）发生和出现。这个发生和出现可以说是"中动语态"，而不能说是"主动或被动语态"。

在"所拥有的空间性面向影响。同时，他的研究也无疑是受到了西方哲学的启发。这与坂部的情况是一样的。他们两人都对种种西方概念感到不安（或许对一些中国的概念也是如此），而这种不安本身早已是一种转化和映照。只有通过这个媒介的行动或运动，一些新的东西才能"出现"，同时，与那个运动相呼应的表达也才会"出现"。

日语里 awai 的概念是从日文字演变而来。但是其意义的结构是在其与汉字、中文概念相遇以后才被确定。而它的可能性崭露，是通过西方"哲学"的文字和概念才得以实现。我们知道，在西方哲学里，最初是没有任何日文、中文和韩文的。在这个意义上，这个主题的展开或出现，是在不同文化间的往来下才能发生的。我想就是这种间文化性（interculturality）扩展了"间"。

间文化性不仅限于东亚、欧亚大陆或者太平洋地区。我们对外部世界都是开放的。我们的 awai 总是敞开的，因为 au（遇到）是与他者相关的，因为 au 不是预先备决定好的，而总是开放的。

au 也意味着"适合"（fit）或者"和谐地相互一致"（coincide harmoniously）。然而，当我们遇到了我们无法和谐地转化和映照自己的他者时，au 的另一个意义——"冲突""吵架"或者"战争"——很容易就会接管一切。或许有人会说，这在某些情况下是无可避免的。无论如何，我们仍然想去期盼新的相互理解之发生，因为 au 这个概念也包含了"勇于去做什么事"的意义。我想"我们"应该扮演这样媒介者的角色。

参考文献

BENVENISTE É. Problèmes de linguistique générale［M］. Paris：Gallimard，1966.

ELBERFELD R. Sprache und Sprachen, eine philosophische Grundorientierung［M］. Freiburg：Karl Alber Verlag, 2012.

HEIDEGGER M. Gesamtausgabe 40［M］. Frankfurt a. M.：Klostermann，1983.

SHIRAKAWA S（白川静）. Jito（《字统》）［M］. Tokyo：Heibonsha, 2007.

SHIRAKAWA S. Jitu（《字通》）［M］. Tokyo：Heibonsha, 2007.

SAKABE M. Sakabe-Megumi-shu Vol. 3（《坂部惠集》第 3 卷）［M］. Tokyo：Iwanami Shoten，2007.

日本的康德研究史与今日的课题
（1863—1945）

牧野英二[①]

一、前言：本文目的及考察范围

首先简单说明本文考察的主要意图及目的。过去船山信一曾在《明治哲学史研究》的开头部分提出这样的看法："日本近代哲学史的开端，应该在西周、津田真道前往荷兰的文久二年（1862）。"[②] 若此见解无误的话，则日本的近代哲学史到去年（2012）为止，就已经历了150年的历史。那么，"日本康德哲学研究史的开端"又是从何时开始的呢？此外，"日本的康德哲学研究史"究竟有何特征、意义以及课题呢？

在本文的考察中，首先，将说明康德哲学文献在日本被翻译、其哲学被接受及研究的历史经纬。其次，将解明从明治初期推动近代化以来，到今日为止的康德哲学接受史及研究史的特征。最后，将阐明日本西方哲学研究史中历史最长，也是最有实质成绩的康德哲学研究之意义和课题。

接着，笔者将说明本文所采用的考察方法。笔者借由关注日本的康德研究倾向及其社会、思想背景，来阐明康德接受史的历史及社会意义。

在此若先阐述结论的话，可整理如下。第一，日本的康德研究史虽在当时日本社会及学术界的强力影响下成立，但亦可说是和它们的相互作用

[①] 日本法政大学名誉教授。
[②] 船山信一《明治哲学史研究》（京都密涅瓦书房1959年版，第2页）及船山论述的典据麻生义辉《近世日本哲学史》（东京近藤书店1942年版），以记载此时期的详细数据为基础，通过实证的研究指出："哲学研究就这样，在文久二年，经由西周助的努力被开展出来。"（前书第45页）"西周助为哲学研究的先驱者之一，是毋庸置疑的。"（前书第45页）"津田真一郎可说是和哲学研究的诞生有密切关联的人。"（前书第46页）甚至连这两个人的密切交往关系，都论述得非常详细。这些有关麻生与船山的论述，在今日，都还是日本近代（西方）哲学史由来的共同观点。本文内容以及注的引文中加〔〕标示者，全部都是笔者补充的西语或日语。

及抵抗的历史。举两个例子来说，在明治时代中对军国主义的批判性论调，成为考察康德《永久和平论》（Zum ewigen Frieden，1795）的契机，而在大正时代里则产生了人格主义式的康德解释。另外，在第二次世界大战后的民主化潮流影响下，很多具有民主色彩的知识分子转向研究马克思主义哲学，在此影响下，康德哲学逐渐受到冷落，这个经过亦是因为历史和社会背景的关系。

第二，日本康德研究的特征，可列举如下。康德研究首先从理论哲学的认识论解释开始。其次，因为大正教养主义的影响，开始重视实践哲学，特别是自由及人格性。接着，受到俄国革命的影响，开始有从和马克思主义的关联来考察康德与社会主义关系的研究及翻译的出版。此外，第二次世界大战后，特别是在20世纪80年代以后，《判断力批判》（Kritik der Urteilskraft，1790）、《永久和平论》及历史哲学的研究急速增加，甚至包含从批判期之前到最晚年的遗稿研究，即康德哲学整体图像的研究也逐渐深化。与此同时，根据原典来考察和休谟（David Hume，1711—1776）、卢梭（Jean-J. Rousseau，1712—1778）以及沃尔夫（Christian Wolff，1679—1754）学派的关系这种探讨影响作用史的动向，也变得极为热络。近年来，因为后现代主义的影响，受美学及崇高论研究所触发、产生的研究论文也在增加当中。此外，亦有不少学者受到英美哲学的影响，从和政治哲学、正义论的关联来研究康德哲学。[①] 必须一提的是，在日本康德研究的漫长历史中，对康德宗教论的研究，和其他的研究领域相较起来，是最为薄弱的一环。最后要论及的是，不仅受到英美语言分析哲学、心灵哲学（philosophy of mind）、意识研究（consciousness studies）的影响，甚至最近还受到脑神经伦理学（neuroethics）的影响，从和这些研究成果的关联来探究康德哲学的现实性研究，亦趋于显著。一言以蔽之，日本康德研究的解释动向及特征，经常是受到国内外的学术情况，特别是受到政治状况及欧美的诸科学进展的影响而形成的。笔者认为，能够用以上介绍来概

[①] 关于康德和后现代主义的关系，以及笔者以康德主义的立场来批判后现代主义的论述，请参照拙著《读康德：后现代主义以后的批判哲学》，东京岩波书店2003年版。关于康德对20世纪西方哲学整体的影响，可参考以下日语文献：Tom Rockmore《在康德的航迹之中：20世纪的哲学》，牧野英二监译，东京法政大学出版局2008年版。此书将现代哲学的主要潮流分成四个板块：实用主义、马克思主义、欧陆现象学、英美分析哲学。其主要是从理论哲学的观点来考察康德的影响关系。

括长达150年的日本康德接受史。

第三，笔者认为日本康德哲学的研究方法，有以下四个主要特征。第一个特征是，以康德哲学的正确理解及忠实的文本解释为主的内在性研究。第二个特征是，从批判的立场对康德哲学进行外在性的研究或解释。譬如，对康德和黑格尔之间的发展史研究，或马克思主义者批判康德哲学的保守个人主义之研究。第三个特征是，日本传统思想、哲学家思想和康德哲学的比较研究。譬如，和佛教或西田几多郎哲学的比较研究。第四个特征是，仍然有不少只专注在欧美康德哲学研究文献的翻译及介绍的研究者。以上是四个主要的特征，这些自明治时代以来到今日为止，在康德哲学的研究及翻译上，虽有精确度的差别，但基本上可以说没有多大变化。

最后，笔者将指出日本康德哲学接受史的显著特征。其特征在于，到大正时代为止的日本哲学研究，主要是以康德哲学研究为重心。日本的康德哲学研究，在受到新康德学派的影响下接受及解释康德这点上，给予了日本哲学研究及康德哲学研究上的限制和课题。此外，此种康德研究的特征及哲学研究课题等，迄今在日本的哲学研究及康德哲学研究中，仍然是显见的普遍现象。

笔者以上述认识为基础，以下将对康德文献进行具体的考察。由于文章篇幅的关系，本文将以"日本的康德哲学研究史与今日的课题（1863—1945）"为主题来进行论述，并将主要论点限定在明治、大正及昭和的前半时期，也就是明治到"二战"结束为止的时期。至于有关"二战"后及21世纪全球化急速发展的今日之康德哲学研究的进展与课题，则有待他日再进行论述。

二、到明治时代前半期（1863—1886）为止的康德接受史

首先，笔者在此将回顾从幕末到明治二十年代前半期的康德哲学接受史。如后所述，日本真正开始研究康德，是在明治中期清野勉的《标注韩图〈纯理批判〉解说》（东京哲学书院1896年版，共362页）出版之后。在那之前的特征大多停留在从哲学史的观点来翻译、介绍康德哲学。总之，明治时代前半期可说是单纯从西方哲学史的观点来引进、介绍康德的时期。在此应注意的是，日本的哲学研究是从哲学史研究开始的。这里有其历史的必然性。根据研究者大冢三七雄的说法："费诺罗莎（Francisco Fenollosa，1853—1908）一直强调哲学史研究的必要，不仅如此，布赛

（Carl Heinrich August Ludwig Busse，1862—1907）亦不断强调哲学史研究的重要。结果，有志于哲学的学者，大多是从哲学史研究开始着手。"①

接着，笔者将确认最基本的历史事实，并开始进行讨论。日本人究竟从何时才开始知道康德的名字和他的哲学呢？事实上，关于康德的名字及其哲学何时被介绍到日本，现在仍然是个谜。根据现在的文献学研究，幕末的文久三年（1863），有一位德国商人 E. Boedinghaus 带了《实用观点下的人学》（Anthropologie in pragmatischer Hinsicht，1798）这本书到长崎来。② 这是现在被确认的、在日本最早接受康德哲学文献的记录。然而，没人知道之后此书何时被翻译，在日本如何被介绍，对日本的康德接受史给予何种影响。根据麻生义辉的说法，"从幕末到明治初年，康德的名字逐渐在学者口中出现，亦在学者著作当中出现，学者们将康德和卢梭、孟德斯鸠（Baron de Montesquieu，1689—1755）等人并列，完全就如自由主义、民权主义、半唯物论、功利主义那样来进行理解。譬如，加藤弘藏〔弘之〕的初期著作，便是其代表（《立宪政体略》庆应四年〔1868 年 10 月 23 日改元为明治〕其他）"③。然而，依笔者所见，上述这些关于康德理解的资料，并没有被好好地加以说明。

康德和康德哲学的接受及介绍，进入明治时代后急速增加。但明治初年以后的某一段时期，英国及法国哲学不断地被引进，德国哲学的接受及介绍则晚了许多。譬如，明治八年（1875）6 月发行的《明六社杂志》（第 38 号收录西周论文《人世三宝说（一）》）。此论文介绍了康德、费希特（Johann Gottlieb Fichte，1762—1814）、谢林（Friedrich Wilhelm Joseph Schelling，1775—1854）、黑格尔（Georg Wilhelm Friedrich Hegel，1770—1831）等德国古典哲学的思想。在开头部分西周如此介绍道，"欧洲哲学中，道德论自古以来历经种种变化，直到今日始终没有定论。其中，以前

---

① ［日］大冢三七雄：《明治维新与德国思想》，东京长崎出版 1977 年版，第 174 页。

② ［日］大冢三七雄：《明治维新与德国思想》，东京长崎出版 1977 年版，第 149 页。本书记述了康德《实用观点下的人学》传到长崎来的经纬及日本学者如何从德国人那里入手的事实。亦可参见小牧治《国家的近代化与哲学：德国、日本的康德哲学之意义与局限》，东京御茶水书房 1978 年版，第 293 页。

③ 根据麻生义辉《近世日本哲学史》（东京近藤书店 1942 年版，第 68 页）的记述，西周及其好友津田真道对康德的理解，就如上述那样的水平。关于加藤弘藏〔弘之〕的文献的情况则不详。

的学说〔如王山（Königsberg：柯尼斯堡）的学派、韩图（康德）的超妙纯然灵智（transcendentalen reinen Vernunft：超越论的纯粹理性）的学说〕仍然非常兴盛。① 此外，西周还认为和起源于康德超越论哲学的观念论哲学相比，孔德（Auguste Comte，1798—1857）的"实理学"（positivisme：实证主义）及边沁（Jeremy Bentham，1748—1832）的"利学"（utilitarianism：功利主义）作为新时代的哲学，更加合适。而所谓的"人世的三宝说"，根据西周的解释，是指"健康""知识"和"富有"，这些是"人类第一，也是最大的指标"，"这也是达到一般福祉的方法"。另外，《明六社杂志》（1875 年第 40 号）收录的《人世三宝说（三）》中，论及伴随文化的进展，人类的社交联结领域也随之扩大，并评论道："韩图所谓的无穷和平（eternal peace：永久和平）及四海共和（worldly republic：世界共和国）就暂时托付给哲学家的梦想。"这里显示出西周对康德的永久和平论的关心。② 西周对康德的理解究竟正不正确，并不是很明确。但值得注意的是，他对《永久和平论》表示了兴趣，这一点是从此时期其他研究者中无法看到的。

在《明六社杂志》第 40 号出版 9 年后，竹越与三郎的《独逸（德国）哲学英华》（东京报告堂 1884 年版，共 133 页），亦介绍了从康德的批判哲学到费希特、谢林、黑格尔的观念论哲学，关于"伊曼努尔·康德"的论述，差不多占了此书一半的分量。③ 顺带一提，三枝博音如此评价这本书："此书是日本第一本引进德国观念论的著作，值得被高度评价。"④ 此种对康德重视的倾向，逐渐地以学术界为中心，慢慢地散播开来。此外，哲学馆（后来的东洋大学）的创设人井上圆了于创设两年前的明治十八年（1885），委托画家渡边文三郎来进行制作含有康德肖像的"四圣像"，这在日本是首创先例。"四圣像"分别是印度的释迦、中国的

---

① 〔日〕西周：《人世三宝说（一）》，载《明六社杂志》1875 年第 38 号，第 249 页。
② 〔日〕西周：《人世三宝说（三）》，载《明六社杂志》1875 年第 40 号，第 300 页。
③ 竹越与三郎讲述、由井正之进笔记《独逸哲学英华》，东京报告堂 1884 年版，第 1-57 页。
④ 〔日〕三枝博音：《三枝博音著作集》第 3 卷《近代日本哲学史》，东京中央公论社 1972 年版，第 180 页。

孔子、西方古代的苏格拉底以及康德这四个人的人物像。① 哲学研究者井上圆了将康德和释迦、孔子等并列为"圣人",笔者认为这比日本康德接受史的单纯佳话,具有更深远的意义。关于此,笔者将在后面展开论述。总的来说,到此时期为止,康德哲学在日本的西方哲学研究中是否已成为主流还有待商榷。

　　井上哲次郎在《明治哲学界的回顾》一文中,将明治思想的潮流区分成三个阶段,并做如下主张。第一期是从明治初年(1868)到二十三年(1890),第二期是从明治二十三年(1890)到日俄战争结束(明治三十八年,1905),第三期则是从其后到明治四十五年(1912)。他还说明:"第三期的思想潮流甚至延续到大正年间(即到世界大战为止)。"② 并回顾道:第一期的主要思想潮流"大抵是 Aufklärungszeit(启蒙的时代),英、美、法的思想比较占优势"。关于第二期,他如此描述道:"一直以来,英美哲学都居主要地位,但情况很明显地已大幅改变。特别在大学及其他讲坛方面,非常明显。因此,我认为明治二十三年(1890),从诸方面来看,都是哲学史上的一个划分时期。"③ 笔者大多依据井上哲次郎的此种主张来进行时代划分。但就如后面所论述,井上的说法不免让人有以自身归国那一年为中心,半强迫式地将其个人的体验及重视"教育敕语"之见解一般化的感觉。因此,在以下论述当中,笔者从后述的理由,将以明治二十年(1887)来区分明治时代的康德接受史及研究史,也就是以这一年为基准做前后两个区分。扼要来说,扮演明治时代前半期指导角色的自由民权运动及国体论之依据,主要来自英国思想家边沁、密尔(John S. Mill, 1806—1873)、斯宾塞(Herbert Spencer, 1820—1903)以及法国思想家卢梭、孟德斯鸠的思想。福泽谕吉致力于引进英国思想,中江兆民主要是致力于介绍与引进法国思想。在这阶段当中,对康德哲学的正确理

---

　　① 参照［日］高峰一愚《康德〈纯粹理性批判〉入门》(东京论创社1979年版,第 v - vi 页)的卷头画及"前言"。笔者曾通过旧台北帝国大学助教授高峰一愚的介绍,亲眼看到被保存在井上家的"四圣像"挂轴。此外,龟谷圣馨在《佛陀的最高哲学与康德的哲学》(东京宝文馆1924年版,第124页)中主张"佛陀的最高哲学,即华严哲学与康德哲学的融合、接触点"(第108 - 114页),并大大地称赞康德,认为其应与佛陀、孔子、苏格拉底排在一起("序",第7页)。

　　② ［日］井上哲次郎:《明治哲学界的回顾》,东京岩波书店1932年版,第6 - 7页。

　　③ ［日］井上哲次郎:《明治哲学界的回顾》,东京岩波书店1932年版,第8页。

解及其历史、社会的影响力,并不是那么明显。

最后举出对日本哲学研究进展而言不容忽视的事件。东京帝国大学于明治十七年(1884)创设了"哲学会",于明治二十年(1887)出版《哲学会杂志》(5年后改名为《哲学杂志》)。如后所述,此学会杂志对日本康德研究的发展有很大的贡献。

三、明治时代后半期(1888—1912)康德研究的主要动向

进入明治二十年代后,日本的康德研究开始从翻译、介绍哲学史上的康德之层面进入"康德研究"的领域。其理由之一是外国讲师的更替这一外部情况。当然不应该忘记的是,其背景是因为日本政府开始转换跑道,不仅摄取德国的宪法与政治体制,而且非常重视文化政策。一开始,日本政府于明治十一年(1878)从美国聘请费诺罗莎来担任哲学教师,接着又从英国聘请了库柏(Charles J. Cooper)。根据麻生义辉的说法,"外国人哲学教授库柏使用英译版的教材,讲读了康德的第一批判书〔《纯粹理性批判》(Kritik der reinen Vernunft),1781/87〕,此才是我国康德哲学研究的真正萌芽"①。当这些人离职时,德国哲学教授相继来日本,开始讲授德国哲学。首先,我们可以指出其影响力。明治二十年(1887)布赛被聘任为东京帝国大学哲学科讲师来到日本。布赛在柏林大学教授洛采(Rudolph H. Lotze,1817—1881)的影响下,成为标榜批判实在论的哲学家。他仅在日本滞留5年,在日期间的讲义材料使用了康德的《纯粹理性批判》,讲授的主要是德国古典哲学。布赛回到德国后,便到康德故乡的柯尼斯堡大学执教。他在日本的后继者柯贝尔(Raphael Koeber,1848—1923),于明治二十六年(1893)上任。柯贝尔是出生于俄罗斯的德国哲学家,在莫斯科音乐学院向作曲家柴可夫斯基学习钢琴,并在德国的耶拿及海德堡学哲学与文学,是一位极具有教养的人物。他在东京帝国大学讲授古典哲学、德国哲学、德国文学等,并在东京音乐学校教授音乐。他丰富的西方

---

① [日]麻生义辉:《近世日本哲学史》,东京近藤书店1942年版,第68-69页。

古典教养及高尚的人格，给予当时的日本学生及知识分子很大的影响。①

接着，在此时期的重要事件可举出明治二十三年（1890）从德国留学归国的帝国大学第一届毕业生井哲次郎上任哲学科主任教授。他积极地将明治政府的国家观与德国观念论哲学结合在一起，试图从保守主义的立场，来统合康德哲学等的西方哲学与东方哲学。此时期的东京帝国大学哲学科学生有大西祝、西田几多郎、朝永三十郎、桑木严翼、纪平正美、波多野精一等人。这些人都在德国观念论的影响下，学习、思索、介绍哲学，并努力创造自身的哲学。

此时期的主要文献可举出三宅雄二郎的《哲学涓滴》（东京文海堂，明治二十二年，1889）及清泽满之的《西方哲学史讲义》（明治二十二至二十六年，1889—1893）等。三宅雄二郎〔雪岭〕在《哲学涓滴》中列举出康德、费希特、谢林、黑格尔的名字，并称康德哲学为"批判法的哲学"。另外，此书的第一编"超绝的"就专写康德，第一章"康德"、第二章"纯粹道理批判"、第三章"实践道理批判"、第四章"断定批判"，对"三批判书"的内容进行了解说。此记述主要是依据许威格勒（Friedrich Karl Schwegler，1819—1857）的《西方哲学史大纲》（*Geschichte der Philosophie im Umriss*，1848）及费舍（Kuno Fischer）的《近世哲学史》（*Geschichte der neueren Philosophie*，8 Bd.，1852—1893）。

个别的"康德研究论文"也是在此时期出现，如中岛力造《康德氏批评哲学》（明治二十四至二十五年，1891—1892）、波多野精一《关于康德三段论法的意见》（明治三十年，1897）、《康德伦理学说大要》（明治三十一年，1898）、蟹江义丸《韩图道德纯理学的基础梗概（概论）》（明治三十年，1897）、《康德的哲学》（明治三十一年，1898）等。特别是中岛力造的《康德氏批评哲学》，可以说是此时期的优秀研究论文的代表作。《康德氏批评哲学》主要是到《纯粹理性批判》的分析论为止的解

---

① 柯贝尔的经历、个人情况及主要业绩，在其辞世后，载于《思想》（东京岩波书店 1923 年版，第 775–1008 页）的《柯贝尔先生追悼号》中有详细的介绍。西田几多郎、桑木严翼、波多野精一、深田康算、纪平正美、西晋一郎、得能文、安倍能成、伊藤吉之助、姊崎正治、和辻哲郎、高桥里美以及出席柯贝尔最后一年讲课的出隆等活跃在明治、大正、昭和时代的日本哲学界之哲学家（共 20 名以上），都投稿到此专号。从这里可窥见柯贝尔的影响力有多大。现在我们可从和他一同起居、最亲近的弟子久保勉的编译文献中，知道这些事实的详情。参见[日] 久保勉编译《柯贝尔随笔集》（东京岩波书店 1957 年版）的"解说"。

说，虽是未完成的论文，但总共分 4 次连载在《哲学会杂志》。第四篇论文是中岛留学美国时向耶鲁大学提出的学位论文 Kant's Doctrine of the 'Thing-in-Itself'（1889）之研究成果，其论及了"康德的物自身"论。中岛在东京帝国大学担任伦理学课程的教学工作，主张理想主义的伦理学立场，批判以前的功利主义、唯物论的伦理学。

在这个时期，所谓"康德研究论文"还算少数，即使加上波多野精一《休谟对康德的影响》（明治三十三年，1900）、元良勇次郎《心理学与认识论的关系：特别是关于康德空间论的评论》（明治四十年，1907）、宫本和吉《康德批评期以前的哲学的发达》（明治四十二年，1909）等，总数也只不过 10 篇左右。波多野论文的特征是，认为休谟对康德的影响并不是很大，甚至否定其影响。另外，元良的论文就如其题目所示，试图从心理学的立场来考察康德的空间理论、空间意识的生成及过程。这些论文的内容，从今日的康德研究立场来看，虽然都不是很完备，但显示出当时康德解释的实际情况和水平，十分耐人寻味。

另外，算是日本真正的第一本康德研究专著是清野勉的著作《标注韩图〈纯理批判〉解说》（东京哲学书院 1896 年版，共 362 页）。在此将简要地浏览此书的主要特征。首先，我们要注意的是这个事实：此书是唯一在明治时代出版的《纯粹理性批判》研究专著。此外，还须留意的是，清野勉对康德的高度评价。清野如此赞赏康德："韩图的杰作《纯理批判》，作为近世哲学的主轴，在哲学史上有极大的价值，同时作为今日的活哲学，可说极为重要。"（《自序》，第 1 页）。清野在执笔此书时不仅利用了 Benno Erdmann 版的德语原文，还参照了两种英译本（Michael John 与 Max Müller 的翻译，《自序》，第 2-3 页）。清野发挥其非凡的才能，不辞辛苦地选择康德的译语，在其过程中还指出 Max Müller 错误的翻译等。此书主要依据《纯粹理性批判》的第二版，从两个序文的解说与解释开始忠实地展开和康德论述有关的议论，主要是由第 14 章"于唯心主义中的韩图之根据基础"第 63 节所构成。清野原本想撰写两本书，所以将此书规划为前半部分（也就是第 1 册），此书处理到原则的分析论，他打算将其后的考察成果呈现在后半部分（也就是第 2 册）。然而，他在明治二十九年（1896）因脑疾病，无法再从事研究工作，因此不得不停止所有著作活动。《标注韩图〈纯理批判〉解说》可以说是清野勉未完成的著作。即使如此，此书为日本最早的《纯粹理性批判》之研究专著是不争的事实，其所试图的主体性解释,意义非常重大。顺带一提,在清野的著作出版的那一年,在康德的祖国德国发行了《康德研究》(*Kant-Studien*)杂志,此杂志给予欧美和日本很大的影响。

接着,笔者想将焦点转到和康德的实践哲学,特别是和其伦理思想有关的研究成果上。在这个领域中的成果,可举出以《伦理学书解说》第8分册出版的蟹江义丸《康德氏伦理学》(东京育成会1901年版,共172页)。此书是康德伦理学的解说书,针对《道德底形而上学之奠基》(*Grundlegung zur Metaphysik der Sitten*,1785)、《实践理性批判》(*Kritik der praktischen Vernunft*,1788)及《道德底形而上学》(*Metaphysik der Sitten*,1797)、《德行论之形而上学基础》(*Metaphysische Anfangsgründe der Tugendlehre*),分别用了一章来撰写。不仅如此,蟹江义丸还对康德的伦理学进行批判性的论述。其主要论点是对康德的形式主义、严格主义(rigorism)、个人主义、先验主义(apriorism)等的批判。蟹江针对康德的形式主义如此批判道:"康德否定癖好和欲望,认为那是不道德的渊源,道德的内容也因此而消灭。因此在不得已的情况下,只能从形式来演绎它。"此外,他也批判康德的严格主义:"如果不是为了义务而履行义务就不是真正的善的话,那么能行使该行为的人,我想在这世间一个也不会有。"这些康德批判不仅是康德生前就已经被提起的,而且蟹江对康德伦理思想的掌握和批判也不是很完整,从这里可以看出其时代限制。

说到对康德哲学的积极评价,我们也可在致力于法国哲学翻译、介绍,并被称为东方卢梭的中江兆民的著作中看到。中江在《一年有半》(明治三十三年,1900)中断定"日本从古至今就没有哲学",并主张自古以来的日本思想全都不值得称为哲学,江户时代本居宣长与平田笃胤的国学、伊藤仁斋的古义学、荻生徂徕的古文辞学,甚至连佛教徒及儒学者的思想,都不值得称为哲学。他还举出在当时的学术界非常活跃且极为出名的加藤弘之(首位帝国大学总理)及井上哲次郎等东京帝国大学哲学科教授们的名字,并宣称这些人都"不足以成为哲学家",借以严厉批判日本的哲学界。另外,他还如此评价:"康德与笛卡尔实是德、法的骄傲。"① 总之,中江感叹在欧洲的法国与德国有像笛卡尔与康德那样能代表国家的哲学家出现,在日本却没有称得上哲学家的独创型人物出现。中

---

① [日]中江兆民:《一年有半》,东京岩波书店1900年版,第31页。

江兆民的这种评价虽推动了自由民权运动，但更耐人寻味的是，他对康德的启蒙思想，特别是对道德自由的理论产生了共鸣。那么，日本难道真的没有"独创型的康德哲学研究者"吗？上述的中江批判即意味着和此问题的前提有关的批判吗？

四、大正时代（1912—1926）康德研究的兴盛

大正时代的康德研究和明治时代比较起来，有飞跃性的进展。其理由首先是康德主要著作的翻译出版；其次是新康德学派的研究、翻译的出版与累积；最后是纪念康德诞辰200年（大正十三年，1924）的专辑以及日本最早的《康德著作集》之发行已经开始。此外，作为社会、思想的背景，不能忽视的是大正教养主义的影响。我们可以如此解释，康德的自由思想给予日本当时社会很大影响的同时，也受到当时日本社会的影响。

日本最早出版的康德著作翻译，是由桑木严翼和天野贞佑在大正三年（1914）共同翻译的《一切能作为学问而出现的未来形而上学之绪论》（*Prolegomena zu einer jeden künftigen Metaphysik, die als Wissenschaft wird auftreten können*, 1783）。此书的翻译名称为《哲学序说》（东亚堂）。大正七年（1918），波多野精一、宫本和吉翻译的《实践理性批判》（东京岩波书店）出版。大正八年（1919），安倍能成、藤原正翻译的《道德哲学原论》（《道德底形而上学之奠基》，*Grunglegung zur Metaphysik der Sitten*, 1785）也跟着在岩波书店出版。这些著作最后都被编在一起，以岩波版《康德著作集》出版。康德著作集或全集类的出版，岩波版《康德著作集》（全18卷，1923—1939）是最早的，也因此而予日本的哲学与思想界很大的重大影响。第二波的出版是"二战"后的理想社版《康德全集》（全18卷，1965—1988）。第三波的出版则是岩波版《康德全集》（全22卷及别卷1，1999—2006），笔者是其中一位负责企划、编辑的学者。这些著作集和全集的出版，分别因应其时代的需求而出现，具有很大的影响力。

接着，笔者将介绍大正时代具有代表性的康德研究专著。首先是桑木严翼的《康德与现代的哲学》（东京岩波书店1917年版，共467页）。此书是改订、增补、重新编辑其在东京帝国大学的公开讲演内容。这是一本作者从康德解释的立场来接近现代哲学精髓的著作。其主要构成如下：

第一编　康德与现代的哲学
　第一章　康德及其时代
　第二章　康德思想的发展
　第三章　理性批判的问题
　第四章　批判的方法
　第五章　数学的知识
　第六章　科学的知识（一）——范畴
　第七章　科学的知识（二）——自我与自然
　第八章　知识的界限
　第九章　道德的法则
　第十章　文化的问题
　第十一章　自然目的观（中译本为"目的观念"——译者按）
　第十二章　康德哲学的意义
第二编　研究及补遗
　第一章　康德所见的日本
　第二章　关于康德的历史哲学
　第三章　威廉·文德尔班
　第四章　关于莱布尼兹的充足理由的原理论
　第五章　关于意志本意说
　第六章　现今的哲学问题
　第七章　关于独逸（德国）哲学的批评

　　从以上这些主要的题目，可以清楚地看到桑木严翼的康德观及哲学观。简单来说，西方哲学发展到康德，经由康德再发展出现代哲学，特别是新康德学派的哲学。桑木对康德哲学有如此结论："物自身的学问，可以说是作为价值现象的文化哲学。"总之，此书在新康德学派文化哲学的影响下，积极评价康德的物自身。不仅如此，他还从文德尔班（Wilhelm Windelband, 1848—1915）及李凯尔特（Heinrich John Rickert, 1863—1936）的新康德主义弗莱堡学派的文化科学基础来解释康德。从这一点，我们可以说此书体现了日本康德研究的典型特征。

　　大正时代康德研究的最大特征在于，发行处理康德与马克思、马克思主义之间关系的论文、著作以及相关的翻译。大正六年（1917）所爆发的俄国十月革命，为日本的康德研究带来思想上的影响。Schulze-Gaevernitz 的《是马克思还是康德？》（*Marx oder Kant?*, 1909；佐野学译，东京大灯阁 1920 年版）、Abram M. Deborin 的《康德的辩证法》（*Die Dialektik bei Kant*, 1926；宫川实译，东京弘文堂 1926 年版）、土田杏村《康德哲学与唯物史观》（东京中央公论社 1924 年版）出版。进入昭和时代后，Max Adler《康德与马克思主义》（*Kant und Marxismus*, 1925；井原紃译，东京春秋社 1931 年版）、Karl Vorländer《康德与马克思》（*Kant und Marx*, 2 Aufl., 1926；井原紃译，上卷，东京岩波书店 1937 年版；下卷，东京岩波书店 1938 年版）等也陆续出版。桑木严翼《康德哲学与共产主义的理论》（《丁酉伦理会讲演集》第 275 辑，东京大日本图书株式会社 1925 年版）及汤泽睦雄《马克思乎？康德乎？》（汤泽睦雄刊 1933 年版）等的研究成果，亦是因应当时社会状况而产生，康德哲学和新康德学派的哲学不得不和马克思及马克思主义进行合作或对决。

　　为了和当时的时代状况呼应，笔者认为应该论及对康德和平论，也就是《永久和平论》的研究。耐人寻味的是，当时对康德永久和平论的评价是两极化的。如朝永三十郎的《康德的和平论》（东京改造社 1922 年版）充分表现出作者自身崇尚自由、敦厚的性格及其对康德的正面评价。此书于"二战"后被再版（东京人文书林 1950 年版），现在仍然是日本"康德永久和平论研究"的出发点。另外，对康德的和平论给予否定、消极评价的有鹿子木员信《论康德的"永久和平"》（《哲学杂志》1916 年 7 月第 353 号）。鹿子木针对康德的预备项目及确定项目等做了如此的否定评价："要是如康德所说，永久的和平将永远都不可能实现。"（第 48–49 页）此外，他还如此严厉批判康德的和平思想，"康德的《永久和平论》这本书，事实上是没有确切证明的空虚理想——让人不得不觉得那等于是建构在空想之上，亦即所谓空中的楼阁"（第 69 页）。

　　根据鹿子木的说法，康德不仅无法确定永久和平是义务的理由为何，也无法否定永远的战争。此说法虽然显示出鹿子木对康德的基本理解有些问题，但这种康德批判可以说反映了昭和时代激烈的日本军国主义思想家鹿子木自身在很早之前就对永久和平表明的否定态度。相对于此，鹿子木认为若要检讨康德的和平思想，就必须留意《判断力批判》，笔者认为这一说法较为妥当。朝永三十郎《康德的和平论》则以各种不同的观点，提出和鹿子木的这些论述形成对比的和平论解释。朝永出版这本书是意识到第一次世界大战后国际情势与日本国内情势这两方面的政治影响。关于此点，读者必须十分留意。此外，朝永的康德解释的基本观点就在于，要解释《永久和平论》就必须参照《实践理性批判》与《道德底形而上学·法权论》(Die Metaphysik der Sitten. Metaphysische Anfangsgründe der Rechtslehre, S. 9 - 10)。此书对《永久和平论》提出了以下三个阶段的理解方式：第一，"和平主义本身的伦理性基础"；第二，"永久和平在何种条件下可能被实现"；第三，"永久和平究竟如何在历史的行进中被实现"。而第一阶段的理解方式，可以说是此书最基本的问题。①

如朝永所说，将康德的和平论关联到上述的诸著作，来进行积极的解释是恰当的见解，这在今日已属于康德解释的常识，但这在当时具有首开先河的意义。② 以上关于对康德永久和平论的两极化评价，明确地反映出当时日本社会的风潮。从大正、昭和初期的康德解释及其背景，可以看到日本对康德研究评价（包含和平论在内）的变迁史与军国主义动向。顺带一提，中江兆民在《三醉人经纶问答》（东京集成社 1887 年版，第 138 页）中如此称赞康德永久和平论的意义："自从圣皮耶（Abbé de Saint-Pierre, 1658—1743）提倡世界和平之说以来，卢梭便开始称赞此说。到了康德，更是将此说推展开来，因此才能具有符合哲学的纯理性格。"③ 一般都认为，这是日本最早高度评价康德和平论意义的文献。中江兆民的康德评价，就因为其自身是非学术界的在野思想家，因而并没有给予朝永三十郎这些学术界的康德研究专家什么影响。这点则留下了日本如何吸收及研究康德的课题。

接着，笔者想要概述的是两本康德诞辰 200 年纪念特辑的杂志内容。第一本是《讲座：康德诞辰 200 年纪念号》[大村书店，大正十三年（1924）4 月 1 日，共 510 页]。此杂志刊载了以下 6 篇论文。儿玉达童

---

① [日] 朝永三十郎：《康德的和平论》，东京改造社 1922 年版，第 236 页。

② [日] 龟谷圣馨：《佛陀的最高哲学与康德的哲学》（东京宝文馆 1924 年版，共 124 页）属于鹿子木说法与朝永说法中间的康德和平论评价。龟谷公开出版《永久的和平》（东京名教大学设立所 1918 年版），此书的附录将英译版的《永久和平论》翻译成日语。而此《永久和平论》的翻译则是日本的第一个翻译版本。此后，从德语翻译过来的，大正时代有 3 种，"二战"后有 8 种，算起来总共有 11 种版本被出版，其中光是 1980 年以降的就有 5 种。这个事实说明在大正时代与冷战前后日本特别关心康德的和平论。

③ [日] 中江兆民：《三醉人经纶问答》，东京集成社 1887 年版。岩波文库版由桑原武夫、岛田虔次译、校注，1965 年，第 52 页。

《康德的一生》、佐竹哲雄《〈纯粹理性批判〉解说》、安倍能成《〈实践理性批判〉解说》、大西克礼《〈判断力批判〉解说》、佐野胜也《〈纯粹理性限界内的宗教〉解说》、得能文《新康德派》。此特辑共计510页,一篇论文平均差不多是85页,前面附有"解说"。按论述内容来看可知,此书的研究范围包含了"三批判书"和宗教论,因此可以说是非常好的研究论文杂志。此杂志除了康德的"三批判书"和宗教论,还刊载了新康德学派的解说论文。这一点切实地反映了当时日本康德接受史的特征。

第二本是《思想:康德纪念号》[岩波书店,大正十三年(1924)4月1日第30号,共190页]。此特辑所刊载的论文有10篇,总共190页。执笔者和论文名称列举如下。桑木严翼《康德的自然观》、田边元《先验演绎论中直观和思维的关系》、Ernst Hoffmann《柏拉图与康德》(由留德的三木清翻译)、纪平正美《苏格拉底的神谕(daimonion)及康德的无条件命令》、朝永三十郎《启蒙思想与康德哲学的核心问题》、大西克礼《关于康德"判断力批判"成立的考察(上)》、左右田喜一郎《对康德学说的一个小疑问》、桑木或雄《关于康德的最初论文》、安倍能成《康德哲学的自由概念》、伊藤吉之助《Hermann Cohen 的康德解释之发展(上)》。在这些论文中,连载的有两篇,在两本康德专号中都有执笔的研究者有大西、安倍这两位,其余则由不同人来执笔。此特辑刊载了康德和苏格拉底、柏拉图等古代希腊哲学家的比较研究,此外还有对康德初期思想的研究,是一本值得玩味的论文集。

关于《讲座:康德诞辰200年纪念号》与《思想:康德纪念号》这两本专号,笔者在此将简单地进行编辑上的比较。前者突显出康德批判哲学的"三批判书"及宗教论(试图将宗教论解释为第四批判书的可能性很大)的概观与精髓,这可以说是执笔者们的共同理解。因此很容易能让人观察出其编辑方针是针对一般读者且带有强烈的启蒙要素。另外,《思想:康德纪念号》所收录的论文,全都是采用个别题目的研究论文,其所采取的编辑方针很明显是以哲学研究者、康德研究者为对象,这可说是一本专业性非常高的论文集。

此外,岩波书店出版的《康德著作集》非常重要。若整合这些纪念出版品来看的话,日本对康德哲学研究的关心及研究水平的高度,可说是一目了然。从这些特辑的发行来看,可以发现一个事实,那就是康德哲学不仅得到哲学研究者或康德研究者的接受,还得到当时日本知识分子及广大群众的接受。康德哲学及批判哲学的精神，可以说是受到各个阶层的爱戴。顺带一提，岩波书店在《思想：康德纪念号》的最后面，附上题为《康德诞辰 200 年纪念出版预告》的小短文，显示出下述的愿望：于康德诞辰 200 年之际"出版《思想：康德纪念号》，同时又筹划出版康德著作集，全然是为了要促进我国思想界对他的全面性理解，同时也希望通过对思想、文化本身的深度理解，来对其 200 年诞辰进行有意义的纪念，本社所能表示的就是这一点微薄的心意而已"。[①] 此见解不单是岩波书店的单纯广告或宣传文章，也显示出当时日本哲学家，特别是康德研究专家的共同认知。

此共同认知是，若想要研究哲学的话，非得学习康德不可，通过学习康德哲学才有可能正确学习其他西方各国哲学家的思想，同时对日本及东方哲学的理解也才有可能深入。这种想法在今日仍然是切中核心的重要见解。然而，其后在日本实际的哲学研究及康德研究，是否就真的达到此哲学目标呢？依笔者看来，答案并不是肯定的。以下将阐明其理由。

事实上，日本的康德研究一开始是在新康德学派的影响下进行、发展的。因此，随着西方哲学中的新康德学派评价及影响力的低落，日本的康德研究也渐渐受到影响。当从理论哲学过渡到实践哲学、和平论及宗教论等康德哲学的多元思想正要和大正教养主义及人格主义相结合之际，也就是康德哲学正要在日本扎根以前的阶段，它却开始慢慢地失去影响力。这种倾向到了昭和时代变得更显著。另外，优质的康德哲学评价和解释虽然有一定的数量出现，但这些成果没有变成康德研究的主流，这也是其衰退的原由之一。在《判断力批判》的研究文献当中亦能窥见此情况。特别是

[①] 《思想：康德纪念号》的最后部分有岩波书店出版品的广告与宣传，笔者所在的法政大学文学部的广告也在其中。该广告如此宣传道："法政大学……两年前开始设置了非常好的文学部，文学部的哲学科包含了哲学、伦理学、心理学这些主要科目。"并如此介绍当时那些赫赫有名的教授："文化史、哲学特殊研究、哲学演习（和辻哲郎）、心理学、伦理学史、伦理学演习（高桥穰）、伦理学、西方哲学史、哲学概论（安倍能成）、认识论、论理学（山内得立）、哲学演习（出隆）。"这些哲学家大多是当代首席的康德研究专家，一点也不比东京帝国大学教授逊色，此广告文章反映了当时的法政大学与岩波书店、夏目漱石与法政大学文学部的密切关系，在今日来看，仍然是非常有意义的文章。

田边元《康德的目的论》(东京岩波书店 1924 年版,共 155 页)① 的"康德解释",更能显示出此情况。

五、从昭和时代(1926—1945)的翻译语论争看康德解释史的一个片段

昭和时代,严格来说应该是到"二战"结束前后,康德研究有很大的差异产生。其原因是,"二战"结束前的康德研究虽脱离了新康德学派的影响,却因现象学、黑格尔学派、马克思主义的流行以及军国主义化的动向,不得不走向衰退。然而即使如此,康德研究的传统并没有中断。本文将焦点放在象征康德成熟期的批判哲学之重要概念上,并深入探讨日本的康德接受史、解释史的特征及哲学思考等课题。以下将检讨日本康德接受史及研究史上的争论点之一"transzendental",并从此概念的翻译史来看对其解释的差异性。

就如一般所知,康德称自身成熟期的哲学为"transzendentale Philosophie"。今天这一德语几乎都被翻译成"超越论(的)哲学"。也就是说,"transzendental"的固定译语是"超越论的"。然而,在日本漫长的康德接受史过程中,"超越论的"这一译语固定下来的时间并没有很久。因为,其中潜藏着漫长的翻译论争史。当然,其中也潜藏着康德哲学解释的对立。因此,本文一方面打算回顾到目前为止的考察,另一方面则将目光转向持续到今日为止的康德解释史的一个片段。

如前所述,西周在《明六社杂志》(第 38 号)的论文《人世三宝说(一)》中,将康德的"transzendental"翻译成"超妙"。竹越与三郎在《独逸哲学英华》中,将它翻译成"超绝哲学",之后将"transzendental"翻译成"超绝"似乎已经是定论。事实上,三宅雄二郎和中岛力造亦采用"超绝"这个译语。对此举出反对旗帜的是清野勉的《标注韩图〈纯理批判〉解说》的译语。他在此书中将"transzendental"翻译成"卓绝"。清野似乎已经想到会有人对此译语提出疑问,因此,在其著作中说明了"放

---

① [日] 田边元:《田边元全集》第 3 卷《康德的目的论》,东京筑摩书房 1963 年版。从大正末期到昭和初期终于出现了几种《判断力批判》的研究专著。川村丰《〈判断力批判〉的研究》(东京同文馆 1928 年版)、大西克礼《康德〈判断力批判〉的研究》(东京岩波书店 1931 年版)等都是相当杰出的著作。

弃'超绝'这一译语而选择使用'卓绝'这一译语的适当理由":"韩图所谓 Transzendentale Erkenntnis 在先验的认识中最为卓绝，因为其在关于其他先验认识的由来方面，具有卓见之明。"总之，"超绝"这个译语正意味着，康德区分于"transzendent"的"transzendental"之固有意思并无法明确化。确实如清野所指出，将"transzendental"翻译成"超绝"并不是很适当。事实上，日语的"超绝"有不能和其他东西做比较、极为出色的意思。然而，此译语亦有和其他东西没有关系、存在于更高维度的意思。因此，就如康德自身所说明的，超越经验或经验认识内容，并限制它、替它打基础这种"transzendental"固有的意思，不仅无法用"超绝"这一译语来表现，而且还有被混同为"transzendent"的危险。这两个术语在译语选择上的问题，并不光是选择译语这个层次的问题而已，这显示出如何明确区分与理解批判哲学及独断论哲学的根本课题。

虽说如此，清野勉的"卓绝"这一译语，亦无法明确地表现出康德的"transzendental"的含义。我们可推测到"卓绝"一方面有极为出色、不能和其他东西做比较的意思，另一方面又有不能和其他东西没有关系的意思，因而才会出现"比较不会有和'transzendent'混淆的危险"这种解释。因此，关于此语的译语选择及妥当性，到了"二战"结束后，争论一直持续了很长一段时间。在这过程当中，"transzendental"的译语"先验的"、"transzendent"的译语"超越的"，此外还有"a priori"的译语"先天的"，占了绝大多数。

翻译语论争最大的转折点在九鬼周造的主张。九鬼在《哲学杂志》（1929年5月号）的论文《时间的问题》当中如此批判道："让作为译语的'超越的'与'先验的'相对立，很明显在思考上有过度追求廉价的明晰性。"九鬼从此概念的语源开始检讨，接着进入康德的独特用法，更进一步指出康德的"transzendental"与胡塞尔现象学中的"transzendental"之间的关联，并主张在康德的脉络里"transzendental"同时也是"a priori"，但在胡塞尔的脉络里这些概念和康德的不同，"transzendental"亦可以是经验的，若将此术语翻译成"先验的"，就很难理解了。①

笔者认为，上述九鬼的批判在康德解释上有重大的转变。我们必须正视的事实是，在此存在着对新康德学派的康德解释之批判与以海德格尔现象学的存在论为基础所产生的康德解释之主张。事实上，九鬼以上述主张为基础，在该论文中指出海德格尔对《纯粹理性批判》"超越论的原理论"之解释所添加的脚注，并如此主张："我想将 transzendental 翻译成'超越论的'。"② 其理由是，"若翻译成'先验的'的话，那就会带有太多新康德派学说的色彩。现在……我们若一直固执地主张那些会让人想起新康德派学说的译语，那就无法避免一种时光倒错的感觉了"③。九鬼的批判是，在新康德学派影响下的日本康德解释传统是一种落伍的象征。此论文以《论究时间的问题：柏格森与海德格尔》为题，论及两位哲学家的时间、实存以及存在的问题，迄今一般都未将此论文视为康德解释之论文。但笔者基于上述理由，认为此见解有修正的必要。

接着，笔者想要指出的事实是，和辻哲郎在处理康德哲学的两篇论文中，亦表示出相同的见解。和辻哲郎在《康德实践理性批判》（1935）的序中说道："关于翻译语方面，有刻意不用翻译语惯例的地方。我将 a priori 译为'先验的'，而将 transzendental 译为'超越论的'。"④ 和辻在《人格与人类性》（1938）中举出九鬼周造的名字，并表示赞同他的想法。也就是说，和辻采用九鬼周造的提案（将康德的"transzendental"翻译成"超越论的"的提案）。此语的译语一般采用的是"先验的"，从日语的意思来看，即意味着"先于经验"，除此之外别无他意。因此，这个译语刚好能和"a priori"的意义互相涵盖。"a priori"的另一个译语"先天的"，原本是指"出生之前"，也就是"先于诞生"的意思，相当于康德所谓的

---

① 参见［日］九鬼周造《九鬼周造全集》第 3 卷的《论究时间的问题：柏格森与海德格尔》（东京岩波书店 1981 年版，第 336 – 337 页）。"transzendental"（超越论的）这个概念，是和康德哲学的根本理解有关的重要概念。关于"物自身"（Ding an sich, Dinge an sich selbst），因文章篇幅的关系，只能在日后论述。

② ［日］九鬼周造：《九鬼周造全集》第 7 卷，第 44 页。必须说明的是，九鬼在此除了举出和辻哲郎与冈野留次郎这些赞成者，还提到天野贞佑译《纯粹理性批判》下卷，然而就如笔者在本文所指出的，九鬼的论述和事实不符。这应该是九鬼误解或记错了。

③ ［日］九鬼周造：《九鬼周造全集》第 3 卷，第 336 页。

④ ［日］和辻哲郎：《和辻哲郎全集》第 9 卷《康德实践理性批判》，东京岩波书店 1962 年版，第 195 页。

"angeboren",和"a priori"并不相符。因此,和辻认为:"将 transzendental 翻译成先验的,一方面夺走了 a priori 的适当译语,另一方面也将 transzendental 的意思解释得很狭窄。"① 和辻亦引用海德格尔的存在论立场,并添加了详细的说明,借以支持九鬼的说法。②

笔者认为和辻的见解,在今天还是通用的,而且是一个妥当的说明。然而,九鬼的好友天野贞佑的翻译书《纯粹理性批判》(下)(昭和五年,1930),在九鬼提出问题以后,还是一直翻译成"先验的","a priori"方面则采用"超验的"这个译语。九鬼周造及和辻哲郎积极地展开自身的哲学思索,也创造出了自身独特的哲学体系,之后被后人称为"九鬼哲学""和辻伦理学"。相对于此,有"康德学者"之称的天野贞佑,一辈子埋首于康德著作的翻译和康德的内在解释之研究,关于其对康德译语的选择,也显得格外保守,康德的批判哲学精神显然非常薄弱。事实上,也由于九鬼及和辻提出一些挑战,日本存在论式的康德解释才逐渐被接受。然而,那种结果并不是直接受到海德格尔的影响。日本康德研究受到康德研究专家海姆塞特(Heinz Heimsoeth,1886—1975)的"存在论式的康德解释"之影响很大。③ 关于《判断力批判》及"宗教哲学"的真正研究,则

---

① [日]和辻哲郎:《和辻哲郎全集》第9卷《人格与人类性》,东京岩波书店1962年版,第339页。

② 关于"超越的与超越论的之区别",九鬼如此说明:"海德格尔的 ontisch 与 ontologisch 之区别,亦是以'本体的'与'本体论的'这种差别来翻译,我认为这很恰当。"(《九鬼周造全集》第3卷,第337页)和辻也在上揭论文《人格与人类性》的长注中如此说明:"就如以'超越'为哲学核心问题的海德格尔所解释的那样,康德的 Sein(存在)不外乎是'被知觉后的存在'(Wahrgenommenheit)、'被认识后的存在'(Erkanntheit)……很明显,将此对象的被认识性及其可能性的学问称为'存在的学问',也就是 Ontologie(存在论)……将此学称作 transzendental,正显示出某种发挥'超越'的意义之意图……总之,为了要表示出在 transzendental 中潜藏着要比先于经验这个意思还要能显示出关于'超越'的某种见解,在此我和九鬼氏一样,都把它翻译成超越论的。"(第339-340页)无论是九鬼还是和辻,都以海德格尔《存在与时间》的思想为线索,从自身观点选择了相同的译语,这点无论是从日本的康德研究史还是从海德格尔研究史来看,都是非常耐人寻味的。

③ 海姆塞特的"存在论式的康德解释"经常出现在海德格尔《存在与时间》的注当中(Martin Heidegger, *Sein und Zeit*, 1927. 5. Aufl., Tübingen, 1967, S. 320, Anm. 1)。然而,日本的康德研究者并没有留意到这一点,在"二战"后通过阅读海姆塞特的诸论文后,才开始接受其影响。

比上述研究出现得还要晚。① 这里又突显出了日本康德研究的特征及课题。

总而言之，经过上述各种不同见解及论争，今天的日本康德研究专家已达成共识，大多将"transzendental"翻译成"超越论的"，将"transzendent"翻译成"超越的"。而"a priori"一般则采用"アプリオリ"这种片假名（katakana）来标记。笔者曾担任过《康德事典》的编辑委员，此事典统一了日本的康德哲学译语，并为这些论争画下了终止符。②

六、结论：其后发展的概观

"二战"结束后，也就是昭和二十年（1945）以后，哲学研究主要在马克思主义哲学、实存主义哲学以及语言分析哲学这三个主要思潮的影响下发展，康德研究因而被挤压到日本哲学研究的边缘。然而，随后欧美康德研究的影响逐渐扩大，日本康德协会（Japanische Kant-Gesellschaft）便在昭和五十一年（1976）成立，此协会现在每年都举办一次全国大会。此大会以座谈会、共同讨论、个人研究发表等形式进行，2015年将迎接成立40周年纪念。在日本，不仅有理想社版《康德全集》及岩波版《康德全集》的出版，另外还有日本康德协会编《日本康德研究》以及笔者自成立以来就是会员的"康德研究会"编《现代康德研究》（到目前为止共12册）的发行。这些持续的研究活动及研究成果不断出版，使得康德研究再次达到兴盛的局面。和日本其他学会活动，如费希特、谢林、黑格尔、马克思（日本的马克思学会最终没有成立）等的研究活动比起来，康德的研究活动最兴盛。

---

① 关于《判断力批判》的真正研究专著，可举出川村丰郎《〈判断力批判〉的研究：康德的文化问题》（东京同文馆1928年版，共193页）与大西克礼《康德〈判断力批判〉的研究》（东京岩波书店1931年版，共610页）。此外，关于康德宗教论的完整研究专著，有佐野胜也《康德的宗教论》（东京理想社1929年版，共307页）。至于其他领域，有儿玉达童《关于康德数学论的范围：外五篇》（东京甲子社书房1926年版，共418页）。值得一提的是，高坂正显《康德》（东京弘文堂书房1939年版，共422页，载《高坂正显著作集》第2卷，东京理想社1965年版）是一本从人学观点来解释康德哲学体系的优秀康德研究专著。波多野精一的论文《关于康德的宗教论》（1913，大正二年4月，东京哲学会的演讲），如此高度评价康德宗教哲学的意义："康德即是通过其哲学的新精神，在宗教哲学上开拓了一条新道路，以至于引领了一个新时代。……宗教哲学可说是从康德开始。"（《波多野精一全集》第5卷，东京岩波书店1969年版，第423页）

② 有福孝岳、坂部惠监修，牧野英二、石川文康、黑崎政男、中岛义道、福谷茂编：《康德事典》，东京弘文堂1996年版。

关于本论文未完成的部分"六、昭和时代、战后康德研究的重构动向"与"七、平成时代康德研究的多样性",以及后现代的流行、语言分析哲学、20世纪90年代以后英美哲学与哲学知识的分化、21世纪康德研究的课题、从欧洲哲学转移到以英美系哲学为中心的心灵哲学之影响、康德哲学与日本思想之间的关联、正义论和政治哲学之间的关联、应用伦理学、环境伦理的重视与永续可能的哲学、学术界中的哲学教育与哲学研究的位置等,笔者都将在别的文稿中进行考察。①

最后,关于本文题目"日本康德研究史的特征与今日的课题(1863—1945)",笔者将做暂定的结论。过去三枝博音曾如此说道:"在日本,康德并未以其原本的面貌被接受。"② 此外,康德研究专家武村泰男如此说道:"若审视日本的康德研究,我认为很难在明治以降的康德研究中看到日本的积极特征。……若真的要说的话,那应该是无特征的特征吧。"③然而,本文的考察已明确指出像三枝或武村的说法,都不是很恰当的康德解释。康德哲学及其经典著作,唯有在其被接受的历史、社会的现实脉络底下,经由其人民自由地解读与诠释,才能表现出最大的特征与意义。日本康德研究史(接受)的特征与课题,也因为其在日本这个风土中被自由地解读,才得以产生。

---

① 本文无法涉及"二战"以后日本康德研究、接受史的主要动向部分,请参照其他资料,如牧野英二编《日本的康德文献目录(单行本编):1896—2012》。

② [日]三枝博音:《三枝博音著作集》第3卷《近代日本哲学史》,东京中央公论社1972年版,第186页。

③ [日]武村泰男:《日本的〈纯粹理性批判〉研究》,载《理想》,东京理想社1981年第582号,第154-155页。

日本康德研究的意义与课题
（1946—2013）

牧野英二

一、前言：本论文的目标

本论文的主题是考察"二战"结束后，也就是从 1946 年到 2013 年的"日本的康德哲学研究史"。此处的"康德哲学研究史"包含"康德哲学文献的翻译史以及康德哲学的接受史"。因此，在本文当中，笔者将阐明从 20 世纪后半叶到 21 世纪初，这 68 年间日本康德研究的意义及课题。

首先必须说明的是，本论文是《日本的康德研究史与今日的课题（1863—1945）》的续篇。因此，在此先简单回顾该论文的考察成果。其主要成果有以下几点。此论文首先阐明了日本康德哲学文献的翻译、康德哲学的接受及研究的历史经纬。接着，解明了日本自明治初期推动近代化以来，一直到 1945 年为止，康德哲学的接受史及研究史的特征。最后，突显出在日本的西方哲学研究史当中，历史最悠久、实质成绩亦相当丰硕的康德哲学研究之意义与课题的一个面向。然而，该论文的考察范围，限定在到"二战"结束为止的康德研究史。因此，在本论文中，笔者将试图通过考察"二战"后日本康德研究史的意义及课题，来突显出从幕府末期到今日为止日本康德研究史的整体图像。

接着，笔者将说明在本论文所采用的考察方法。笔者所采用的考察方法和上篇论文一样，借由对日本康德研究的倾向及其社会、思想背景的关注，来阐明康德接受史的历史性与社会性意义。在本论文的研究上，和前篇论文《日本的康德研究史与今日的课题（1863—1945）》有所不同，笔者遇到了一些困难。关于原因，笔者在此主要想提出三个论点。第一，在"二战"后的日本，康德研究已无法再像以前一样，占据哲学研究的中心位置。第二，随着日本哲学研究的多样化，康德哲学研究也开始多样化、复杂化。第三，知识的全球化给予哲学思想领域很大的影响，亦影响着康德哲学的研究。因此,笔者认为有必要充分参照这些情况,来考察日本康德研究史的意义及课题。

最后,为了给予读者阅读上的方便,笔者会先将本论文所考察的结论做一个简要整理。本论文考察的主要结论,可整理出以下四点。

第一,日本的康德研究史处在当时日本社会及学术界的强力影响下,因而也可以说是和其社会及学术界相互作用与抵抗的历史。比如,对明治时代的军国主义之批判性论调,就变成考察康德的《永久和平论》的主要契机,大正时代的人格主义式的康德解释,也因此而产生。另外,"二战"后,由于对战前或战时的军国主义之反省以及民主化的潮流,很多具有民主色彩的知识分子开始转向研究马克思主义哲学,在此影响下,康德哲学便不再被重视。除了实存哲学及其之后的后现代主义(postmodernism)对康德哲学研究产生了影响,还有在21世纪前后全球化下的多元化哲学、思想及其方法论,亦给予康德哲学研究很大的影响。

第二,日本康德研究的特征,首先从理论哲学的认识论解释开始。接着也因为受到大正教养主义的影响,开始转向实践哲学,特别开始转向对自由及人格性的重视。受到在十月革命下的马克思主义的影响,也开始出版考察康德与社会主义之间关系的研究与翻译。此外,"二战"后,特别是在20世纪80年代以降,关于《判断力批判》《永久和平论》以及康德的历史哲学与社会哲学的研究急速增加,还有对康德哲学整体图像〔包含从批判期之前到最晚年的《遗稿》(*Opus Postumum*)的整体图像〕之研究,也有逐渐增加的倾向。至于康德和休谟(David Hume,1711—1776)、卢梭(Jean-J. Rousseau,1712—1778)的关系,以及和沃尔夫(Christian Wolff,1679—1754)学派、克鲁修斯(Christian August Crusius,1715—1775)之间关系的研究,除了有康德对这些人的评价和批判之研究,还有从这些哲学家的原典来研究这些人对康德的影响作用史之研究,而这些研究动向也变得非常兴盛。近年来,由于法兰克福学派(Frankfurter Schule)第二代以后哲学家们对康德的批判与评价以及英美哲学的影响,再加上受到后现代主义影响下的康德美学与崇高论研究之启发而出现的论文不断增加,很多人开始从环境伦理学(environmental ethics)、生命伦理学(bioethics)、政治哲学、正义论的立场,来研究康德哲学。然而,对康德的宗教论之研究,在日本康德研究的漫长历史当中,和其他的研究领域比较起来是最为薄弱的一环,因而尚有许多研究的空间。最后要指出的是,日本

第三部分 西方哲学在东亚

受到欧美环境伦理学及生命伦理学的影响，开始接受英美的语言分析哲学、心灵哲学（philosophy of mind）以及意识研究学（consciousness studies）。最近又因为受到脑神经伦理学（neuroethics）的影响，也有人开始从和这些研究成果之间的关联来探讨康德哲学的课题。总之，日本的康德研究或解释的动向与特征，通常都是在国内外的学问情势，特别是政治、社会状况以及欧美诸科学进展的影响下显现出来的。关于约有150年的日本康德哲学接受史及研究史，大略可以做出以上概观。

第三，至于日本康德哲学的研究方法，则有以下五个主要特征。第一个方法的特征在于，追求康德哲学的正确理解与忠实的文本解释之内在性的研究。此种研究致力于忠实且正确地理解明治以降的康德之见解。其成果是创作出很多康德哲学注解书及解说书，对康德哲学的普及有很大的贡献。第二个方法的特征则在于，对康德哲学采取批判性的哲学立场之外在性研究及解释。例如，有进行康德和黑格尔等的德国观念论哲学家在发展史上的比较研究或马克思主义者从政治、社会观点将康德哲学视为保守的个人主义之批判性研究等。此种立场显然是以黑格尔与马克思的发展史观为基础，来克服康德的批判哲学之立场。第三个方法的特征在于，日本传统思想或日本哲学思想家与康德哲学之间的比较研究。例如，有康德和佛教或西田几多郎的哲学、和辻哲郎的伦理学之间的比较研究。这种研究除了阐明从"二战"前一直延续下来的、对西方哲学的对抗原理之意义外，同时对日本哲学立场的建构，也非常有贡献。① 第四个方法的特征是，今日还是有很多研究者一直致力于欧美康德哲学研究文献的翻译和介绍。此种类型的研究者，通常对欧美的康德研究者之主张都是采取肯定的态度，同时在介绍与接受其主张的工作当中，也能找到学问的使命。第五个方法的特征则是，最近从应用哲学、应用伦理学的观点，来研究康德哲学的意义及局限的倾向非常明显。在这五个主要特征当中，关于上述的前四个，自明治以来关于康德哲学的研究及翻译的正确与否，其水平虽有些微差异，但基本上并没有太大变化。

---

① 其典型的例子是，松永材（Matunaga Motoki）的康德研究及日本主义思想的见解。松永的康德研究专著除了《康德的哲学》（东京尚文堂1924年版），还有《康德的道德哲学》（帝国教育会出版部1924年版）、《日本主义的哲学》（东京尚文堂1929年版）等著作，也都是在第一次世界大战后才被发行。顺带一提，在近年来标榜"日本哲学"的哲学研究者当中，也有和松永的主张有关的人。

第四，日本康德哲学接受史整体的显著特征在于，日本的哲学研究从明治二十年代到大正时代为止，都是以康德哲学研究为中心。所谓哲学便意味着西方哲学，而学哲学则必须先从康德哲学学起。但日本的康德哲学研究过程，是一开始在新康德学派影响下的康德接受与解释之过程。在这一点上，日本的哲学研究以及康德哲学研究，留下了偏重德国哲学等的课题。再加上，此种康德研究的特征及哲学研究的课题等，迄今有关日本的哲学研究和康德哲学研究方面，依然是到处可见的普遍现象。然而，最近的日本康德研究摆脱了新康德学派的影响，不再只是接受、引进或介绍德语圈的康德研究，关于英语圈的康德研究之接受、引进或介绍，也在逐年增加。这是一个很大的特征。①

最后，笔者想谈一谈关于出版这些康德相关的翻译书时所产生的译语上的问题。日本一直都被称为翻译大国。不仅是康德哲学，有关哲学、思想领域上的翻译出版，除了"二战"期间外，可以说是日本文化的一大特征。当然，其翻译大多是对欧美书籍的翻译。关于近现代的德国哲学，特别是康德哲学译语上的问题，前篇论文《日本的康德研究史与今日的课题（1863—1945）》已深入探讨了"transzendental"（超越论的）的翻译史。和此用语有密切关系的重要概念，则有"a priori""a posteriori"这些概念。这些概念，过去有一段时间曾被翻译成"先天的""后天的"，但由于这些词会有和生理学的意义相混同的危险，因而在今日大多以片假名"アプリオリ"（a priori）、"アポステリオリ"（a posteriori）或"ア·プリオリ""ア·ポステリオリ"作为统一的标记。

此外，实践哲学的重要概念"Gesinnung"，亦曾出现过"心根"这个译语，现在大多翻译成"心术"。特别是重要的术语"Autonomie des Willens"，它被翻译成"意志的自律"，这已成为固定的翻译。在意思上形成对立的"Heteronomie der Willkuer"则被翻译成"选择意思的他律"或"选择意志的他律"。此外，像《判断力批判》中的重要概念"Heautono-

---

① 关于康德对20世纪西方哲学整体的影响，以下日语文献可当参考。Tom Rockmore：《在康德的航迹之中：20世纪的哲学》（牧野英二监译，斋藤元纪、相原博、平井雅人、松井贤太郎、近堂秀译，东京法政大学出版局2008年版）；Tom Rockmore, *In Kant's Wake. Philosophy in the Twentieth Century* (Oxford：Blackwell, 2006)。此书将全球化的现代哲学之主要潮流分成四个区块，分别是实用主义、马克思主义、欧陆的现象学、英美的分析哲学。它主要是从理论哲学的观点考察了康德对此四种哲学的影响关系。

mie der Urteilskraft",一般则被翻译成"判断力的自我自律"。而"aesthetisch"在理论哲学、认识论的脉络里,则被翻译成"感性的"。此语在《判断力批判》的第一部分中,也就是美学论、品味判断论的脉络里,则被翻译成"美感的""美学的""情感的"等。因此,这并不是说每个概念都会有一个统一的译语。在康德文本中,频繁被使用的"Gemuet"这个术语,亦有很多种译语。比如"心""心性""心情""气质""心意识"等。另一方面,和此术语有关联的"Seele""Geist"则大多被翻译成"灵魂""精神"。① 宗教论的重要术语"das radikal Boese"则被翻译成"根源恶""根元恶""根本恶"。在此须注意的是,这些译语之所以如此具有多样性,是因为康德术语的解释及其日本译语的理解这两种语言解释的问题潜藏在背后的关系。

关于这点,笔者曾在前篇论文《日本的康德研究史与今日的课题(1863—1945)》中提及"Ding an sich"的译语之变迁,在此将验证从该变迁中所看到的康德解释之多样性。此概念在翻译史中被采用的日语翻译也有很多种。这些翻译显示出"是要以肯定的立场来掌握此概念及其基础的康德哲学本身,还是要以否定的立场来解释"的论争情况,也就是呈现出所谓"形而上学的战场"之状况。在此只说出要点,在明治时代接受康德的初期阶段中,"Ding an sich"的译语是"实体",此译语是最具代表性的。最早采用此译语的是井上哲次郎的《伦理新说》(明治十六年,1883)。井上根据自身的"现象即实在论"的哲学立场如此断定道:"物如就是'Ding an sich'……物如便是实体。"他认为"物自身"不可能是真实的"物",只不过是穷于语言的表现罢了。顺带一提,在佛教哲学里,"实体"意味着"真如"(宇宙万物本身的样态,存在的究极样态,亦即绝对不变的真理)。然而,井上哲次郎针对两者的不同,究竟达到何种程度的自觉,就不得而知了。井上圆了亦在《哲学要领》(明治十九年,1886)中犯了这样的错误,也就是将"物自身"概念断定为"在心之外决定物质的实在物自身"这种唯物论的见解。另外,桑木严翼则在《康德与现代的哲学》(大正六年,1917)中,对康德的主张进行了肯定的评价,并从此立场"来确认康德对物自身的想法"。桑木并不是以李尔

---

① 关于上述译语的变迁、多样性及其选择的妥当性,参见[德]康德《判断力批判》上,牧野英二译,载《康德全集》第8卷,东京岩波书店1999年版,第269、278页。

(Alois Riehl,1844—1924)和鲍尔生(Friedrich Paulsen,1846—1908)的康德解释为线索,从遵循"原因与结果"这种范畴的时间相继产生关系来理解"物自身"与"现象"之间的关系,而是采用以"理由与归结"这种逻辑关系来解释的见解。① 此种解释"物自身"及康德的方法成为往后日本康德哲学研究的基本模式。

总之,针对"Ding an sich"这个德语,学界最后采用的是"物自身"(日语:物自体)这个译语,直到今日都是如此。然而,关于康德对"现象"与"物自身"的说明之妥当性及其对两者关系的理解,即使在今日的康德研究,仍然是争论的焦点。此课题不仅和关于对象的"触发"之解释有关,也就是和针对是应该将物自身与现象之间的关系作为因果关系来解释,还是将其解释为理由与归结的关系这种一直以来的论争有关,近年来亦和关联到身心问题的现代哲学之难题有关。譬如戴维森(Donald Davidson,1917—2003)关于物与心的"非法则论的一元论"(anomalous monism),即尝试将康德哲学的身心问题做一种整合性解释的论述,此为其中一个例子(Donald Davidson, *Problems of Rationality*, New York:Oxford University Press, 2004)。阿培尔(Karl-Otto Apel,1922—2017)针对被他称为"美国康德"的皮尔士(Charles Sanders Peirce,1839—1914)对"物自身"的批判和重新诠释,做出如此评价:"那是雅各布比(Friedrich Heinrich Jacobi,1743—1819)以来对康德提出的批判性论据当中最强而有力的其中一种。"(*Transformation der Philosophie*, Frankfurt a. M.:Suhrkamp, 1973)

众所周知,雅各布比针对康德的"物自身"概念所蕴含的矛盾,做出如下批判:"我一直都被以下两件事困扰,亦即若不以物自身为前提,则无法进入该〔康德哲学的〕体系当中,以及若以物自身为前提的话,就无

---

① 关于从井上哲次郎到桑木严翼的"物自身"之解释史,请参见高峰一愚《日本的康德"物自身"之受容》(东京论创社1986年版,第2-13页)。不过此小册子是非卖品。关于这之后的文献论述,请参见牧野英二《物自身、对象、实在》(收录于牧野英二、有福孝岳编《康德初学者入门》,京都世界思想社2012年版,第100-116页)及牧野英二在《康德事典》(东京弘文堂1997年版,第507-510页)中所执笔的项目"物自身"。顺带一提,关于康德"物自身"的诸问题之考察,可参看阿迪克斯对"物自身"的研究专著,参见 Erich Adickes, *Kant und das Ding an sich*, Berlin:Pan Verlag Rolf Heise, 1924。他在此书中展开"双重触发论"(Lehre von der doppelten Affektion),也就是经验对象的触发和物自身的触发这种独特的解释,本论文在此无法深入探讨。

法停留在其体系当中。"①。最近亦有不少这样的做法,也就是像罗蒂(Richard Rorty,1931—2007)那样,把"物自身"视为疑似的问题,并试图"解消实在的问题"(Richard Rorty, *Consequences of Pragmatism*: *Essays*, 1972—1980, Minneapolis: University of Minesota Press, 1982)。以上观点在日本的康德研究史中,变成一种不能忽视的论点。另外,最近亦有和笔者的做法相同的研究出现,也就是将此概念扩大到理解他者的脉络来使用,并借此来重新解读康德哲学的研究。

总之,翻译语的选择并不是翻译者的偏好或喜好的问题,而是和康德解释问题有密不可分的关系。其在康德接受史上可以说是一个很重大的课题。

二、从第二次世界大战战败到民主主义的时代

在此,笔者先从战后昭和时代的康德研究之重构动向来进行考察。"二战"后,从昭和二十年(1945)到昭和三十五年(1960)为止,由于战胜国美国的民主化政策影响和日本国民的主体性自觉,再加上世界规模的社会主义及共产主义国家成立的影响等,日本的哲学思想亦在全球化的思潮下成立、发展。具体来说,日本哲学研究的时间大概有20年,主要是在马克思主义哲学、存在主义哲学以及语言分析哲学这三大思潮的影响下进行发展的。其结果是,即使在日本,传统的康德哲学研究也被排挤到哲学研究的边缘。在此种思想状况下,哲学专门的杂志《理想》(理想社发行)于昭和二十九年(1954)4月,发行了康德逝世150年纪念专号(《康德的现代性意义》)。其收录的论文及执笔者如下。山崎正一《关于康德的"批判精神"》、宫岛肇《康德与现代》、樫山钦四郎《康德的人本主义》、岸本昌雄《康德判断力批判的意义》、堀伸夫《康德与现代物理学》、斋藤义一《康德的历史观》、菅谷正贯《康德的宗教哲学》、原佑《关于康德的人性》,以上共8篇。此专号收录了几篇反映当时时代状况的特殊论文。山崎的论文指出了康德研究中的新康德学派所发挥的肯定与否定这个双重评价作用,并主张有必要克服其日本康德哲学接受过程中的问题。因为,"新康德学派运动本身是一种在一定的历史、社会制约下所产生的运动……只要是如此,新康德学派的极限,亦可说是康德研究的极

---

① *Jacobis Werke*, 2. Bd., Nachdruck der Ausgabe Leipzig, Darmstadt, 1976, S. 304.

限。……被移植到我国的新康德学派,并非德国本土的新康德学派本身,因而其极限亦可说是双重的"。(第2页)那么这些被移植到日本的新康德学派与康德研究的双重局限所带出的课题究竟是什么?根据山崎在此篇论文的结论,可以指出以下两点。"第一,新康德学派哲学成立的精神史与物质的基底,也就是其宗教的或世界观、人生观的背景以及新康德〔学派〕成立并于其中所发挥的社会与政治意义,既没有受到重视,亦没有被视为问题,甚至还被摒弃。"(同上)"第二,新康德学派哲学一直都是从其学说组织的体系性及逻辑性之整合性观点,来被加以探究与移植的。"(同上)山崎指出,由于这些社会性与政治性观点被刻意屏除,以致日本的新康德学派及经过此过滤之后的康德研究方向遭到扭曲,接在其后的现象学派之哲学研究亦陷入同样的问题当中。他还表示迄今都还可以看到这种偏颇的接受倾向。也由于这些研究方法的关系,在日本,康德的"批判精神"已无法被正确掌握。山崎针对今日的"批判精神"(亦即以一直以来的康德研究之批判为媒介所形成的批判精神),做出如下解释:"康德在和其思想的传统以及英国、法国这些外来的思想进行对决时所产生的'批判'精神,并非只是18世纪德国古老、过去的东西,事实上,其还必须是吾人在今日的——作为东方人的——精神不可。"(第17页)此主张最后被集结在山崎数年后出版的单行本《康德的哲学:后进国的优势》(东京大学出版会1957年版,第211页)当中。

接着是宫岛的论文。此论文强力反映出当时自由主义的思想倾向。宫岛以否定的立场来评价康德哲学的意义,他认为,康德哲学在今日,和马克思主义哲学的现代使命比较起来,并没有什么重要的意义。根据宫岛的说法,"康德在苦恼当中试图解决的理性批判之课题,是从普鲁士式的绝对主义时代到近世市民社会这种世界史转换期的矛盾抗争之中被汲取出来的产物,从这里被导出的是他的批判主义及个人的人格主义等立场"(第27页)。宫岛接着指出,今日的世界史状况已经超越了康德理性批判的课题。他认为"哲学必须面对的是更进一步的时代课题"(同上),并断定"他〔康德〕的先天主义只有古典的意思,而且这是一个学界的常识"(同上)。此种主张可以说是象征当时日本马克思主义哲学趋势的直接表现。像这种康德批判以及对康德哲学的否定评价,有一段时间成了"学界的常识",然而,此种看法最后还是逐渐被修正过来。

堀伸夫的《康德与现代物理学》是一篇耐人寻味的论文。此论文非常罕见,是从康德研究史和自然科学家的立场来进行考察的康德论。此论文并没有依据当时的科学主义或马克思主义的科学观来看待康德的时间论与空间论,也没有视之为过时又没有科学意义的见解。相反,堀伸夫认为从现代物理学的研究状况来看,康德的时空论仍然具有十足的历史性及现代性意义。他还指出:"康德的纯粹理性批判即使是对于今日的物理学,一点也不用在其根本精神上有任何改变。康德的第一批判作为物理学的哲学反省,即使在今日,仍然十分有用。"(第55页)堀伸夫会如此主张,主要理由是其将注意力转到"物自身"的意义上。他如此说道:"量子力学的记述是认识的可能性之记述,而此种可能性的总体,便是物自身。我们的具体感觉之可能性的总和就是物自身。"(第56页)从今日的康德"物自身"解释来看,这种对"物自身"的理解方式有很大的问题,而且这样的说法并不是很妥当。然而,若从当时的日本思想状况来看,这种康德评价的视点确实耐人寻味。此论文若能有更进一步的展开,并对康德研究者发挥影响力的话,或许在他之后的日本康德研究史会有和现在稍微不同的发展。实际上,堀伸夫在谈论康德的道德论时,关于精神的自由之论述,援用了生理学者、脑科学家埃克尔斯(John C. Eccles,1903—1997)的论文,并主张精神的自由与物质法则之间有交涉的可能性。再加上堀伸夫在谈《判断力批判》的自然的合目的性时,亦以薛丁格(Erwin Schrödinger,1887—1961)的论文《何谓生命》的论述为线索,正确地做出如下判断:"哲学不应该背对科学而向后前进,应该包含科学且必须究明超越科学的东西之本质。如此一来,才能和科学的成果进行调和,并随着科学一同发展,也就是说必须以科学与超科学的统合为目标。"(第63页)此论文结论是:"康德的本意不就是在那里吗?"(同上)依笔者的理解,这种对哲学与科学之间的关系的判断,即使在今日作为康德研究上的重要课题来探讨也还是非常有意义。

其他的论文则采用传统的内在性研究方法,并没有回应此专号的主题"康德的现代性意义"。因此,本论文就不对这些论文的论述内容进行论述。然而,此康德特专号作为康德逝世150年纪念专号,还是有给人无法满足的印象。其主要理由是,对于"二战"前的康德哲学及其研究方法进行反省的论文,虽然有明显的增加,但由于缺乏对这些方法的自觉及问题关心,依然采用旧方法与姿态来研究康德的论文亦为数不少。无论如何,我们都应该将这些现象视为战后第九年在学问研究的重建道路上所反映出来的一些实验性思考。

接下来，笔者要介绍的是日本最具传统的哲学专门杂志，即由哲学会编的《哲学杂志：康德哲学的研究》（东京有斐阁 1966 年 10 月第 81 卷第 753 号）。此为日本战后首次以东京大学教授群为中心所发行的康德专号。①

此企划的契机在于 1965 年岩崎武雄《康德〈纯粹理性批判〉的研究》（劲草书房）的出版。此专号收录的研究论文有原佑《关于〈判断力批判〉的位置问题》、黑田亘《经验的可能性》、宇都宫芳明《"哲学家"与"智慧"：康德的"智慧"之爱》、坂部惠《启蒙哲学与非合理主义之间：门德尔颂、雅各布比、康德》、山本信《康德哲学中的无限与有限》。讨论部分有岩崎武雄《因果律与决定论》、大森庄藏《决定论与因果律：岩崎武雄氏"因果律与决定论"的立场》，以上共 7 篇论文。

代表当时日本康德及德国哲学研究者的是岩崎武雄与原佑，当时很活跃的研究者则是山本信、大森庄藏（这两位学者担任过大修馆版《维特根斯坦全集》的编辑者）、黑田亘（维特根斯坦的研究者）、宇都宫芳明（之后积极出版个人翻译的《实践理性批判》《判断力批判》《永久和平论》等著作），年轻的研究者则有坂部惠等人。由于有这些当时非常出色的学者撰稿，才会有康德专号的出版。这些论文，比如原佑的论文是从内在性的立场来研究康德哲学，黑田的论文则是借由对比康德和莱布尼兹（Gottfried W. Leibniz, 1646—1716）的"经验的可能性"之固有性来进行研究。此外，宇都宫的论文着眼在康德启蒙思想的重要性及其和战后光明的民主氛围之间的关联。而坂部的论文不仅指出 18 世纪启蒙思想被掩盖的一面及黑暗的存在，同时还将现代的思想状况重新置放在康德时代的脉络里来重新进行检讨。这可以说是一篇具异样色彩的论文。坂部的论文根据门德尔松（Moses Mendelssohn, 1729—1786）、雅各布比、康德的论争状况指出："康德的道德律是……对人类未来的黑暗所投射出来的东西……聚集在其周围的诸潮流所形成的模样，在康德的时代里，早已和今

---

① 《哲学杂志》的前身是"哲学会"的杂志《哲学会杂志》，创刊年是明治二十年（1887），此杂志到了明治二十五年（1892）才被更改成现在的名称。它是到昭和二十年（1945）1 月为止每个月发行一次的月刊杂志，战败后于昭和二十一年（1946）5 月才重新开始发行。然而，之后便不定期地发行，到了昭和三十七年（1962）以后才改为年刊，一直到现在为止。

第三部分 西方哲学在东亚

日的思想光景非常类似了。"（第81页）其借由此研究，在日本的思想状况当中看到了黑暗的世界。至于岩崎的论文则是环绕当时哲学研究上的论争，也就是因果律与决定论之间的关系。他援用康德式的解决方法如此主张："认为因果律与决定论是紧密联结在一起，那完全是一种错误。"（第131页）针对此种说法，大森则如此主张："我们不能认为那是通常意义上的因果律，也就是决定论。"（第152页）大森一方面主张因果律与决定论不应该紧密结合，但又赞成决定论是正确的看法。这些论文都可以说是在当时日本康德研究及其和现代哲学之间的关联中达到高水平的研究成果。

3年后，日本伦理学会将前一年大会"共同课题"的主题作为学会编辑、出版之论文集（《康德》，东京理想社1969年10月版，共320页）的主题。收录在此论文集的论文共有14篇。从内容来看，全部都是和康德伦理学及宗教论有关的论文。关于理论哲学和自然哲学的论文则没有被刊载。以下笔者将按照其刊载的顺序，介绍论文执笔者及论文题目：坂部惠《康德与卢梭》、滨田义文《初期康德与英国的道德哲学》、铃木文孝《定言令式的诸方式》、小西国夫《康德的道德法则》、近藤功《康德中的人之问题》、尾田幸雄《人格与社会的连接点》、佐藤明雄《康德的自由与实践》、三登义雄《康德的历史与道德》、五十岚明《康德宗教论中的理性界限》、花田伸久《关于康德与道德法则与理性信仰》、观山雪阳《康德伦理学的存在论基础》、小仓志祥《〈纯粹理性批判〉的辩证论之考察》、门胁卓尔《现代的康德研究》、深作守文《康德晚年的超越论哲学之构想》。

在此论文集的后面则是"共同讨论"，此讨论从康德的"思想史、形成史"的角度出发，撰文学者之间讨论的是康德与卢梭、康德与英国的道德哲学之间的关系。关于"伦理学的原则"，学者讨论的是定言令式的诸程序之解释，至于"人格与社会"方面，讨论的是康德的四个问题（我能够知道什么？我应该做什么？我能够希望什么？人是什么？）。此外，其和超越论的人格性、道德的人格性、宗教的人格性之关系，也成为讨论的话题。最后他们讨论的是"伦理与宗教"之间的关系，并以此收场。若比较此论文集与《哲学杂志》的康德专号之诸论文，可发现两者的论文数及研究内容有很大的不同，这是最大的特征。当时和康德实践哲学有关，特别是和康德伦理学有关联的研究成果，其实有相当不错的著作，但大多数

· 199 ·

著作都只停留在文本的内在性诠释以及拥护康德的立场上。论文内容在水平、创新、独创性这些点上，很明显比《哲学杂志》逊色。日本伦理学会每年出版一次《日本伦理学会论集》，此处举出的康德专号为第 4 集。①顺带一提，全 31 卷的《日本伦理学会论集》以《性》专号（开成出版 1996 年 10 月）为最后一集刊物收场，康德专号就只有现在说的这一本而已。

话说回来，日本伦理学会成立两年后的 1952 年，日本哲学会也跟着成立。此学会是全国规模最大的学会，会员大多来自哲学、伦理学、美学、思想史关系的学者，会员规模大约是日本伦理学会的两倍。此学会自 1952 年成立以来，每年出版一次杂志《哲学》，一直到现在为止。② 日本哲学会不仅有研究古代希腊哲学、中世基督教哲学、近代哲学以及现代哲学诸潮流的专家，亦有研究伊斯兰哲学、佛教思想、日本思想等专家，其涉及范围非常广泛。也因此，在杂志《哲学》刊载的学会之大会企划、报告、投稿论文的研究领域才会那么广泛与多元。总之，此学会的活动记录可以说如实地呈现出日本哲学研究整体的活动内容及研究水平。因此，笔者接着将简单地回顾刊载在《哲学》里和康德哲学相关的论文，同时顺便回顾日本哲学会这 60 年来的发展。

若从日本哲学会的大会企划来看，康德哲学是如何被评价的呢？笔者想回答这个问题。此学会的"特别报告"是从第 19 届大会（收录在《哲学》1960 年第 10 号）开始实施，从第 10 号开始接收《投稿论文》一直到现在为止。《投稿论文》会刊登年轻的以及现在正在学界活跃的研究者的论文，然而这些论文和日本伦理学会编的《伦理学年报》所刊载的论文

---

① 1950 年成立的日本伦理学会，除了《日本伦理学会论集》外，还发行《伦理学年报》（第 62 集，2013 年 3 月刊）。此年刊杂志，很长一段时间一直都只刊载年轻学者审查通过的论文。本论文的主旨在于处理一些重要论文，因此在此将全部省略有关《伦理学年报》的刊载论文。顺带一提，近年来针对应用伦理学的研究在日本有显著进展，伴随这股风气，周边领域的全国型学会也有很多相关活动。例如，日本生命伦理学会、日本看护伦理学会、日本临床伦理学会、日本医学哲学·伦理学会、日本宗教伦理学会、地球系统与伦理学会、日本经营伦理学会等的学会在进行活动。然而，这些学会活动及学会杂志，从其学会活动的主旨来看，可以说和康德哲学及伦理学研究没有直接的影响关系。

② 《哲学》自 1952 年的创刊号以来，到 2007 年刊的第 58 号为止，都是由法政大学出版局出版；2008 年刊的第 59 号及以后的杂志，到今日为止则由知泉书馆来发行。但基本编辑方针并没有改变。

一样，还不能算是日本第一线的研究成果，因而本论文不打算对其进行探讨。

日本哲学会从第 28 届大会（1968）开始设置"特别报告"和"研讨会"这两个项目，接着在第 53 届大会以后设置"共同讨论"和"研讨会"这两个项目，此做法延续到今天。① 第 19 届大会的"特别报告Ⅰ"以"论理学、科学论"为题，"特别报告Ⅱ"则以"人、历史、世界"为题进行讨论，两个特别报告各有三名报告者，但讨论的内容都和康德哲学无关。直到第 33 届大会（1973）日本哲学会才首次以"研讨会：现代的康德哲学之意义"为题进行学术研讨。报告者及其发表主题如下。

松本正夫《康德哲学的理论性前提》、门胁卓尔《现代的康德哲学之意义》、山本信《关于二元论》，总共 3 篇。这些论文后来被收录在《哲学》第 24 号（1974）当中。松元的论文主要谈的是自己考察的目的："我想要指出的是，到了康德所尊敬，也将之视为敌手的克里斯汀·沃尔夫的经院哲学传统，事实上早已有一些足以成为批判哲学的指导教师之倾向了。"（第 48 页）此论文的题目所指的是"康德的无意识之理论性前提"。总之，康德"早有这种意识观作为前提，亦即在终极或先验上，将一切作为自己的样态，并使之得以内在化的自己满足于那样子的东西"（第 57 页）。此前提正根植在经院哲学的存在论传统之中。根据松元的说法，康德还是受到传统思想的前提限制，但另一方面他认为："唯有从单纯的人类理性立场，纯粹理性批判才有可能，在这种主张里，潜伏着近代特有的人类中心主义。"（第 62 页）门胁则在其论文中如此担忧道："即使是在日本哲学会，站在科学哲学，特别是逻辑实证主义立场的人与只关心形而上学的人之间，存在着几乎不可能对话的断裂情况。"（第 64 页）他试图以科学与形而上学可以两立的观点，整合性地从批判前期到批判期，来解释包含道德论与宗教论的康德哲学。山本的论文最后想要拥护的是，康德哲学的特征是"二元论"。然而，山本的论文并没有局限在单纯的康德二元论上，他还将议论的范围扩大到现代的哲学思考方法上来回应康德的批判，并借此主张："他〔康德〕的哲学到现在仍然还没有被超越。其二元论隐藏着无法被超越的东西或不能被超越的东西。"（第 84

---

① 严格来说，只有 1971 年第 21 号是例外，处理的是"研讨会 1：力与理性""研讨会 2：结构主义的哲学意义"。从这里可窥知当时策划者的问题意识。

页）松本的论文考察了当时日本尚未被开拓的领域，亦即康德与经院哲学之间的关系。相对于松本的论文对康德采取批判的立场，门胁的论文则始终站在康德哲学的内在性解释立场，两者的康德研究方法在这一点上，可以说是形成了对比。然而，这两篇论文都没有针对"现代的康德哲学之意义"这个提问给予解答。山本的论文则从和现代哲学之间的关联，来主张康德的普遍性意义，这可以说是其研究论文的特征。

在其 4 年前发行的《哲学》第 20 号（1970），虽然以"黑格尔诞辰 200 年、西田几多郎诞辰 100 年纪念号"的标题出版，然而此专号没有一篇是在处理康德与黑格尔或康德与西田之间关系的论文。之后，在第 47 回大会（1987）及第 52 届大会（1992）的"特别报告"中，分别有门胁卓尔《康德的道德哲学》以及黑积俊夫《康德解释的问题》。第 64 届大会（2004）则推动了康德逝世 200 年纪念计划《共同讨论 I：康德哲学的核心——纪念康德逝世 200 年》。报告者及题目分别是，牧野英二《理性的必要之感情与生的地平线》与福谷茂《作为形而上学的康德哲学：从前批判期到〈遗稿〉》。[①] 尔后，康德专号计划就没有人在"共同讨论"或研讨会中推动了。"研讨会"从 2000 年前后开始，大多集中在现代哲学的主题及和现代社会关系比较密切的哲学性议题上。"共同讨论"从这个时候起，大多是从以下两个方向来进行：一个是当代的主题，另一个则是试图进行哲学史的重构工作。不管是哪一种，除了在以年轻学者为主的《投稿论文》中被采用的研究论文，康德哲学研究在日本哲学会的企划中早就已经没有被采纳了。这是现在的实际情况。[②] 从日本哲学会的活动整体来看，可发现康德哲学研究和其他近代哲学者的研究一样，大多已经不再有那么大的影响力。

话说回来，若要从日本的哲学研究整体发展观点来看，就不得不提到京都哲学会的杂志《哲学研究》的研究成果。然而，从对"二战"后的日本康德研究之影响这个观点来看，基于以下的理由，笔者认为能够论述

---

① 参见日本哲学会编《哲学》收录的论文：牧野英二《理性的必要之感情与生的地平线》（第 41－55 页）及福谷茂《作为形而上学的康德哲学：从前批判期到〈遗稿〉》（第 56－73 页）。顺带一提，"共同讨论 II"的主题是"进化论与哲学"，但这些报告都完全没有提到康德。

② 日本哲学会编《哲学》的公开征求论文之通过条件，是其他哲学、伦理学、美学、思想史系的诸学会当中最严格的。能够刊载在《哲学》的论文，在研究成果上会受到高度评价，因此对年轻的及正在学界活跃的研究者而言是一个很重要的目标。

第三部分 西方哲学在东亚

的地方其实很少。第一,《哲学研究》的编辑方针在很长一段时间中一直致力于西方古典学、中世纪哲学、近现代哲学的研究、翻译、介绍工作,其范围广泛,包含日本思想、佛教思想、中国哲学、藏学、心理学、社会学等研究领域。康德哲学的研究论文被刊载的情况就显得比较少。此情况到现在还是没有什么改变。第二,其所刊载的西方哲学研究论文,很多都很优秀,却没有发行康德专号。第三,刊载的论文大多是年轻研究者的优秀作品,从这里虽然可窥探到当时日本年轻学者的康德研究水平,但康德研究专家的论文中评价不一的论文亦有一定的数量存在。第四,这些论文的大多数执笔者之后都将其论文加以修改、增补出版成书。本论文将从这些研究专著的范畴来进行介绍,在此将省略。①

不管怎么说,也是因为受到上述研究成果的影响,在 20 世纪 70 年代,传统上日本的哲学研究才会加强和德国哲学之间的影响关系。又因为"二战"后的现象学之流行现象,会以胡塞尔(Edmund Husserl, 1859—1938)、海德格尔(Martin Heidegger, 1889—1976)甚至是雅斯贝尔斯(Karl Jaspers, 1883—1969)等人的康德解释及批判为媒介,并随着德国康德哲学的复苏而逐渐让康德哲学的研究再次复兴起来。② 其中最关键的契机是,理想社版《康德全集》(全 18 卷, 1965—1988)③ 的发行。另外,值得注意的现象是,同个出版社从"二战"开始以前,就一直持续发行的哲学专门杂志《理想》(理想社出版),它从 20 世纪七八十年代起总共发行了以下的康德专号:《康德与现代》(1974,昭和四十九年 11 月)、《康德》(1980,昭和五十五年 5 月)、《〈纯粹理性批判〉200 年》(1981,昭和五十六年 11 月)、《新的康德解读方式》(1987,昭和六十二年夏)、

---

① 1916 年(大正五年)成立的京都哲学会,在成立的同时,便发行杂志《哲学研究》。此杂志由于西田几多郎和田边元等人的积极执笔及投稿,而达到日本的哲学研究巅峰。然而,经过"二战"后的低迷期,《哲学研究》就改为一年发行两次,就连第 500 号(1966 年 9 月)及第 550 号(1984 年 10 月)的纪念专号在内,都没有刊载康德哲学的研究论文。从 1966 年 9 月刊行以来,也就是从第 500 号到第 595 号的 47 年间,刊载康德哲学的论文总数,根据笔者调查,只不过 24 篇,那些论文大多是年轻研究者的投稿论文。2006 年到现在为止的 7 年间,康德研究论文连一篇都没有被刊载。此事实也道出现在的京都哲学会之研究状况。

② 1951 年成立的日本雅斯贝尔斯协会,现在每隔 1 年发行一期杂志《コムニカツィオーン》(Kommunikation)。在这里可散见到一些处理雅斯贝尔斯和康德之间关系的论文。这些论文会对康德进行媒介性考察,只是把它当作雅斯贝尔斯解释的一环,因此不在本论文的处理范围。

③ 理想社版《康德全集》(全 18 卷, 1965—1988,昭和四十年至六十三年)。然而除了第 13 卷《历史哲学论集》以外的其他卷,到 1977 年(昭和五十二年)为止,就已经完成发行。

· 203 ·

《新康德学派》（1989，平成元年夏），总共 5 册。

《康德与现代》中收录以下研究论文：滨田义文《康德中的人的自觉》、门胁卓尔《道德与形而上学》、峰岛旭雄《康德中的历史与宗教：其批判哲学的结构》、坂井秀寿《康德与维特根斯坦：关于哲学的体系》、有福孝岳《康德与海德格尔：关于空间与时间的问题》、坂部惠《最晚期的"变化"：*Opus Postumum* Ⅰ Convolut 的世界》等。

此专号中的滨田论文、门胁论文、峰岛论文，主要是以康德的内在性解释方法，来研究理论哲学、实践哲学与宗教论。此外，坂井的论文在日本是第一篇进行康德与维特根斯坦（Ludwig Wittgenstein，1889—1951）思想之比较的研究论文，这是一篇值得注目的论文。坂井在此论文从"被给予的语言分析及其体系性的综合"①的角度，来考察《纯粹理性批判》与《逻辑哲学论》（*Tractatus Logico-Philosophicus*，1921）中两位哲学家的思想。这位崭露头角的维特根斯坦研究者对康德采取肯定的态度，此康德评价让人出乎意料。坂井如此解释道："我之所以会高度评价康德，是因为他〔康德〕将语言，也就是将这种〔作为人的生命表现的语言，对应到脱离人的基本生活样式的疏离上，并将之加以整理，而形成所谓语言的阶梯〕。他是从这种观点——即从人的立场——来看待，并将自我的认同，亦即超越论的统觉作为体系建设的理论。"（第 46 页）此外，有福的论文明确地表示自己以"阐明康德与海德格尔的哲学思想之间的相互关联"为目的，然而，实际上，其论述一直集中在《纯粹理性批判》与《存在与时间》（*Sein und Zeit*）中时间与空间论的并列式叙述上。在这里，作者自身的原创性解释观点并不是很明确。相对于此点，坂部的论文则为日本的康德研究史带来独特的解释立场，在这个意义上，值得笔者在此介绍。此论文认为，汉斯·费英格（Hans Vaihinger）的主要著作《仿佛哲学》（*Philosophie des Als Ob*，1911）以康德的《遗稿》（*Opus Postumum*）为线索，将"最晚期的康德与尼采〔Friedrich Nietzsche〕重叠在一起进行解读，这种费英格的做法包含有在今日无法忽视的要素"（第 65 页）。笔者认为此论文的见解极具特色。

《理想》接下来的康德专号《康德》（1980），有 7 篇康德研究论文，另外有一篇是入选论文，合起来总共刊载 8 篇论文。以下将按照刊载顺序

---

① 《理想：康德与现代》（1974，昭和四十九年 11 月），第 44 页。以下引文以页数标记。

简单地介绍作者及论文题目:普劳斯(Gerold Prauss,1936—)《康德中的真理问题》、贝克(Lewis White Beck,1913—1997)《柯尼斯堡的哲人没有做过梦吗?》、高桥昭二《康德的形而上学》、观山雪阳《超越论的观念论与物自身的问题》、门胁卓尔《康德中的自由》、有福孝岳《康德中的形而上学问题》、上妻精《康德中的超越论思维之结构》、植村恒一郎的入选论文《康德的空间论》。

此康德专号有几个以前的康德专号中所没有的特征。第一,8篇论文当中,有2篇是外国的康德研究者的论文。第二,有1篇理想社所企划的、以年轻研究者为对象的"康德入选论文"。第三,其余的5篇论文,全都是康德的内在性解释之研究论文。第四,刊载的论文大多偏向理论哲学的领域,关于实践哲学、自由论的论文只有1篇。《判断力批判》以及关于宗教论、历史哲学、法哲学、政治哲学、和平论的论文则完全没被刊载。因此,此专号虽以康德为主题,但并没有像读者所期待的那样,刊载康德哲学整体的、至少能涵盖"三批判书"的内容。毋宁说,此专号以"康德的理论哲学"为题会比较贴切。

顺带一提,普劳斯当时是德国科隆大学教授,在其老师高特弗雷德·马丁(Gottfried Martin,1933—2014)及英国彼得·弗雷德里克·斯特劳森(Peter Frederick Strawson,1919—2006)的影响下,以分析哲学的方法论尝试重新建构康德哲学。他和传统对《纯粹理性批判》的超越论逻辑学之解释不同,认为"超越论的逻辑学作为'真理的逻辑学',是一种真理差异的逻辑学"。(第22页)此论文可以说是其尝试的成果。此外,贝克(Lewis White Beck)是当时美国康德研究者的代表。此论文以康德对概念的客观有效性之理论为基础,批判刘易斯(Clarence Irving Lewis,1883—1964)"梦和幻想不可能是实在的东西"(第30页)的想法及诺曼·康蒲·斯密(Norman Kemp Smith,1872—1958)那种过度偏激的结论,他可以说是康德理论哲学的拥护者。① 然而,此论文在日本并没有受到注目。事实上,贝克《康德〈实践理性批判〉的注解》这本书当中的论述对日

---

① C. I. Lewis, *Mind and the World Order*, New York, p. 221ff; Norman Kemp Smith, *A Commentary to Kant's Critique of Pure Reason*, London, 1918, 2nd. 1923), p. 222ff.

本康德研究的影响是比较大的。①

然而《理想》接下来的康德专号《〈纯粹理性批判〉200 年》（1981，昭和五十六年 11 月），刊载了 11 篇康德研究论文。若按照刊载顺序，作者及论文题目可列举如下：滨田义文《前往〈纯粹理性批判〉的道路》、有福孝岳《现在德国〈纯粹理性批判〉的研究状况及意义》、泽田允茂《若现代〈纯粹理性批判〉被书写的话》、门胁卓尔《康德中的必然性与自由》、久保元彦《内在的经验（二）：关于"辩驳观念论"》、训霸晔雄《批判与形而上学："超越论的辩证论"之意义》、伴博《康德的"批判性"理解：理性批判的性格及意义》、黑积俊夫《作为表象的现象》、井上昌计《〈纯粹理性批判〉中的形而上学之认证：以 Friedrich Kaulbach 为线索》、美浓正《关于"超越论的演绎"》、武村泰男《日本的〈纯粹理性批判〉研究》。

此专号和前回的专号不同，所有论文都是由日本人撰写，唯一例外的是第 11 篇关于《纯粹理性批判》的论文。此事实说明日本的康德研究，特别是对《纯粹理性批判》的研究，已有进展。这些论文大多是介绍德国哲学以及在其影响下的康德解释及研究的成果。这点也显示出日本康德研究者的研究态度之特征及局限。日本的哲学思想之研究状况，在 20 世纪 80 年代，大多是对结构主义、英美语言分析哲学的介绍及研究。针对这些新的动向，康德研究者大多不表关心，亦没有受到其影响，因而从这里无法看到他们将那些新研究应用在康德哲学研究的方法论上的态度。此种传统的康德研究态度，到了平成二年（1990）前后才开始有所改变。

《理想》的第 4 个康德专号是《新的康德解读方式》（1987，昭和六十二年夏）。此专号的第一个特征是，和之前的康德专号比起来，作者年轻许多。第二个特征是，解释康德哲学的方法和之前相当不同，而且大多数都是如此。此专号受到结构主义及英美语言分析哲学的影响，各自依独自的方法论来展开康德研究，关于这方面的论文有几篇。此专号总共收录了 9 篇康德哲学的研究论文。若按照刊载顺序，可将作者及论文题目列举如下：石川文康《理性批判的法庭模式》、牧野英二《作为哲学对话场所的超越论的场所论：对〈纯粹理性批判〉的一种解释之尝试》、大桥容一

---

① Lewis White Beck, *A Commentary on Kant's Critique of Practical Reason*, Chicago: The University of Chicago Press, 1960.

郎《作为方法的纯粹理性批判：寻求和现代超越论问题的连接点》、中岛义道《过去的组合》、福谷茂《作为存在论的"先天的综合判断"》、加藤泰史《超越论的统觉与身体》、细谷章夫《二律背反中的统制原理》、滨田义文《康德的〈永久和平论〉》、门胁卓尔《"自我意识"与"自觉"》，以上共 9 篇。在这些论文当中，比较资深的学者，如细谷、滨田、门胁三人的论文，比较倾向于和以前一样的方式，即内在的方式来解释康德。这和年轻世代的论文不太一样。此专号之宗旨，主要是用和以前传统的康德内在性解释不同的新视点，来解读康德哲学的可能性。此专号所收录的论文当中，在内容上某个程度比较能对应到该宗旨的论文，则是石川、牧野、大桥、中岛、福谷、加藤的诸论文。

《理想》的第 5 本康德专号是《新康德学派》［平成元年（1989）夏］。此专号的开头处首先刊载了一篇战后日本具独创性的哲学家广松涉和其弟子大黑岳彦的对谈《新康德学派的遗产》，接着则是刊载 10 篇相关的论文。这 10 篇论文分别如下：大桥容一郎《"纯粹逻各斯批判"的理论：拉斯克（Emil Lask）的有效哲学》、九鬼一人《认识与价值：李凯尔特（Heinrich Rickert）的问题群及其周边》、朝广谦次郎《目的论的批判主义：文德尔班（Wilhelm Windelband）的哲学课题与方法》、平田俊博《柔软的合理主义：沟通的理性与新康德主义》、门胁卓尔《日本的新康德学派之接受情况》、滨井修《"新康德主义者"：关于韦伯（Max Weber）》、长尾龙一《新康德主义与现代》、石川文康《柯亨（Hermann Cohen）的非存在论》、忽那敬三《对问题学的展望》、中岛义道《支撑虚构的东西：费英格（Hans Vaihinger）VS. 阿迪克斯（Erich Adickes）》。

此专号，如上述对谈及诸论文的主题所示，试图总括过去的新康德学派之遗产，并借此重新检讨其历史的意义及局限。① 然而，此专号的对谈编辑方针与其收录的论文并没有很明确地从现代的观点来总括新康德学派整体，并重新评价其意义。首先，在其开头处的对谈中，对新康德学派的新评价并没有成为议论的核心。广松涉只不过是利用此次机会，针对一般

---

① Neukantianismus 被翻译成"新康德学派""新康德派""新康德主义"。本论文的用法，笔者按照《岩波哲学·思想事典》（广松涉编辑代表、牧野英二等人协助编辑，东京岩波书店 1998 年版，第 809 页）及《哲学事典》（东京平凡社 1971 年版，第 736 页）的译语，采用"新康德学派"这个用法。

人对其哲学的解释或批判,也就是"广松涉的哲学不就是新康德学派,特别是恩斯特·卡西尔(Ernst Cassirer,1874—1945)的复制吗?"这种批判做出回应,借以替自己辩护,这才是此对谈的真意。而且收录在其中的论文,笔者不觉得是在统一的编辑方针下撰写的,这些人在执笔时也不是在很了解宗旨的情况下进行的。不能否认的是,这里的论文给人的印象是,作者们基于个人对新康德学派的关心所写下的论文。此专号的论文只不过是个别论文的拼凑而已。虽然如此,某个程度上还是可以看到,每个作者试图带动新康德学派的再评价风潮,借此作为重新评价康德哲学的契机。笔者认为,在这一点上,此专号就有其存在意义。

接下来,笔者想将目光转移到此时期的主要康德研究专著。首先笔者想从1945年到1970年的康德研究专著的出版情况来看。以下是从1947年到1950年的8种研究专著(至于入门书或解说书这类的研究,在此将省略)。接着从1951年到1960年,总共有4种。再下来,从1961年到1970年,总共有8种书被出版。总之,"二战"后的这25年间,被刊行的康德哲学专门书大约有20种。这些事实清楚地表现出当时的康德研究之衰退状况。

1945年至1970年主要的康德研究专著如下:

原佑:《康德哲学的体系性解释》(东京东海书房1947年版,共295页)。

赤松元通:《康德美学与目的论》(大阪大丸出版印刷1948年版,共209页)。

小冢新一郎:《康德认识论的研究》(东京创元社1948年版,共154页)。

岸本昌雄:《康德的〈判断力批判〉:以康德研究的基础建设为目的》(东京夏目书店1948年版,共253页)。

高坂正显:《康德解释的问题:法与历史的诸理念(续)》(东京弘文堂1949年版,共177页)。

岸本昌雄:《康德的世界观》(东京理想社1949年版,共207页)。

竹田寿惠雄:《康德研究:以模拟的问题为中心》(东京刀江书院1950年版,共285页)。

馆熙道：《理性的命运：康德批判哲学中理性的局限与神的问题》（日本学术振兴会 1950 年版，共 312 页）。

山崎正一：《康德的哲学：后进国的优势》（东京大学出版会 1957 年版，共 211 页）。

三渡幸雄：《康德批判哲学的结构》（日本学术振兴会 1957 年版，共 504 页）。

小牧治：《社会与伦理：康德伦理思想的社会史考察》（东京有信堂 1959 年版，共 389 页）。

三渡幸雄：《康德批判哲学的结构（续编）》（日本学术振兴会 1960 年版，共 1161 页）。

今谷逸之助：《康德纯粹理性批判研究》（京都三和书房 1962 年版，共 245 页；订正增补版，京都三和书房 1964 年版，共 271 页）。

小仓贞秀：《康德伦理学研究：以人格性概念为中心》（东京理想社 1965 年版，共 344 页）。

岩崎武雄：《康德〈纯粹理性批判〉的研究》（东京劲草书房 1965 年版，共 513 页）。

矢岛羊吉：《康德的自由概念》（东京创文社 1965 年版，共 253 页；增补版，东京福村出版社 1986 年版，共 276 页）。

滨田义文：《年轻康德的思想形成》（东京劲草书房 1967 年版，共 421 页）。

三渡幸雄：《康德历史哲学的研究》（日本学术振兴会 1967 年版，共 663 页）。

高桥昭二：《康德的辩证论》（东京创文社 1969 年版，共 331 页）。

三渡幸雄：《康德的时间空间之研究》（东京协同出版 1969 年版，共 623 页）。

以上专著的康德研究倾向，带有几个"二战"前所没有的特征。第一，康德的理论哲学、实践哲学，特别是自由论研究以及美学、目的论、宗教论、法哲学、政治哲学观点下的研究成果相继出现。总之，在批判期哲学的主要著作当中，逐渐倾向于主要以"三批判书"为中心的研究。岩崎武雄的《康德〈纯粹理性批判〉的研究》是一本将康德的立场视为认识论的主体主义，从批判的观点对康德进行了详细检讨的扎实研究专著。矢岛羊吉的《康德的自由概念》，亦尖锐地批判潜藏在康德自由概念中的问题及矛盾，此点在当时呈现出异样的色彩。岸本昌雄的《康德的〈判断力批判〉：以康德研究的基础建设为目的》是少数研究《判断力批判》的优秀成果。馆熙道的《理性的命运：康德批判哲学中理性的局限与神的问题》则是少数研究康德宗教哲学的专著之一。第二，大约有20年的康德研究，特别带有从社会哲学的观点来评价康德哲学的强烈倾向。小牧治的《社会与伦理：康德伦理思想的社会史考察》就是很典型的例子，他从康德那时普鲁士的落后关系，批判地评价康德哲学保守的一面。第三，出现了从体系性的观点来解释康德哲学的倾向。原佑的《康德哲学的体系性解释》即是其代表性的研究。第四，关于批判期之前、年轻康德的思想形成之研究也开始兴盛起来。滨田义文的《年轻康德的思想形成》便是一个很好的例子。第五，这些研究倾向只限定在特定少数的康德研究者之间，康德研究的范围并没有变得很广泛。但是在那之后，日本的康德研究开始急速发展。

三、日本康德协会的成立与《日本康德研究》创刊以后

笔者先前已说过，"二战"后日本的哲学思想界主要是在马克思主义哲学、存在主义哲学以及语言分析哲学这三个主要思潮的影响下，来推动哲学研究。其结果是，康德研究被排挤到日本哲学研究的边缘。然而，尔后受到欧美康德研究的影响，日本康德协会（Japanische Kant-Gesellschaft）便在昭和五十一年（1976）成立，并每年举办一次全国大会。此大会以研讨会、共同讨论、个人研究发表等各种形式，来开展学术活动。2015年，日本康德协会迎来成立40周年纪念。随着理想社版《康德全集》以及岩波版《康德全集》的刊行，日本康德协会编的《日本康德研究》以及笔者自成立以来便是会员的康德研究会所创办的《现代康德研究》也发行了12集。由于这些持续的研究活动与研究成果的持续出版，康德研究又再次兴盛起来。日本康德协会作为日本的学会活动，和费希特（Johann G. Fichte）、谢林（Friedrich Schelling）、黑格尔（Georg W. Hegel）等哲学家的学会比起来，可以说是最兴盛，也是在最严密意义上的哲学研究活动

之学会。①

以下将以日本康德协会的活动及此协会编的《日本康德研究》收录的论文为线索,来考察此时期的康德研究之意义与课题。相信通过此作业,20 世纪 70 年代以降的日本康德研究之一般动向会变得更清楚。

日本康德协会自 1976 年成立以来,每年举办一届大会,其主要的程序便是举办研讨会。笔者是自创立期以来的会员,也是目前唯一还在世的会长经历者,因而作为见证人,以下将记述一直到本年度为止的研讨会主题:第 1 届 "康德的理性"、第 2 届 "康德的物自身"、第 3 届 "康德的自律"、第 4 届 "康德与形而上学"、第 5 届 "康德与卢梭"、第 6 届 "《纯粹理性批判》"(1981 年,此书出版 200 年纪念计划)、第 7 届 "康德的人学"、第 8 届 "康德的自由问题"、第 9 届 "关于先天的综合判断"、第 10 届 "日本的康德研究"、第 11 届 "康德的和平论"(纪念在核爆地广岛大学所举办的研讨会计划)、第 12 届 "康德与现代哲学"、第 13 届 "《实践理性批判》"(1988 年,此书出版 200 年纪念计划)、第 14 届 "康德与海德格尔"(1989 年,海德格尔诞辰 100 年纪念计划)、第 15 届 "《判断力批判》"(1990 年,此书出版 200 年纪念计划)、第 16 届 "康德的历史哲学"、第 17 届 "德国启蒙思想与康德"、第 18 届 "康德的宗教论"(1993 年,《单纯理性界限内的宗教》出版 200 年纪念计划)、第 19 届 "康德与生命伦理"(纪念在核爆地广岛大学所举办的研讨会计划)、第 20 届 "康德与和平的问题"(日本康德协会创立 20 年纪念计划)②、第 21 届 "康德哲学的位置"、第 22 届 "康德的大学与教育论"、第 23 届 "康德的'世界'概念"、第 24 届 "康德与现代文明"、第 25 届 "康德与日本文化"、第 26 届 "康德的目的论"、第 27 届 "康德哲学与科学"、第 28 届 "康德与责任论"、第 29 届 "批判哲学在今日的影响范围"、第 30

---

① 然而,在日本,马克思学会最终还是没有成立。这和第二次世界大战后日本的政党对立以及到今日为止的马克思研究者之间的对立状况有关。

② 日本康德协会为了纪念成立 20 周年,于 1995 年 12 月 2 - 3 日这两天举办纪念大会,并将其成果出版在《康德与现代:日本康德协会纪念论集》(京都晃洋书房 1996 年版)一书当中。此学会的研讨会以 "康德与和平的问题" 为主题,是因为这一年正逢《永久和平论》出版 200 年,同时又是第二次世界大战及太平洋战争结束 50 周年的关系。在共同讨论方面,则以 "真理论与语言论" 及 "理性批判与共通感觉论" 这两个主题来进行。笔者是当时担任后者发言人的其中一人。

· 211 ·

届"德国哲学的意义与展望"、第 31 届"康德与心的哲学"、第 32 届"康德与恶的问题"、第 33 届"康德与幸福论"、第 34 届"康德与人权的问题"、第 35 届"康德与日本的哲学"、第 36 届"康德与形而上学"、第 37 届"康德与政治哲学的可能性"、第 38 届"康德与日本国宪法"。①

自 1999 年 11 月 27 日举办的第 24 届大会以后,研讨会的主题便成为协会杂志《日本康德研究》的副标题。另外,若回顾日本康德协会这 38 年间的研讨会内容,便会发现一些很有趣的事实。第一,协会成立以后,大约 20 年间关于康德的主要著作、概念等的康德哲学之内在性解释的课题,一直都被选为研讨会的主题。第二,从那之后,康德和其他哲学家的康德解释之对比与关联,也逐渐受到注目。第三,最近康德哲学与现代社会的诸问题、它和现代哲学之间的关联以及比较研究都逐渐被主题化。例如,第 37 届大会的研讨会是康德研究者对麦可·桑德尔(Michael J. Sandel,1953—)的正义论及法哲学风潮所提出的一种回应。在第 38 届大会,康德哲学研究者针对政权轮替下的日本宪法之改正议论提出了一些问题。第四,实际发表的内容大多只有停留在所谓有名无实的情况,例如在"康德与幸福论"当中,所有的报告都一直在谈"康德的幸福论",而关于"康德与幸福论之间的关系",特别是"现代社会中康德的幸福论与道德论的意义和限制"的言论或论文却连一篇也没有出现。不仅如此,在 2012 年第 37 届的讨论会"康德与政治哲学的可能性"中,竟然发生这样的情况:有一位非会员的发表者一直在谈论"黑格尔的国家与宗教",却没有针对"康德与政治哲学的可能性"进行深入的讨论。这里存在着现在的康德研究者及黑格尔研究者所面对的重大课题及康德研究的局限与问题。日本有一定数量的康德研究者,缺乏从正面来处理现代康德哲学的意义与局限并针对这些课题给予回应的意志与能力。

另外,自第 30 届大会的纪念研讨会以来,在非会员的来宾发言人当中,除了上述提到的,大多都能回应会员的期待,而且都能提出刺激、崭新的问题。例如,在第 31 届大会"康德与心的哲学"中,户田山和久的《将康德自然化》便是从现代科学哲学专家的立场提出"作为初期认识科学家的康德"图像。此种解释是出乎读者意料的新解释。其还根据这样的

---

① 2014 年度第 39 届大会的研讨会主题是"康德与最高善"。顺带一提,笔者是研讨会发言人的其中一人。

第三部分 西方哲学在东亚

解释如此主张道："首先必须将意识问题加以彻底化，并将其作为意识机能、系统样态（基本结构）的问题来进行考察。我认为此种方法论的选择，才是我们可以从康德那里学到的、关于意识的最主要的论点。"（第58页）笔者虽然对该见解存有异议，但对此种崭新的康德评价亦有不少共鸣的地方。此外，在"康德与形而上学"中，非会员的柏端达也发表了《关于一元论的现代议论中若干的"康德式"观念》，此文亦是一篇带有挑战性的报告。柏端的论文是从分析哲学研究者的立场，来展开对康德哲学影响的回应这种考察方法，并深入分析哲学中的现代形而上学之课题。除此之外，在2013年第38届大会的"共同讨论Ⅰ"中，关于"工具的实践理性"的会员及非会员之报告，以"何谓理性""纯粹理性可能吗"等问题，来进行康德哲学的研究，同时作为迫近现代哲学的根本问题之方法论，尝试展开对"合理性"概念的重新检讨。这些作为开拓今后康德研究的发展可能性之尝试，都可以说是非常有趣且具有深度的内容。顺带一提，在最近的个人研究发表当中，有人以2011年3月11日发生的东日本大震灾为契机，开始尝试重新检讨康德的地震论之意义。

如上所述，日本康德协会编的《日本康德研究》，自2000年6月开始发行，每年发行1次，到目前为止总共有14册：第1号《康德与现代文明》、第2号《康德与日本文化》、第3号《康德的目的论》、第4号《康德哲学与科学》、第5号《康德与责任论》、第6号《批判哲学的今日影响范围》、第7号《德国哲学的意义与展望》、第8号《康德与心的哲学》、第9号《康德与恶的问题》、第10号《康德与幸福论》、第11号《康德与人权的问题》、第12号《康德与日本的哲学》、第13号《康德与形而上学》、第14号《康德与政治哲学的可能性》。①

此外，康德研究会编的《现代康德研究》，总共有12卷：第1卷《何谓超越论哲学》、第2卷《何谓批判的形而上学》、第3卷《实践哲学及其范围》、第4卷《自然哲学及其范围》、第5卷《社会哲学的领域》、第6卷《自由与行为》、第7卷《超越论批判的理论》、第8卷《自我的探究》、第9卷《来自近代的质问》、第10卷《对理性的质问》、第11卷

---

① 从第14号开始，此杂志的出版社由理想社变成知泉书馆。此外，日本康德协会为了纪念学会成立20周年而发行了《康德与现代：日本康德协会纪念论集》（京都晃洋书房1996年版）。

《判断力的问题圈》、第 12 卷《世界市民的哲学》。① 这些论文集各卷的统一编辑方针并不明确,再者,收录论文的质和量都有相当程度的差异。实际上,各卷收录论文的数量在 6－9 篇之间。从第 1 卷到第 5 卷为止,各卷所收录的论文大部分都是其领域的研究论文。然而,在第 7 卷以后,此点不仅变得非常不明确,书名的信息性亦变得非常暧昧。然而,在第一线的以及年轻的研究者所撰写的具有志向的研究成果,虽然散在各处,但都是一些具有启发性的论文。譬如有考察批判期之前的处女作品、自然哲学著作或《通灵者之梦》,甚至有考察康德超越论的观念论和戴维森(Donald Davidson)的非法则一元论之间关联的研究论文等。

笔者在此想将目光转到康德研究文献的翻译、接受与其在日本的影响关系上。很多欧美的康德研究专著在 1980 年前后被翻译、介绍到日本。在理论哲学的领域方面,有亨利希自身编辑的《康德哲学的体系形式》(Dieter Henrich, *Die systematische Form der Philosophie Kants*, 1978;东京理想社 1979 年版)。这是由 5 篇论文所集结而成的论文集,相当出色。此外,还有从存在论的角度来解释康德的代表性学者海姆塞特(Heinz Heimsoeth)编的研究专著《康德与形而上学》(东京以文社 1981 年版)。这是由 3 篇论文所集结而成的论文集。至于试图阐明康德整体图像的古典期文献方面,则有考尔巴哈《伊曼努尔·康德》(Friedrich Kaulbach, *Immanuel Kant*, Berlin, 1969;东京理想社 1978 年版)、施瓦特兰德《康德的人论:人类就是人格》(Johannes Schwartlaender, *Der Mensch ist Person. Kants Lehre vom Menschen*, Stuttgart, 1968;东京成文堂 1986 年版)、斯特劳森《意义的界限:〈纯粹理性批判〉之探究》(*The Bounds of Sense. An Essay on Kant's Critique of Pure Reason*, London: Methuen & Co Ltd., 1966)。特别是第三本书的刊行及日语翻译的出版(东京劲草书房 1987 年版)给予日本

---

① 这些论文集从整体来看,并没有一个统一的编辑方针。其在工作中每次都是,在研究会中被承认的会员起来竞选每卷的编者,在经由这些人斟酌、检讨身为会员的投稿者在研究会的发表内容后,再进行编辑、发行。笔者曾经担任过第 2 卷《何谓批判的形而上学》的编者工作,亦曾经投稿到第 5 卷《社会哲学的领域》。若从这些立场来看的话,总的来说,其论文的质量,可以说年年都在下降。这是一个无法否认的事实。顺带一提,第 1 卷《何谓超越论哲学》(1989)以及第 2 卷《何谓批判的形而上学》(1990)这两卷,当初是由理想社发行的。然而,因出版商的因素,出版社才改成晃洋书房,也因此重新出版第 1 卷和第 2 卷。从第 1 卷到现在(2014 年 3 月)为止,总共发行了 12 卷。

第三部分　西方哲学在东亚

康德研究者一定的影响。除上述著作外，之后给予日本康德研究很大影响的欧洲文献，还有恩斯特·卡西尔（Ernst Cassirer）*Kants Leben und Lehre*（1918）的日译版《康德的生涯与学说》（东京みすず书房1987年版）。关于比较有异色彩的翻译书方面，则有俄罗斯的康德研究者阿尔森·古留加（Gulyga, Arseniĭ Vladimirovich）的《康德：其生涯及思想》[俄语的原著于1977年出版。日译版由法政大学出版局于1983年出版。此书的德译版于1981年出版（参见 Arsenij Gulyga, *Immanuel Kant*, Frankfurt a. M., 1981）]。另外，还有一些和康德有关的主要翻译书，比如有奥特弗利德·赫费的《伊曼努尔·康德》（Otfried Höffe, *Immanuel Kant*, Muenchen, 1983；东京法政大学出版局1991年版）、后现代思想家德勒兹（Gilles Deleuze）的《康德的批判哲学》（*La Philosophie critique de Kant*, 1963；东京法政大学出版局1984年版）、利奥塔的《狂热：康德的历史批判》（Jean-Francois Lyotard, *L'Enthousiasme. La critique Kantienne de l'histoire*, 1986；东京法政大学出版局1990年版）等。须注意的是，这些康德文献的翻译大多集中在20世纪80年代这10年间。因为这个事实意味着，此时期是"二战"后翻译、介绍欧美康德文献的一个巅峰。我们很难确定这些文献对日本康德研究究竟有什么样的影响与刺激。但亨利希的著作的日译版及研究论文，确实也在日本的康德研究里造成了和"超越论的演绎论之证明结构"相关的论争情况，同时也对和"范畴论"及"理性的事实"有关的研究给予了一些刺激。关于超越论的观念论及经验的基础，斯特劳森则舍弃了前者，而此见解也给予了日本研究者一些刺激。还有，不能否认的是，海姆塞特促进了日本研究者借由对二律背反论的关心以及"实践式–定论式的形而上学"（praktisch-dogmatische Metaphysik）之概念来解释康德。关于"超越论的论证"方面，欧美的研究文献亦随同其他众多研究领域及研究方法，给予日本康德研究者各种刺激。若掌握这些事实以及本论文以下的论述，就可以在某个程度上推测出其影响。

除了日本的康德研究论文及康德哲学入门书、研究专著之类的，若再加上每年各大学学部、研究所的纪要、年志或其他杂志刊载的论文，将会达到非常庞大的数量。然而，其大多数在经再增补、修改之后会投到上述《日本康德研究》《现代康德研究》或以其他论文集或单行本的形式出版。本论文就不再针对这些个别的论文加以说明。

接着，本论文将针对战败后日本康德研究的最大成果，也就是对尔后的康德研究给予很大影响的岩波版《康德全集》（全 23 卷，1999—2006）之编辑及翻译方针进行说明，并将此全集与之前发行的理想社版《康德全集》做一个比较。岩波版《康德全集》是当时日本老、中、青的康德研究者倾全力参与的企划作品。此岩波版《康德全集》与理想社版《康德全集》的主要不同，在于以下几点。第一，岩波版《康德全集》收录了理想社版《康德全集》没有收录的康德初期的论文。比如，《从自然科学来检讨地球是否已经在老化的问题》(Die Frage, ob die Erde veralte, physikalisch erwogen, 1754)、《关于地震带来的种种珍奇异事的历史与博物志》(Geschichte und Naturbeschreibung der merkwuerdigsten Vorfalle des Erdbebens, 1756)、《近年被承认的伊曼努尔·康德硕士对地震的再思考》(M. Immanuel Kants fortgesetzte Betrachtung der seit einiger Zeit wahrgenommenen Erderschuetterungen, 1756) 等。这些都是在日本首次被翻译出来的论文。总之，此全集的特征在于尽可能地网罗康德的著作。第二，理想社版《康德全集》的译文有很多缺陷及译语的错误，另也有很多直译的文章，其作为日语来阅读并不是很通畅。岩波版《康德全集》则将这些错误加以修正，并向平易、简明的译文做努力，同时考虑到广大对哲学、文化有关心的读者，让这些人能亲近康德，接触他的思索。第三，此全集的编者和译者都是用最新的史料批判成果来进行编辑与翻译。编译者参照德语版的全集及著作集。比如，学术版（Akademie Ausgabe）、Vorlaender 版（Vorlaender Ausgabe）、卡西尔版（Cassirer Ausgabe）、Weischedel 版（Weischedel Ausgabe）等，并将那些文献的页数放在译文中，以方便读者阅读或利用。第四，为了帮助其他哲学研究者和一般读者理解康德，附上反映出近年有显著进展的日本最新康德研究成果之译注、校订注以及解说。第五，为了充实书简、讲义录，也收录了 *Kant-Forschungen*（Hamburg，1987ff.）等刊物中新发现的书简及重要的讲义录，借此致力于描绘出康德思想的整体图像。第六，岩波版《康德全集》和以前的岩波版《康德著作集》、理想社版《康德全集》不同，增加了《别卷》，除了收录康德的入门论文及康德小传外，另添加了关于现代康德哲学的位置、广度、意义的论文以及

第三部分 西方哲学在东亚

和康德有关的资料等。①

在此,将借由介绍岩波版《康德全集》的《别卷》之构成及收录的论文,来提供掌握此时期康德研究倾向的线索。《别卷》的《康德哲学向导》是由第一、第二部分以及数据、附录、年谱构成的。第一部分"康德入门"收录了以下论文:坂部惠《康德的生涯》、有福孝岳《从书简看〈纯粹理性批判〉(或"批判哲学")的成立史》、山本道雄《康德与18世纪启蒙哲学:"我头上充满星星的天空和我内部的道德法则"》、山胁直司《作为"后康德"哲学的德国观念论》、九鬼一人《新康德学派与康德》、角忍《形而上学的康德解释:海姆塞特、雅斯贝尔斯、海德格尔》、美浓正《康德与分析哲学》、清水太郎《日本的哲学家是如何看康德的?》、高桥克也《康德与现代思想:以合理性的再评价为目标》,第二部分"康德哲学"则收录了以下论文:田山令史《空间与时间:关于主观性》、岩隈敏《作为"我"的现实存在分析论之演绎论》、新田孝彦《自由与道德法则》、大桥容一郎《二律背反》、樽井正义《国民与世界市民的权利与义务:康德社会哲学的范围》、牧野英二《康德的美学与目的论的思想:〈判断力批判〉中"自然的技巧"之范围》、望月俊孝《批判式启蒙的历史哲学》、犬竹正幸《自然科学与自然哲学》、冰见洁《康德的宗教哲学思想》。第三部分的"资料"部分收录了加藤泰史《〈遗稿〉(*Opus Postumum*)与批判哲学之间》与御子柴善之《康德的讲义录》,"附录"部分则收入了佐藤劳编的《日本的康德文献目录(单行本编):1896—2005》以及门屋秀一编的《年谱》。

这本《别卷》是作者群以各种观点及方法建构而成的著作。此卷收录了作者自身独特的研究论文,因而绝不是单纯的"以外行人为对象的康德入门书",其中大多都展开了高水平的论述。例如,第一部分"康德入门"收录的美浓正《康德与分析哲学》,美浓正针对分析哲学提出如下主张:"这或许是史上第一次能够将康德难解的哲学文本解读得十分准确的哲学,唯有通过此种解读工作,关于康德哲学主张在学问上的意义,才有可能以不偏不倚的立场被正确无误地评价出来。"(第118页)总之,康

---

① 关于岩波版《康德全集》的特色及主要编辑方针,笔者在以下德语文献中有详细的论述。Eiji Makino, Kazuhiko Uzawa, "Bericht über die japanische Edition von Kants Gesammelten Schriften", in *Kant-Studien*, 104.3 (2013), S. 386–394.

德与分析哲学诸潮流之间的关系,不同于以前的解释而被理解为康德评价应该具有的样貌。此外,第二部分"康德哲学"所收录的论文,比如牧野英二的《康德的美学与目的论的思想:〈判断力批判〉中"自然的技巧"之范围》,和以前康德的内在性解释不同,它试图从诠释学的观点,以统一、整合的方式来理解《判断力批判》中的两个部门,即美学论和目的论,接着以同样的方式来理解历史哲学,像这种崭新的尝试着实不少。接着是第三部分的"资料",比如加藤泰史的《〈遗稿〉(Opus postumum)与批判哲学之间》,它根据《遗稿》的编辑以及收录到学术版全集的始末,大胆地提出这样的解释,应该把康德遗稿视为康德一个完整的思想群。① 在这一层意义上,这本《别卷》可以说是日本康德研究的最先端研究成果及其集大成。②

最后,笔者想将目光转向此时期(1971—1990)主要的康德研究专著。应注意的现象是,从 1971 年到 1980 年,总共有 10 种专著被出版。但从 1981 年到 1990 年这 10 年间,出版的主要康德研究专著急速增加到 23 种。③

1971 年至 1990 年主要的康德研究专著如下:

　　斋藤义一:《德国观念论的实践哲学》(东京创文社 1971 年版,共 364 页)。

　　小仓志祥:《康德的伦理思想》(东京大学出版会 1972 年版,共 449 页)。

　　川村三千雄:《康德的宗教哲学》(小樽商科大学人文科学研究会 1974 年版,共 257 页)。

　　三渡幸雄:《康德哲学研究》(东京协同出版 1974 年版,共 1377

---

① 很可惜的是,《遗稿》(学术版全集,XXI - XXII) 没有被收录在岩波书店版《康德全集》当中。因此,到现在《遗稿》的日语翻译,还是处于未公开的状态。
② 顺带一提,根据岩波书店编辑部负责人的说法,此全集,当初卖出的数量是预计的 2 倍左右。从这一点来看,可以证明日本康德哲学的广度及受支持的程度。
③ 20 世纪 70 年代以降,日本的康德研究专著、康德入门书、康德关系的翻译书之出版数量,确实在增加。20 世纪 90 年代以降,年轻研究者为了替自己的学位论文创造业绩而自费出版,若再加上这些书,那么数量会变得更庞大。本论文无法一一介绍这些康德入门书、年轻研究者的学位论文、教科书性质的书。关于这些书,参见牧野英二编《日本的康德文献目录(单行本编):1896—2012》。

页）。

高田铁郎：《康德研究数学的自由意志论：连续体公理的证明》（东京以文社1975年版，共341页）。

原田钢：《康德的政治哲学：德国近代政治思想的"性格学"绪论》（东京有斐阁1975年版，共259页）。

坂部惠：《理性的不安：康德哲学的生成与结构》（东京劲草书房1976年版，共244页）。

小牧治：《国家的近代化与哲学：德国与日本的康德哲学之意义与局限》（东京御茶水书房1978年版，共382页）。

森口美都男：《寻求"世界"的意思：森口美都男哲学论集（一）》（京都晃洋书房1979年版，共404页）。

片木清：《康德的伦理、法、国家之问题："伦理形而上学（法论）的研究"》（京都法律文化社1980年版，共411页）。

小西国夫：《康德的实践哲学：其基础与结构》（东京创文社1981年版，共649页）。

知念英行：《康德的社会思想：所有、国家、社会》（东京新评论1981年版，共201页）。

浜田义文：《康德伦理学的成立：英国道德哲学及卢梭思想之间的关系》（东京劲草书房1981年版，共281页）。

三渡幸雄：《康德实践哲学的研究》（京都女子大学1981年版，共718页）。

稻叶稔：《康德"道德形而上学的基础"研究绪论》（东京创文社1983年版，共200页）。

高桥昭二：《康德与黑格尔》（京都晃洋书房1984年版，共224页）。

知念英行：《康德伦理的社会学研究》（东京未来社1984年版，共234页）。

量义治：《康德与形而上学的检证》（东京法政大学出版局1984年版，共512页）。

铃木文孝：《康德研究：批判哲学的伦理学构想》（东京以文社1985年版，共314页）。

量义治：《康德哲学及其周边》（东京劲草书房1986年版，共

229页)。

山崎庸佑:《康德超越论哲学的再检讨》(东京北树出版1987年版,共192页)。

久保元彦:《康德研究》(东京创文社1987年版,共429页)。

木场猛夫:《康德道德思想形成——前批判期——的研究》(市川风间书房1987年版,共525页)。

铃木文孝:《康德批判:前往场所的伦理学》(东京以文社1987年版,共327页)。

中岛义道:《康德的时间构成之理论》(东京理想社1987年版,共216页)。

三渡幸雄:《康德哲学的基本问题》(京都同朋舍出版1987年版,共1381页)。

川岛秀一:《康德批判伦理学:其发展史及体系的研究》(京都晃洋书房1988年版,共463页)。

知念英行:《康德的社会哲学:以共通感觉论为中心》(东京未来社1988年版,共240页)。

香川丰:《超越论的质问与批判》(京都行路社1989年版,共278页)。

牧野英二:《康德〈纯粹理性批判〉的研究》(东京法政大学出版局1989年版,共305页)。

广松涉、加藤尚武、坂部惠:《康德哲学的现代性》(德国观念论讲座)(东京弘文堂1990年版,共338页)。

有福孝岳:《康德的超越论主体性的哲学》(东京理想社1990年版,共325页)。

井上义彦:《康德哲学的人学之地平线》(东京理想社1990年版,共265页)。

佐藤全弘:《康德历史哲学的研究》(京都晃洋书房1990年版,共352页)。

量义治:《作为宗教哲学的康德哲学》(东京劲草书房1990年版,共299页)。

此时期主要的康德研究文献特征可整理如下。第一,坂部惠的《理性的不安：康德哲学的生成与结构》是针对批判期之前的康德进行独特解释的专著，这是一种极为优秀的研究专著。它从根本处将18世纪的传统启蒙理性观视为问题，并将批判期之前的《通灵者之梦》作为考察的重点。这是其他相关书里没有的康德解释。依笔者的管见，此种康德解释，事实上是灵活运用了法国精神分析的方法。第二，小仓志祥《康德的伦理思想》是此时期资深学者所著的非常重要的研究专著。此书仔细地考察了康德的"三批判书"，同时以康德的"理性的深渊"（Abgrund für die menschliche Vernunft, B409）这个概念为线索，并以伦理学为基础，内在性地对实践理性的重要思想进行最大的评价。这是一种极为优秀的康德研究专著。此书超越了以前的康德伦理学研究专著的范畴，是一个广泛、多元的研究专著，因而才会被命名为《康德的伦理思想》。第三，小仓表示，"所谓自由意志的自由是指选择意志的自由与自律的自由之统一态"。他借由这些考察，如此解释道："康德为他的宗教哲学赋予了伦理实践论的性格。"

笔者认为，这些康德解释的成果可以说是处于当时日本康德伦理学研究的高峰。

四、后现代主义及英美哲学的影响

后现代主义的流行及语言分析哲学的积极吸收与研究，在日本20世纪90年代以后变得更显著，这同时也代表着哲学探究的分散化现象也逐渐地浮上台面。此时期的《现代思想》（青土社刊行）开始翻译、介绍与欧美最新的哲学、思想、政治、经济以及自然科学相关的动向，这对日本"流行思想"的形成发挥了很大的作用。因此，此杂志有很长一段时间没有谈论康德哲学。虽说如此，在这种情况下，青土社还是出版了《现代思想：康德专号》[青土社1994年3月（22-4号），共398页]。

此康德专号的出版可说是一个事件。因为此次出版意味着日本认知"康德哲学是属于现代思想"。以下笔者将按照刊载的顺序来介绍此专号收录的论文：柄谷行人《康德式的转换》、齐泽克（Slavoj Zizek, 1949— ）《思考的我、思考的他、思考的它（"物"）》、港道隆《康德：如是》、若森荣树《康德的"近代"：阅读〈何谓启蒙〉》、长仓诚一《和盖提尔论（Gettierlogy）的对话》、亨利希（Dieter Henrich, 1927— ）《何谓超越论的演绎：从方法论的背景来接近》、斯特劳德（Barry Stroud）《超越论的议论》、多木浩二《地理学的时代》、沼野充义《在历史与民族交叉的场所：康德与立陶宛、俄罗斯文化》、宫岛光志《重新思考"理性的地理学"：以"航海的隐喻"为引导》、中岛义道《康德的女性观》、石川文康《作为辩论家的康德：关于"观念论的驳斥"》、翁福雷（Michel Onfray）《康德或伦理的酒精中毒》、鹈饲哲《法的沙漠：康德与国际法的"场所"》、罗森茨威格（Franz Rosenzweig）《被替换的前线》、村冈晋一《Hermann Cohen（1842—1918）：某个康德主义者的犹太主义》、福谷茂《作为批判哲学的永久和平论：康德〈永久和平论〉研究绪论》、清水太郎《康德学派哲学与大正时代日本的哲学：西田几多郎与左右田喜一郎》；对谈：坂部惠与黑崎政男《破坏的康德》、谷川渥《崇高与艺术》、拉古－拉巴特（Philippe Lacoue-Labarthe）《崇高的真理》、细见和之《阿多诺的康德论：或者是后批判的批判》、牧野英二《康德的大学论：〈诸学部的论争〉的现代范围》、樽井正义《环境伦理与康德的哲学》、铃木晶子《康德的教育学》、加藤泰史《普遍化的理论与相互承认的伦理》、Ludwig Armbruster《康德的"根源恶"》等诸论文；再加上数据《康德：运动静止论》［Immanuel Kant, Neuer Lehrbegriff der Bewegung und Ruhe und der damit verknuepften Folgerungen in den ersten Gruenden der Naturwissenschaft, wodurch zugleich seine Vorlesungen in diesem halben Jahre angekuendet warden（Den 1 sten April, 1758），Ⅱ. S. 13－25.］的日译初版与《康德年谱》。除了此专号收录的对谈与德、英、美哲学家的翻译，日本人的康德相关论文高达 20 篇。此专号是作者们从广泛观点所撰写的各种不同论文之结集，因而是一种非常罕见的论文集。作者并不是只有康德研究者，还有教育学者、美学者、日本思想研究者以及评论家，这些都是受到后现代的影响而研究康德的人。由于此特辑的出版，日本读者的康德哲学的阅读方式，变成以一般读者为中心，变得非常多元、丰富。

另外，学术杂志《思想》（岩波书店发行）从"二战"前以来有很长一段时间一直都在领导日本的哲学、思想之普及与发展。然而从"二战"后的某个时期开始，它便将刊载论文的重点放在社会科学方面的论文上。此外，和《现代思想》以一般大众及学生为对象来提高销售量相比，《思想》就显得比较保守。它大多致力于维持专门的学问，因此读者也逐渐被限定为与社会科学相关的研究者。其结果是，大学及研究机构的《纪要》及《研究所报》等虽然刊载了很多有关康德哲学的论文，却不见它们为社会带来广泛的影响。事实上，康德哲学的研究成果给予其他哲学及学问领域影响的机会确实也变少了。"二战"前的《思想》虽然刊载了很多康德研究文献，在日本的哲学界、康德研究的领域里给予了很大的刺激。然而，到了"二战"后，它却只刊载了少康德研究论文。关于这一点，笔者将在后面进行论述。

和上述《现代思想：康德专号》同一时期，出现了一种给予康德哲学研究一些刺激的论文集。此论文集便是以笔者为中心企划、编辑的《康德：作为现代思想的批判哲学》（东京情况社1994年版）。此论文集不仅有崭新的编辑方针，执笔者团队亦非常具有多样性，甚至还有在当时哲学、思想、科学等诸领域中代表日本的多数学者为此书撰稿，此可以说是前所未闻的康德研究专著。"重读作为现代思想的康德：集结康德研究最尖端的注目书籍"是当时出版社的宣传文字。

笔者在此仅简单地介绍该书目次。首先是编者的《前言》（牧野英二）、第一部分"康德的基本思想　康德：人之图像、基本思想及其影响"（牧野英二、中岛义道、大桥容一郎、广松涉）。这是广松涉担当主持人时的座谈会。第二部分"现代科学与批判哲学"则收录了以下诸论文：大森庄藏《康德的几何学》、河本英夫《生命科学与康德的自然目的论》、日高敏隆《动物行动学与康德的哲学》、八杉龙一《现代生物学与康德的目的论》、藤井正美《现代地理学与康德的自然地理学》、高尾利数《康德宗教哲学与现代》、长尾龙一《康德伦理学与日本》、今道友信《现代美学与康德》、峰岛旭雄《日本思想与康德的思想》。第三部分"现代哲学与康德"当中则有以下诸论文：野本和《弗雷格与康德》、渡边二郎《胡塞尔与康德》、有福孝岳《海德格尔与康德》、黑崎宏《维特根斯坦与康德》、桑田礼彰《福柯、德里达、德勒兹与康德》、加藤泰史《哈贝马斯与康德》、富田恭彦《罗蒂与康德》、饭田隆《逻辑实证主义与康德哲学》。第四部分"作为现代思想的批判哲学"当中的论文，便是从康德研究者这一方来回应第三部分"现代哲学与康德"的论文。这一部分包含了以下诸论文：黑崎政男《康德与语言哲学》、大桥容一郎《康德的行为论》、中岛义道《我的时间、他者的时间》、田山令史《科学的一个基础》、牧野英二《场所论的尝试》、樽井正义《生命伦理学与康德伦理学》、植村恒一郎《站在"无限"之前的康德》、量义治《现代宗教哲学与康德哲学》。而第五部分"康德哲学的现况"则收入了石川文康《康德解释中的溯源志向》。此论文集阐明了 20 世纪末日本康德研究的水平以及社会科学、自然科学与康德哲学之间的关系，在这一点上可以说是罕见的康德文献。

1997 年，日本首次出版了《康德事典》（东京弘文堂 1997 年版，共 700 页）。① 此书并不是翻译欧美自古以来的事典，而是由日本康德研究者编辑、执笔的哲学事典，极具影响力。此事典不仅对康德研究者，甚至对哲学、思想研究者的康德理解、康德哲学专门用语的译语之确定、康德周边哲学者的人名标记之确定等而言，总的来说，也就是对日本 18 世纪以降的哲学、思想研究而言，是不可或缺的基础文献。此事典的出版对之后的康德哲学及其相关领域的发展有很大的贡献。此文献对从这个时期开始进行的岩波版《康德全集》之企划产生了很大的影响。此全集在翻译语的选择与确定作业过程当中，参考该事典的地方有很多。顺带一提，该事典的韩译版已在 2009 年出版。

说到后现代主义的影响，它在 20 世纪 90 年代以降对日本的康德研究就已经没什么影响力。牧野英二《阅读康德：后现代主义以后的批判哲学》（东京岩波书店 2003 年版；韩译版 2009 年版）则是一种从康德哲学研究的立场来回应后现代主义的研究专著。此外，牧野英二《崇高的哲学》（东京法政大学出版局 2007 年版）是少数文献当中对后现代主义所重视的康德《判断力批判》中的崇高论之回应的一种研究专著。相对于此情况，英美语言分析哲学对日本康德研究的影响一直给予康德的理论哲学与实践哲学一定的影响。关于这方面的研究文献可列举出以下论文。这些文献在理论哲学方面，主要是在逻辑学、符号论、语义学、自我论、心理学等研究领域中比较显著。在实践哲学方面，主要是集中在自由意志、行为论、意向性、道德法则上。在政治哲学方面，主要是集中在正义论、永久和平论、世界市民主义、启蒙的历史性及现代性解释上。

1991 年至 2000 年主要的康德研究专著如下：

---

① 《康德事典》（编辑顾问：有福孝岳、坂部惠。编辑委员：石川文康、大桥容一郎、黑崎政男、中岛义道、福谷茂、牧野英二）是日本第一本康德事典。当时几乎所有日本的康德研究者都参与执笔。此事典还介绍了英美圈、德语圈、意大利语圈以及俄语圈的康德研究之现状与课题，是一种极具雄心且编辑方针非常新颖的专著。笔者为编辑委员的其中一人，也参与了康德的故乡柯尼斯堡之地图的制作，以及俄语圈的康德研究之现状与课题的记述工作。

岩隈敏：《康德二元论哲学的再检讨》（九州大学出版会 1992 年版，共 292 页）。

小熊势记：《康德的批判哲学：认识与行为》（京都女子大学研究丛刊 1992 年版，共 283 页）。

黑积俊夫：《康德批判哲学的研究：从统觉中心的解释之转换》（名古屋大学出版会 1992 年版，共 359 页）。

中岛义道：《作为道德家的康德 I》（东京北树出版 1992 年版，共 204 页）。

竹市明弘、有福孝岳、坂部惠编：《康德哲学的现在》（京都世界思想社 1993 年版，共 295 页）。

滨田义文、牧野英二编：《近世德国哲学研究：康德与黑格尔》（东京法政大学出版局 1993 年版，共 375 页）。

新田孝彦：《康德与自由的问题》（北海道大学图书刊行会 1993 年版，共 363 页）。

宫地正卓：《康德空间论的现代考察》（东京北树出版 1993 年版，共 302 页）。

牧野英二：《康德纯粹理性批判的研究》（东京法政大学出版局 1993 年第 2 版，共 305 页）。

康德研究会编：《社会哲学的领域》（现代康德研究 5）（京都晃洋书房 1994 年版，共 247 页）。

牧野英二、大桥容一郎、中岛义道编：《康德：作为现代思想的批判哲学》（东京情况出版 1994 年版，共 299 页）。

三渡幸雄：《康德宗教哲学的研究：基督教与净土佛教的连接点》（京都同朋舍 1994 年版，共 1119 页）。

中岛义道：《时间与自由：康德解释的冒险》（京都晃洋书房 1994 年版，共 270 页）。

滨田义文：《康德哲学的诸相》（东京法政大学出版局 1994 年版，共 367 页）。

川岛秀一：《康德伦理学研究：内在性超克的尝试》（京都晃洋书房 1995 年版，共 327 页）。

中村博雄：《康德〈判断力批判〉的研究》（东海大学出版会 1995 年版，共 466 页）。

Bonazzi Andrea：《康德的理性信仰与比较宗教哲学：诸宗教对话的哲学基础建构》（近代文艺社 1995 年版，共 268 页）。

村上嘉隆：《康德的辩证论》（东京村田书店 1995 年版，共 152 页）。

土山秀夫、井上义彦、平田俊博：《康德与生命伦理》（京都晃洋书房 1996 年版，共 262 页）。

石川文康：《康德第三的思考：法庭模式与无限判断》（名古屋大学出版会 1996 年版，共 314 页）。

冰见洁：《康德哲学与基督教》（近代文艺社 1996 年版，共 288 页）。

平田俊博：《柔软的康德哲学》（京都晃洋书房 1996 年版，共 296 页；增补版，京都晃洋书房 1999 年版，共 310 页；增补改订版，京都晃洋书房 2001 年版，共 320 页）。

牧野英二：《远近法主义的哲学：康德的共通感觉论与理性批判之间》（东京弘文堂 1996 版，オンデマンド出版 2013 年版，共 251 页）。

山口佑弘：《康德的人观之探究》（东京劲草书房 1996 年版，共 221 页）。

量义治：《批判哲学的形成与展开》（松户理想社 1997 年版，共 368 页）。

松山寿一：《牛顿与康德：力与物质的自然哲学》（京都晃洋书房 1997 年版，共 336 页）。

长仓诚一：《康德知识论的结构》（京都晃洋书房 1997 年版，共 185 页）。

宇都宫芳明：《康德与神：理性信仰、道德、宗教》（东京岩波书店 1998 年版，共 389 页）。

香川丰：《康德〈纯粹理性批判〉的再检讨》（九州大学出版会 1998 年版，共 303 页）。

桧垣良成：《康德理论哲学形成的研究：以"实在性"概念为中心》（广岛溪水社 1998 年版，共 426 页）。

细谷昌志：《康德：表象与构想力》（东京创文社 1998 年版，共 265 页）。

第三部分　西方哲学在东亚

三岛淑臣：《理性法思想的成立：康德法哲学及其周边》（东京成文堂 1998 年版，共 313 页）。

中岛义道：《时间与自由：康德解释的冒险》（东京讲谈社 1999 年版，共 339 页）。

中村博雄：《康德政治哲学绪论》（东京成文堂 2000 年版，共 276 页）。

岩田淳二：《康德的外在触发论：外在触发论的类型学及体系的研究》（京都晃洋书房 2000 年版，共 443 页）。

中岛义道：《空间与身体：续康德解释的冒险》（京都晃洋书房 2000 年版，共 282 页）。

上述康德研究专著的第一个特征是，随着年长研究者的活跃，当时 30 岁这个年龄层的年轻学者的康德研究专著也开始受到注目。第二个特征是，康德研究专著的研究对象开始多元化。例如，此时期有处理时间与自由之间关系以及空间与身体之间关系的论文、关注在康德关于远近法主义与共通感觉的一个新面向之研究专著、处理法哲学与政治哲学的著作以及对康德的道德信仰意义之考察等。这些都是从以往日本的研究专著中所没有的崭新观点来研究康德的专著。关于这方面出版了很多书。第三个特征是，康德的自然哲学及触发论（Lehre der Affektion）的研究等以及特定主题的研究专著之出版，代表了此时期康德研究的倾向。

五、康德逝世 200 年以后的展开

2004 年正好是康德逝世 200 周年。康德的祖国德国开展了很多计划。不仅如此，世界各地也举办了很多相关的庆祝活动。如上所述，在日本则由日本哲学会与日本康德协会共同推动纪念康德的计划。然而，日本知名的杂志《现代思想》与《思想》，却没有出版康德逝世 200 年纪念专号。笔者在很早的阶段，就向岩波书店建议在《思想》出版康德专号。然而，此事并没有想象中的顺利。因此，如下文将述的，笔者向杂志《情况社》（情况出版）提出计划发行康德专号，最后终于如愿以偿。事实上，2000 年以后的《思想》只刊载了 3 篇日本人撰写的康德研究论文，分别是牧野英二《理性批判的两个机能：后现代主义以后的批判哲学之可能性》、出口康夫《康德与代数学：康德数学论中被埋没的主题》（两篇论文都收录在《思想》2002年3月号）、牧野英二《康德与崇高的哲学》（《思想》2006年10月号）。

虽然由日本康德研究者执笔的《思想》康德专号之出版无法实现，但若从内容上来看，2006年4月号的"康德论永久和平与现代"可以算是替代了《思想》康德专号。此专号收录的论文虽然有7篇，但和上述题目有关联的论文只有4篇，这些都是欧美研究者撰写的论文之翻译或介绍。不仅如此，连其他的论文也都是一些和康德哲学没有直接关系的国际政治相关论文。因此，准确来说，此号应该可说是国际政治特辑。据此可知，现在的《思想》编辑的关心点及问题点。

接下来，笔者将依序介绍上述的康德论文：马蒂·科斯肯涅米（Martti Koskenniemi）《带有世界公民目的的普遍史之理念与实践》、布鲁克霍斯特（Hauke Brunkhorst）《民主主义下的立宪主义：否定正义战争的康德对策》、克劳斯·君特（Klaus Günter）《是自由还是安全？：站在夹缝中的世界公民》、安德鲁·博维（Andrew Bowie）《康德的和平论：从浪漫主义与实用主义的反照》。在这4篇论文中，除了最后一篇，其他论文都是研究宪法、国际法、刑法等的法哲学或政治哲学专家的论文。博维虽然是广泛研究德国哲学的人文科学、艺术学领域的专家，但并不是在康德哲学研究上有实质成绩的学者。

此外，作为学会计划，如前所述，和日本的哲学、伦理学、思想有关联的最大规模之学会即日本哲学会在"共同讨论"中筹划了康德专号，笔者便是其中一位报告者。日本康德协会亦在2004年的大会中筹组康德专号企划，笔者同样也是其中一位报告者。

2004年发行的康德专号，只有牧野英二编《康德逝世200年（特辑）》（东京情况社2004年版）这一种而已。以下将按照顺序介绍执笔者及其题目：牧野英二《迎接康德逝世200年》、石川求《理性是光吗？》、中岛义道《"统觉"与"我"之间》、植村恒一郎《康德的时间论：世界分化规则的二重性》、犬竹正幸《康德的自然观》、山根雄一郎《被埋没的先验（a priori）》、桧垣良成《康德与现实性的问题》、新田孝彦《作为罗盘的定言令式：康德道德哲学的意义》、木阪贵行《作为规范的"自然"》、高桥克也《作为行为主体的不自由》、御子柴善之《康德与环境伦理》、福田俊章《"人格"的尊严与"不值得活"的生命：康德与生命或医疗的伦理》、宫岛光志《康德对自我中心主义的批判：哲学者在教坛上一直执着的事》、大桥容一郎《连中小学生都懂的康德〈论永久和平〉》、寺田俊郎《康德的世界主义：世界公民是谁?》、加藤泰史《启蒙、他者、公共性：朝向"全球化的公共性"之建构》、舟场保之《朝向康德实践哲学的沟通论之转换》、小野原雅夫《前往自由的教育：康德教育论的困境（aporia）》、胜西良典《关于存在与意义的两个态度：青年本雅明与康德分道扬镳的场所》、相原博与平井雅人《康德：年谱与文献》。以上是20篇论文及补充数据。

最后笔者想在此特别说明的是，在日本狄尔泰协会（Japanische Dilthey-Gesellschaft）支持下的《狄尔泰全集》（法政大学出版局，以牧野英二、西村皓为编辑代表，全12卷，2003年起）之发行。以此全集的出版为契机，日本研究康德与狄尔泰机的运也随之高涨。狄尔泰（Wilhelm Dilthey）笔者曾担任过学术版《康德全集》的编辑委员会委员长。学术版《康德全集》由四个部分组成，第1部为著作、论文（Ⅰ-Ⅸ），第2部为往来书简集（Ⅹ-ⅩⅢ），第3部为遗稿集（ⅩⅣ-ⅩⅩⅢ），第4部为讲义录（ⅩⅪ-ⅩⅩⅨ），决定此编辑方针的正是狄尔泰。然而，日本有很长一段时间没有研究康德研究最基础的文献学术版《康德全集》之编者狄尔泰与康德之间的关联。就连在日本康德协会、康德研究会或日本哲学会等，包含个人发表的研究在内，在很长一段时间里，都没有出现关于康德与狄尔泰的论文。这也道出日本康德研究的视野狭隘及研究领域偏颇的情况。

日本狄尔泰协会编的《狄尔泰研究》（Dilthey-Forschung, 1987ff.）第8号（1995）刊载了日本第一篇真正考察康德与狄尔泰之间关联的论文（牧野英二《康德与狄尔泰：超越论的哲学与诠释学》）。接着，在第15号（2004）的研讨会报告中，刊载了以"狄尔泰与康德：关于狄尔泰的康德理解与批判"为主题的3篇论文。按刊载顺序如下：牧野英二《关于狄尔泰的康德评价》、松山寿一《狄尔泰与康德的自然哲学：康德自然哲学的发展史理解与概念史理解》、加藤泰史《狄尔泰与康德的实践哲学：关于"他者理解"或"Übertragung"的康德与狄尔泰》。此外，在第17号（2006）的共同讨论报告"道德论的诸样貌及未来方向：康德、叔本华、狄尔泰"中，刊载了一篇和该主题相关的论文，即山本博史的《康德的赏味期限与伦理学的未来》。

另外，《狄尔泰全集》第1卷（牧野英二编辑、校阅、翻译，东京法政大学出版局2006年版）的卷末有一篇很长的"解说"文（第799－852页）。笔者在此文当中，针对康德《纯粹理性批判》《实践理性批判》《判断力批判》的见解和狄尔泰的历史理性批判的计划这两者的关联进行了深入的探讨与说明。笔者从上述狄尔泰研究的立场来重新评价康德哲学，并重新检讨哲学史中康德的定位，这对这方面的研究来说虽有所发展，但康德研究者的狄尔泰理解还是非常缺乏。笔者认为，这些是属于今后康德哲学研究的课题。

2001年至2013年主要的康德研究专著如下：

北冈武司：《康德与形而上学：关于物自身与自由》（京都世界思想社2001年版，共250页）。

柄谷行人：《跨越性批判：康德与马克思》（东京批评空间社2001年版，共452页）。

濑户一夫：《哥白尼式转向的哲学》（东京劲草书房2001年版，共236页）。

石滨弘道：《康德宗教思想的研究：神与模拟》（东京北树出版社2002年版，共255页）。

圆谷裕二：《经验与存在：康德超越论哲学的趋向》（东京大学出版会2002年版，共303页）。

牧野英二：《阅读康德：后现代主义以降的批判哲学》（东京岩波书店2003年版，共335页）。

村上嘉隆：《康德的神与无神论》（东京教育报道社2003年版，共415页）。

黑积俊夫：《和德国观念论的对决：以拥护康德为中心》（九州大学出版会2003年版，共313页）。

汤浅正彦：《存在与自我：来自康德超越论哲学的信息》（东京劲草书房2003年版，共285页）。

牧野英二：《康德逝世200年（特辑）》（东京情况出版2004年版，共259页）。

中岛义道：《康德的自我论》（东京日本评论社2004年版，共346页）。

松山寿一：《从牛顿到康德：力与物质的概念史》（京都晃洋书

房 2004 年版，共 215 页）。

金田千秋：《康德美学的根本概念》（东京中央公论美术社 2005 年版，共 434 页）。

菊池健三：《康德与两个视点：以"三批判书"为中心》（专修大学出版局 2005 年版，共 121 页）。

佐藤康邦：《康德〈判断力批判〉与现代：寻求目的论新的可能性》（东京岩波书店 2005 年版，共 331 页）。

松井富美男：《康德伦理学的研究：作为义务论体系的〈道德形而上学〉之再解释》（广岛溪水社 2005 年版，共 311 页）。

岩城见一：《谬误论：对康德〈纯粹理性批判〉的接近》（东京萌书房 2006 年版，共 318 页）。

宇都宫芳明：《康德的启蒙精神：朝向人类的启蒙与永久和平》（东京岩波书店 2006 年版，共 284 页）。

坂部惠：《〈坂部惠集 1〉生成的康德图像》（东京岩波书店 2006 年版，共 394 页）。

铃木晶子：《伊曼努尔·康德的送葬行列：往教育目光的彼方》（东京春秋社 2006 年版，共 278 页）。

中岛义道：《康德的法论》（东京筑摩书房 2006 年版，共 259 页）。

松山寿一：《牛顿与康德：自然哲学中的实证与思辨》（京都晃洋书房 2006 年改订版，共 279 页）。

广松涉、牧野英二、野家启一、松井贤太郎：《康德的"先验的演绎论"》（东京世界书院 2007 年版，共 298 页）。

牧野英二：《崇高的哲学：前往情感丰富的理性之建构》（东京法政大学出版局 2007 年版，共 223 页）。

中岛义道：《康德的自我论》（东京岩波书店 2007 年版，共 357 页）。

山本道雄：《康德及其时代：德国启蒙思想的一个潮流》（京都晃洋书房 2008 年改订版，共 400 页）。

角忍：《康德哲学与最高善》（东京创文社 2008 年版，共 317 页）。

中村博雄：《康德批判哲学的"个人之尊重"（日本国宪法 13

条）与"和平主义"（前文）的形而上学基础建构》（东京成文堂2008年版，共399页）。

米泽有恒：《康德的信函》（东京萌书房2009年版，共316页）。

芝崎厚士：《近代日本的国际关系认识：朝永三十郎与〈康德的和平论〉》（东京创文社2009年版，共314页）。

福谷茂：《康德哲学之试论》（东京知泉书馆2009年版，共352页）。

石井健吉：《康德的永久和平论之研究》（第1-4卷，松风书房2009年版，每卷分别有162页、197页、204页、131页）。

山本道雄：《康德及其时代》（京都晃洋书房2010年7月改订增补版，共464页）。

犬竹正幸：《康德的批判哲学与自然科学：〈自然科学的形而上学原理〉之研究》（东京创文社2011年版，共249页）。

杉田聪：《康德哲学与现代：疏离、启蒙、正义、环境、性别》（京都行路社2012年版，共350页）。

牧野英二、有福孝岳编：《康德初学者入门》（京都世界思想社2012年版，共411页）。

望月俊孝：《漱石与康德的翻转光学：行人、道草、明暗双双》（九州大学出版会2012年版，共430页）。

牧野英二：《前往持续可能性的哲学之道：后殖民主义理性批判与生的地平线》（东京法政大学出版局2013年版，共330页）。

以上的主要康德研究专著有几个特征。第一，日本首次出版了真正关于《自然科学的形而上学原理》的研究专著。第二，从康德初期到晚年《遗稿》的自我论与实在论之研究倾向逐渐在增强。第三，出现了许多关于康德时代的启蒙思想家及其周边哲学家的详细研究成果，例如康德与牛顿、康德与莱布尼兹的比较考察等。第四，出现了康德研究者、国际政治学专家从现代的关怀出版有关日本康德和平论的研究，以及以疏离、启蒙、正义、环境、性别等关键词为线索的研究专著。第五，能够看到美学、教育哲学等领域的康德评价及康德批判等。这里显示出日本康德研究水平的高度，以及多元观点下的研究成果之累积。

六、结语：概观今后的发展

关于"二战"后日本康德哲学的主要研究成果，笔者大略说明如上。至于此时期的研究成果及争论点，笔者阐明了以下几个主要的方面。① 第一，关于战后昭和时代康德研究的重构动向。第二，平成时代康德研究的多元化现象。第三，康德研究与后现代的流行现象，语言分析哲学之间的影响关系。特别是观察了20世纪90年代以后的英美哲学及哲学知识的分散化对康德研究给予了方法上的影响之情况。第四，日本在处理21世纪康德研究的课题时所产生的、从欧洲哲学到英美哲学的中心（亦即"心灵哲学"）的影响关系之转移现象。此外，也提及了康德哲学与日本思想之间的关联、康德哲学与正义论及政治哲学之间的关联，以及重视应用伦理学和环境伦理的状况、作为持续可能性的哲学之登场、学术界的哲学教育与哲学研究的位置等论点。

作为本论文的结论，笔者试图将上述介绍的日本康德哲学研究状况对照到康德哲学的体系及其"三批判书"的体系性区分，并做如下整理。

首先，在理论哲学的领域里，笔者想指出关于康德的前批判期和批判期之间的思想非连续性与连续性的问题。比如牛顿对初期康德时间和空间论的影响、关于莱布尼兹的影响之评价的歧异、休谟及卢梭对康德的影响之内容、围绕"1769年的伟大的光"（grosses Licht vom, 1769）的论争，以及1770年上任教授论文以后到《纯粹理性批判》成立的过程中有关超越论演绎的思想成立之解释。

此课题以批判期的主要著作《纯粹理性批判》《未来形而上学导论》等为中心，为康德的时间和空间论、纯粹理性概念的演绎之有效性、辩证论中的谬误推论与二律背反论，特别是现象与物自身的关系、第三个二律背反中的自由与必然性的两立之可能性、康德对神存在证明之批判的有效性等问题所继受，而这些问题则不断地被讨论到现在。近年来，受到英语圈的康德哲学之影响，很多人开始从身心问题的脉络出发，来讨论物理影响论的是与否、和第三推论之讨论的关系、自我论与心的自然化之间的关系，以及康德超越论哲学与还原（化约）主义之间的关系。

---

① 关于康德与后现代主义的关系以及笔者从康德主义立场来批判后现代主义的内容，参见牧野英二《阅读康德：后现代主义以后的批判哲学》，东京岩波书店2003年版。

在实践哲学领域里,《道德形而上学的奠基》及《实践理性批判》,还有这些"批判的伦理学"立场与《道德形而上学》之间的批判期伦理思想的连续性与非连续性的问题,则受到了关注。此外,争论点大多集中在以下的方面:上述著作中定言令式与假言令式的区别以及整合性的关系、自由的实在性及其证明的有效性、自由意志与选择意志的关系、道德与法、不完全义务与完全义务的关系、关于最高善的多义性问题等。近几年在日本,哈贝马斯和阿培尔等人的"论述伦理学"(Diskursethik)已经开始不大流行,而格哈德·许里希(Gerhard Schönrich)等人的"论述伦理学批判"的介绍之影响则开始显著化。最近,从生命伦理和环境伦理之间的关系来考察人权与动物的权利、自然环境和人的美好生命之间的关系的研究也变得很兴盛。不仅如此,就连道德式的进化论与定言令式的关系亦变成一种争论。目前最尖端的学问之一,也就是脑神经科学,则对自觉合理的主体、自律性意志的主体这种传统的人类观提出否定的见解。针对此学问所提出的问题,康德的实践哲学、伦理学究竟又能够做出何种回应呢?

其次,在美学、自然目的论、历史哲学、法哲学、政治哲学、宗教论等领域里[1],品位判断的演绎之有效性、品位及自然目的论的二律背反问题、自然目的论与道德目的论之间的关系、道德与理性信仰之间的关系、历史中的自由与必然的关系、永久和平论及世界公民主义的有效性等,这些即使在今日都还是非常重要的争论点。近年来,我们可以看到的是福柯(Michel Foucault,1926—1984)的"启蒙"概念、关于《人学》讲义的论争、关于斯塔克(Werner Stark,1909—1985)与布兰特(Reinhard Brandt,1937—)的《人学》及其与道德论之间关系的对立见解等。此外,从和政治哲学的关联来讨论公共圈以及共同体论、"罗尔斯(John Rawls,1921—2002)以后的正义论",亦非常兴盛。关于康德与汉娜·阿伦特(Hannah Arendt,1906—1975)的共通感觉论之关联的问题亦有人在讨论。涛慕思·博格(Thomas Pogge,1953—)的正义论及阿马蒂亚·森(Amartya Sen,1933—)的"正义的理念"与康德哲学之间的关联亦有人试着进行讨论。笔者认为,康德哲学的意义及课题一直在扩大问题

---

[1] 关于本论文无法深入探讨的诸专著,以及从那些书所梳理出来的康德哲学研究之主要动向,参见牧野英二编《日本的康德文献目录(单行本编):1896—2012》。

的范围。

最后是关于本论文的主题"日本康德研究的意义与课题",笔者想在此确认相关见解的结论。如前篇论文《日本的康德研究史与今日的课题(1863—1945)》所指出的,三枝博音以否定的态度如此说道:"在日本,康德并未以其原本的面貌被接受。"① 但笔者认为,如本论文所考察的,三枝的此种说法缺乏从历史、社会的脉络来解释康德文本这种方法论的意识。此外,康德研究者武村泰男亦如此主张:"若审视日本的康德研究,我认为很难在明治以降的康德研究中看到日本的积极特征。……若真的要说的话,那应该是无特征的特征吧。"② 按笔者的见解,武村的说法缺乏什么是"日本式"这种前提的理解,再加上他太拘泥于有150年的日本康德研究论文的个别内容,因而无法看出整体的研究倾向以及主要的相互影响关系等。如上所述,笔者在前、后两篇论文的整体性考察,正说明了三枝及武村两者的说法并不是很合适。

按笔者之见,第一,康德哲学及其著作在其被接受的历史、社会的现实脉络中,由那些活在那里的人以各种方式来进行解读。光在这一点上,就有康德哲学及康德研究的特征及意义。在日本这个风土中,康德文献被翻译成日语,并被解读成各种样貌。也因此,日本康德接受的特征与课题才会产生。第二,具有150年接受史的日本康德哲学研究的意义就在于,有很多康德研究者一直致力于贪婪地吸收欧美最尖端的康德研究成果这一点上。笔者认为,应该对明治以降日本康德研究者在接受、介绍、翻译欧美哲学研究的努力表示最大的敬意。第三,笔者以后的世代开始到康德的母国德国留学,并利用机会在德国以及其他国家的国际学会上进行发表。20世纪70年代以后,日本积极利用机会招聘以德国为中心的欧美康德研究者来日本。近年来,日本已经不再只是以单向的方式从欧美那里输入知识,而已经深化到彼此能共同讨论的水平。过去只有德国人及少数的欧美研究者才研究的康德哲学成立史与概念史,现在日本的康德研究者在这方面也做出了优秀的成绩。第四,今日的康德研究者,并没有限定在文本的

---

① [日]三枝博音:《三枝博音著作集》第3卷《近代日本哲学史》,东京中央公论社1972年版,第186页。
② [日]武村泰男:《日本的〈纯粹理性批判〉研究》,载《理想》,东京理想社1981年第582号,第154-155页。

内在性解释上，而会从各种面向来进行康德研究与康德批判，甚至会利用应用伦理学的方法，将目光放在最尖端的科学见识及科学技术成果等上，借以阐明康德哲学的现代性意义及存在理由。若从这点来看，日本康德研究者的研究，可以说已经达到能和德国的研究者相比的水平。

虽说如此，笔者认为今日日本的康德研究尚有以下研究上的限制和课题。第一，在比笔者年轻的研究者当中，到现在还是有人认为翻译、介绍欧美的康德研究是康德研究的使命。第二，还有一定数量的研究者认为，哲学研究及康德研究的目的在于对文本的内在性解释。在这些研究者的想法里潜藏着，康德哲学是哲学之王，康德以前和以后的研究只不过是次要的工作这种误解或对哲学及哲学史的不理解。第三，不仅是康德研究，哲学研究整体都在往高度专业化的方向发展，即使是康德哲学亦会受到理论哲学、实践哲学、美学等特定领域研究的细分化倾向的影响。然而，没有学习康德哲学的整体概貌就继续进行康德研究的第一线或年轻研究者近年来在逐渐增加是一个不争的事实。① 第四，今日在没有完全自觉到康德哲学研究原本的意义及目的之情况下，还是出现了不少以"为了研究而研究"的姿态来持续研究康德哲学，并将其研究成果公诸于世的康德学者。在21世纪的日本社会里，研究者们究竟是为了什么才来研究18世纪德国的康德哲学？而康德哲学的研究及其成果，对日本人、亚洲人甚至人类而言，究竟能发挥什么作用，又扮演着何种角色？上述那些人所缺乏的，正是这种本质性的问题意识。其造成的一个不可否认的事实是，对日本社会既不关心又缺乏现实感的康德研究者，被现代哲学的研究者、知识分子及一般人以近似轻蔑的眼光视为一种"喜欢古怪学问"的人。第五，多数日本研究者到现在还是有强烈的"崇拜欧美""轻视亚洲"的想法。因为此种影响，这些人无视日本既有的优秀研究，只将目光放在欧美的研究文献

---

① 日本有几个拥有一千名会员以上的全国性学会，譬如日本哲学会、日本伦理学会、美学会等。此种"哲学""伦理学""美学"之区分所造成的学会编制自身，不仅窄化了日本广义的哲学研究面貌，同时在康德研究的领域里，也造就了理论哲学、实践哲学、美学的"专家"诞生。这些都造成了日本的哲学研究及康德哲学研究的扭曲现象。事实上，康德理论哲学的研究者只读《纯粹理性批判》《未来形而上学导论》，康德伦理学的研究者只读《道德形而上学的奠基》《实践理性批判》及《道德形而上学》，康德美学的研究者只读《判断力批判》的第一部分"美感的判断力之批判"，而没有读第二部分"目的论的判断力之批判"。像这样的街坊话题，也不是什么过去的事。

上，并只引用那些文献。在他们身上都还是可以很明显地窥见像这样的研究态度。这是违背研究者伦理的行为。自古以来，就如"读《论语》却不知《论语》"这句话所示，有些人长年研究康德文本，却没有学习到康德的批判精神。在讲康德良心论的同时，却做一些违反良心的行为而不知廉耻。他们就是所谓读康德却不知康德的"康德研究者"，很可惜，这种研究者到现在还是没有断绝。今日，康德的"理性批判"经过狄尔泰的"历史理性批判"后，和维特根斯坦的"语言批判"以及海德格尔对"语言（logos）的存在"之批判性质问相连接，在各种语言及文化圈当中经常被人用新的视点和方法来解读，也因为有这些新的批判性解释，康德的"理性批判"才得以继承下去。

21世纪日本康德哲学研究的进一步发展及其存在意义就在于快速克服这些限制及课题。若借用康德自身的表现来说，学哲学以及学康德哲学的人，不仅要学习到哲学的"学院概念"（Schulbegriff），还必须学习到哲学的"世界概念"（Weltbegriff）。换言之，就是有必要将康德的世界公民主义的思想扎根在日本社会当中。为了达到此目的，笔者确信善用东亚、汉字文化圈的康德研究者彼此之间的情报交换及共同研究的网络会非常有帮助。

日本的《永久和平论》研究及其课题

牧野英二

前言

康德提倡永久和平的理念，到今日为止，虽已超过 200 年，全球规模的纷争或战争却接连不断。现今的东亚地区，日本政府的军国主义化政策，导致中日关系日益紧张，仿佛处在甲午战争爆发前夕。目前的政治情势，犹如康德在撰写《为了永久和平》（*Zum ewigen Frieden*，1795）[①] 的时候一样。当代社会仿佛在渴求康德和平论的再次登场。另外，由于现代是一个复杂的全球化时代，康德的永久和平理念及理论，早已无法原原本本地适用于现代。例如，康德主张"商业精神和战争是不能两立的"[②]，它将带来全球规模的利益之调和。然而，在现代社会里，此种主张最后还是制造出在战争、纷争或"冷战"底下的"死亡贩子"（merchant of death），其有效性也因此一直被否定。此外，由于全球化的扭曲与文化多元主义的高涨，康德的世界市民主义理念更加难以实现。

因此，笔者目前所面临的课题是，从审视康德所预见的现代社会之趋势与确认超越康德哲学之框架的当代课题这两个视点，来重新检讨《永久和平论》。本论文在处理这些课题时，将进行以下几个基础工作。第一，阐明《永久和平论》在日本的哲学研究中所发挥的作用及代表的意义。第二，深入日本的《永久和平论》之论争史，从和社会、思想背景之关联，

[①] 以下简称《永久和平论》。本文引用康德的部分，按照惯例，将《纯粹理性批判》第一版（*Kritik der reinen Vernunft*，1781）标记为 A，第二版（*Kritik der reinen Vernunft*，1787）标记为 B，并在后面标记页码。此外，所有学术版《康德全集》（*Kant's gesammelte Schriften. Herausgegeben von der Koeniglich Preussischen Akademie der Wissenschaften*，Berlin，1900ff）的引文，则用罗马数字来标记卷数及页数。

[②] *Kant's gesammelte Schriften. Herausgegeben von der Koeniglich Preussischen Akademie der Wissenschaften*，Berlin，1900，Ⅷ，p. 368。

来阐明其历史意义。第三，阐明日本的《永久和平论》研究之今日意义及课题。第四，探究跨国际民主（transnational democracy）的和平建构之可能性。

一、明治时代的《永久和平论》接受史

（一）西周的康德接受史

康德的《永久和平论》究竟从何时开始在日本被接受、翻译与研究的呢？根据麻生义辉的《近世日本哲学史》①，"可以让人猜想到的是，西周助……此时（留学荷兰莱顿大学期间）就知道《永久和平论》，并把它理解为一种自由主义或人权主义，且从此立场来探讨康德。从幕末到明治初年之间，康德被并列在卢梭〔Jean-Jacques Rousseau〕、孟德斯鸠〔Baron de Montesquieu〕等人之间，并完全被理解为自由主义、民权主义、半唯物论、功利主义的哲学家。例如，加藤弘藏〔弘之〕的初期著作（《立宪政体略》，1868），便是如此"②。此外，根据永田广志的《永田广志日本思想史研究》，西周"接受幕府的命令，翻译了西蒙·卫斯林（Simon Vissering）的《万国公法》……成了系统性地移植法学的先驱者。他在康德永久和平论的影响下于《万国公法》的序文中，写下'方今，天下一家、四海一国'的思想。此思想给予了当时洋学者一个固定的见解"③。

西周的论文《人世三宝说（一）》被收录于 1875 年 6 月发行的《明六社杂志》（第 38 号）。此论文介绍了康德、费希特（Fichte）、谢林（Schelling）、黑格尔（Hegel）等德国古典哲学家的思想。他在论文开头处便如此介绍道，"欧洲哲学中，道德论自古以来历经种种变化，直到今日终始没有定论。其中，以前的学说〔如王山（Königsberg：柯尼斯堡）的学派、韩图（康德）的超妙纯然灵智（transzendentalen reinen Vernunft：超越论的纯粹理性）的学说〕"④ 仍然非常兴盛。西周还认为和起源于康

---

① 〔日〕麻生义辉：《近世日本哲学史》，东京近藤书店 1937 年版，第 68 页。
② 根据麻生义辉在《近世日本哲学史》（东京近藤书店 1942 年版，第 68 页）的记述，西周及其好友津田真道的康德理解，就如本论文所说的水平那样。至于加藤弘藏〔弘之〕的文献部分，笔者并不是很清楚。关于引文中加〔的，则是笔者本人的补充。
③ 〔日〕永田广志：《永田广志日本思想史研究》第 1 卷，东京法政大学出版局 1967 年版，第 260 – 261 页。
④ 〔日〕西周：《人世三宝说（一）》，载《明六社杂志》1875 年第 38 号，第 249 页。

德超越论哲学的观念论哲学相比，孔德（Auguste Comte）的"实理学"（positivisme：实证主义）及边沁（Jeremy Bentham）的"利学"（utilitarianism：功利主义）作为新时代的哲学，更加合适。①

另处，西周在《明六社杂志》（1875 年第 40 号）收录的《人世三宝说（三）》中，论及伴随文化的进展，人类的社交性联结领域也随之扩大，并如此评论康德的《永久和平论》："韩图所谓的无穷和平（eternal peace：永久和平）及四海共和（worldly republic：世界共和国）就暂时托付给哲学家的梦想。"② 西周对康德的理解正不正确，并不是很明确。值得注意的是，他对《永久和平论》表示出兴趣并给予评价，此特色是同时期其他研究者所没有的。

（二）中江兆民的康德评价

中江兆民在《三醉人经纶问答》中如此说道："卢梭极为赞成圣皮耶（Abbé de Saint-Pierre, 1658—1743）的说法，并提起其刚健的笔如此称赞圣皮耶：'这是一本世间不可或缺的书。'接着，康德亦继承圣皮耶的主张，写了一本题为《永久和平论》的书，主张放弃战争、推展友好的必要性。"③ 在这一本书的别处，中江兆民如此称赞康德和平论的意义："自从圣皮耶提倡世界和平之说以来，卢梭便开始称赞此说；到了康德，更是将此说推展开来，因此才能具有符合哲学的纯理性格。"④ 中江兆民在《东云新闻》（1888 年 5 月）的《土著兵论》中，撰写了主张废止常备军、土著兵（民兵）制的文章，并介绍了康德的和平论。除了西周的介绍和评价，这些都是日本最早评价康德和平论之意义的文献。然而，中江兆民的康德评价，因他是在野思想家，并没有给予学术界的研究者什么影响。中江兆民是否真的阅读了《永久和平论》，无法得到证实。笔者认为，那些

---

① 参见［日］小坂国继《明治哲学的研究：西周与大西祝》，东京岩波书店 2013 年版，第 126 页。小坂在此书的同一页中如此说道："西周的永久和平论内容和康德的言说完全不同。康德是从世界市民法（Weltbürgerrecht）的观点来解释永久和平，而西周则是以造物主（西周又称之为'上帝'或'天翁'）的摄理来理解。"然而，这种说法，严格来说，并不正确。因为康德亦用"摄理"这个概念来阐释"永久和平的保证"。关于此论点，笔者在下文会有详细的探讨。

② ［日］西周：《人世三宝说（三）》，载《明六社杂志》，1875 年第 40 号，第 300 页。

③ ［日］中江兆民：《三醉人经纶问答》，桑原武夫、岛田虔次译、校注，东京岩波书店 1965 年版，第 50 页。

④ ［日］中江兆民：《三醉人经纶问答》，桑原武夫、岛田虔次译、校注，东京岩波书店 1965 年版，第 52 页。

或许都是他留学法国时（1871—1874）从其师阿科拉（Emile Acollas, 1826—1891）处所得到的知识。然而，读不懂德语的中江兆民是否曾阅读过法语版的《永久和平论》，这是今后应该研究的课题。

另外，和中江兆民的评价形成对照，在学术界亦出现对《永久和平论》的负面评价。那便是担任东京大学初任总理加藤弘之的康德批判。加藤在《道德法律进化之理》（东京博文馆1900年版）中，从初期的自由民权思想转向国家主义的立场，并以斯宾塞（Herbert Spencer）式的社会进化论为依据，对《永久和平论》进行否定的评价。"所谓宇内统一国是否真的能于后世产生？自从康德氏（Kant）提倡永久和平论（Ewige Frieden）以来，逐渐地在学者之间成为一大问题。有人说一定会产生，有人说绝对不会产生，这些议论直到今日，都没有一个定论。"① 加藤弘之亦承认康德提出关于世界和平的统一及其可能性之问题，确实在学者之间成为一个大问题。然而，加藤并不是依据康德的"道德主义"（Moralprinzip），而是从以利益主义为根据的社会进化论之立场，来谈论世界统一的可能性。加藤的《永久和平论》之理解，特别是关于国际联盟与世界共和国的区别以及世界市民法的理解并不正确，其康德批判并不是很准确。

总之，当时的哲学研究者并没有对《永久和平论》进行过真正的讨论与论争。针对康德所提出的问题，除了中江兆民，并没有一个正中目标的批评出现。

二、大正时代的《永久和平论》之论争

（一）鹿子木员信的康德批判

当我们要考察此时期的康德研究时，有必要考虑三个要素。第一，大正教养主义的人格主义思想、俄国十月革命的影响及其时代状况，对学问的研究产生了影响。此状况也影响了康德的《永久和平论》之研究。第二，康德诞辰200周年（1924）的纪念活动及出版所带来的影响。《永久和平论》的翻译、介绍及研究专著等的出版，亦离不开此影响。第三，康德的"三批判书"及其他著作的翻译、介绍与研究，虽然

---

① ［日］加藤弘之：《道德法律进化之理》，东京博文馆1900年版，第171页。

有一些进展，但《永久和平论》的研究成果却非常少。这一点是此时期的康德研究之特征。

大正年间公开发行的《永久和平论》之关联论文只有 4 篇：①鹿子木员信的《论康德的"永久和平"》(《哲学杂志》1916 年 7 月第 353 号)；②朝永三十郎的《康德永久和平论的反面》(《哲学研究》1921 年 3 月第 60 号)；③朝永三十郎的《关于康德的和平论》(《哲学研究》1922 年 1 月第 70 号)；④友枝高彦的《回忆作为永久和平使徒的康德》(《丁酉伦理会演讲集》第 259 辑，1922 年 5 月)。值得探讨的只有鹿子木和朝永的论文。朝永的论文，后来经由改订、增补以单行本发行，本论文将针对此书来思考与探讨朝永的见解。

此时期研究者对康德永久和平论的评价，形成了一个对照。一方面，朝永三十郎的《康德的和平论》(东京改造社 1922 年版)是一本善意评价康德的研究专著。此书在今日仍是康德永久和平论研究的出发点。另一方面，亦有人对康德的和平论提出否定、消极的评价。其代表便是鹿子木员信的《论康德的"永久和平"》。鹿子木从否定的立场来评价临时条款(Praeliminarartikel)与确定条款(Definitivartikel)等。鹿子木认为国内法、国际法、世界市民法当中，后面两个法根本没有力量，并以此为由如此批判道："永久的和平将永远都不可能实现。"[①] "康德这本《永久和平论》，事实上是没有确切证明的空虚理想——让人不得不觉得那等于是建构在空想之上，亦即所谓空中的楼阁。"[②] 鹿子木最后得出结论，认为康德失败于第二确定条款的基础建构，"只停留在永久和平的否定，亦即永久战争的肯定上"。根据鹿子木的说法，康德不仅无法确定永久和平是一种义务的理由，亦无法否认永久的战争。

然而，笔者认为鹿子木的说法有很大的误解。第一，他并没有正确地理解康德的"永久和平理念"的意思。鹿子木误以为康德的和平理念便是直接对现实的提案。第二，他误解了临时条款和确定条款的内容。这个表现在以下这句话中可窥见："康德竭尽其一切的努力，最后既无法保障永

---

① [日]鹿子木员信：《论康德的"永久和平"》，载《哲学杂志》1916 年第 353 号，第 48-49 页。

② [日]鹿子木员信：《论康德的"永久和平"》，载《哲学杂志》1916 年第 353 号，第 69 页。

久的和平，也无法否定永远的战争。"① 第三，鹿子木忽视了"康德反对战争的理由是因为战争违反了道德的自由"这个最根本的立场。鹿子木在该论文问世的前一年就出版了《永远的战争》（东京同文馆1915年版），事实上，此书早已试图要辩驳《永久和平论》这本书了。

（二）朝永三十郎的康德评价

朝永三十郎的《康德的和平论》和鹿子木的说法形成一种对照，他提倡的是永久和平论的解释。朝永三十郎从日俄战争与第一次世界大战以后的国际情势以及日本的国内情势这两个方向来思考政治的影响，并出版了该书。

朝永的康德解释之基本观点，有以下几点。第一，在指出《永久和平论》作为体系性的论述极为不周全之后，提倡比前人还优秀的和平论，并对该书的重要性及哲学与伦理学的基础建构之尝试给予适切的理解。第二，指出若要正确地理解康德的和平论，就必须阅读《实践理性批判》（Kritik der praktischen Vernunft, 1788）、《判断力批判》（Kritik der Urteilskraft, 1790）、《人伦的形而上学·法论》（Metaphysik der Sitten. Metaphysische Anfangsgründe der Rechtslehre, 1797）、《世界市民见地中的普遍史之理念》（Idee zu einer allgemeinen Geschichte in weltbürgerlicher Absicht, 1784）、《关于在理论上或许是正确的但在实践上却不管用的通俗说法》（Über den Gemeinspruch: Das mag in der Theorie richtig sein, taugt aber nicht für die Praxis, 1793）等著作及与之关联的解释②。此论点成了以后日本永久和平论研究的重要方法论。第三，从康德哲学的体系性观点来考察：①"和平主义本身的伦理基础建构"以及战争是道德上的恶；②"永久和平在何种制约下才可能"以及以何种形态才能实现；③"永久和平究竟该如何才能在历史的行进中实现"。根据朝永的说法，康德的和平论述应被区分为这三种阶段的理解方式，在此书当中，第一阶段是最基本的设问。第四，永久和平的思想，即"认识论、道德论、法理论及历史哲学的诸基础思想综合在一点上反映出其全部体系"的尝试，换言之，即是形成"微型宇宙"的"哲学方案"（ein philosophischer Entwurf）之尝试。

---

① ［日］鹿子木员信：《论康德的"永久和平"》，载《哲学杂志》，1916年第353号，第54—55页。

② ［日］朝永三十郎：《康德的和平论》，东京改造社1922年版，第9—10页。

另外，朝永提出了五个主要论点来批判康德。第一，上文①中的观点在《永久和平论》里并没有完全被阐明，因此，《人伦的形而上学·法论》的论述在和平论的理解上是不可或缺的。第二，康德虽然阐明了临时条款为何作为永久和平的消极制约是必要的问题，但没有回答临时条款如何才能被体系性地导出的问题。第三，关于确定条款，康德的国际国家乃至世界共和国的概念存在矛盾。第四，在康德的论述里，可以看到个人主义与国家主义之间的矛盾。这完全是因为康德被18世纪的个人主义束缚的关系。第五，在康德的国际联盟之见解里，国家主义与世界主义之间，亦存矛盾。①

如朝永所指出的，积极地将康德的和平论和上述诸著作进行关联性的解释，基本上是非常适当的见解，这在今日虽然属于康德解释的常识，但在当时可以说是具有首开先河的意义。朝永的和平论研究，确实已超越西周、中江兆民、加藤弘之的和平论之评价，可以说是一个划时代的成果。②在大正与昭和初期的康德解释及其背景里潜藏着包含永久和平论在内的日本康德研究之评价的变迁。而这些评价事实上发挥了康德研究映照军国主义动向的镜子的作用。朝永认为永久和平若能以政体的密接关系及共和制为前提，就有可能实现。这在当时可以说是极为出色的康德评价。

（三）桑木、安倍、船田的新康德学派之解释

即使在日本，很长一段时间里，《永久和平论》一直被视为时事性的

---

① [日] 朝永三十郎：《康德的和平论》，东京改造社1922年版，第236页。
② 朝永三十郎在《康德的和平论》中如此说道："针对康德的 ewig，大多人都会用恒久，有时会用'永久''永恒'等译语。然而，'永远'这个术语，惯用于表示本文所说明的 zeitlos geltend 之意。因此，我采用此译语。"他的见解十分精准。因为"恒久""永久""永恒"等译语和康德的"永久和平"理念并没有直接的联系。"永久"含有长久、一直持续下去这种时间上的意思。此外，"永远"在日语里有表示无时间性的存有性之意。就如康德本人所言，《永久和平论》的永久和平理念并非在历史的某个时间点所能实现的。因此"永久平和论"这个译语并不准切。虽说如此，也不是其后的所有译者都采用了"永远"，仍然有不少人使用"永久"这个译语。

第三部分 西方哲学在东亚

论文，而没有被视为带有康德和平哲学之重要意义的论文。① 然而，这种解释是错误的。因为康德从批判期之前到写作"三批判书"的时期为止，一直都在思考和平的问题。关于此点，朝永则关联到康德在1750年以降的诸论文来讨论。安倍能成在《康德的实践哲学》（东京岩波书店1924年版）"前编 康德实践哲学概论"中的"历史哲学"篇章中如此说道："永久和平或许无法被实现。那是一种理想，而且是批判在世界史中发生的所有事物之价值的标准。个人的道德问题、人类的历史发展，全都在追求相同的目的，亦即以在感觉界的自由之实现为目标。看不见的教会、地上的神国、个人的道德圆满、每个国家的永久和平，是在无限的彼方形成一致的平行线之结合点。"② 关于这点，朝永亦有同样的见解。

而桑木严翼在《康德杂考》（东京岩波书店1924年版）中的解释，与上述见解形成了一种对照，此书的出版亦是为了纪念康德诞辰200周年。桑木在此书的《关于康德的政治哲学》中如此说道："《永久和平论》在各方面，都在补充其（《道德哲学》的）言论。关于此点，笔者已经多次论及。"③ 从这里可看出桑木极为重视《道德哲学》。另外，桑木则如此批判康德："而永久和平的观念在此书〔《道德的形而上学》〕，则被视为是实际理想以上的东西。关于这一点，他在前一著作中有更进一步的展开。然而，若看到其关于实际上的预言完全被排除这一点，我们就可以推测出怀疑主义如何再一次在他的精神中被强化。"④ 桑木认为，《永久和平论》被怀疑主义束缚，其结果就是放弃了永久和平的理念之实现。然而，

---

① 日译版的《永久和平论》共有12种：相马政雄译《永远的和平：康德的永久和平论》，东京弘道馆1918年版。从英语翻译过来的《永久和平论》则被编在附录。高桥正彦译《永久和平论》，国际联盟协会1924年版。高坂正显译《一般历史考 其他》，载《康德著作集》第13卷，东京岩波书店1926年版。船山信一译《永久和平论》，十一组出版部1946年版。高坂正显译《永久和平论》，东京岩波书店1949年版。土岐邦夫译《世界的大思想（11）》，东京河出书房新社1965年版。宇都宫芳明译《永久和平论》，东京岩波书店1985年版。小仓志祥译《历史哲学论集》，载《康德全集》第13卷，东京理想社1988年版。石井健吉译《康德的永久和平论：历史的解说与本论》，东京近代文艺社1996年版。远山义孝译《历史哲学论集》，载《康德全集》第14卷，东京岩波书店2000年版。中山元译《永久和平论/何谓启蒙：其他三篇》，东京光文社2006年版。池内纪译《永久和平论》，东京集英社2007版年。译文并非着重于精准度，其特征在于以一般读者为对象来进行翻译。这类翻译书的出版，正显示出康德和平论的普及现象。

② ［日］安倍能成：《康德的实践哲学》，东京岩波书店1924年版，第138页。

③ ［日］桑木严翼：《康德杂考》，东京岩波书店1924年版，第138页。

④ ［日］桑木严翼：《康德杂考》，东京岩波书店1924年版，第86页。

桑木针对此论证，并没有进行必要的分析。此外，桑木严翼在《康德与现代的哲学》（东京岩波书店1917年版）中的第二编第二章第六节"永久和平的理想"里，如此肯定这个理想："此事预想了每个公民相互团结在一起形成一个大国家，处于其中的每个成员之间，都不会有任何斗争出现。像这种状态，不外乎是文德尔班所评价的'并行线的交叉点'之'永久和平'。"①

船田享二在《康德的法律哲学》（东京清水书店1923年版）中论及永久和平论。第一，此书的特征是，到处都在介绍朝永三十郎的《康德的和平论》。船田将永久和平论的详细议论都交给了朝永的书，自己则从法哲学的观点来呼吁大家要参考《人伦的形而上学》与《永久和平论》。但此点基本上和朝永的说法没有不同。第二，船田在《康德的法律哲学》的开头处，不仅引用马堡学派的科亨的文献（Hermann Cohen, *Begrürundung der Ethik*, 2. Aufl., 1910. *Ethik des reinen Willens*, 1904.），还参考了受柯亨影响的史坦乐（Rudolf Stammler）之主要著作《经济与法》（*Wirtschaft und Recht*, 2. Aufl., 1906）。船田和桑木不同，他深受马堡学派的影响，对柯亨与史坦乐等人笔下的社会主义者形象的康德之思想产生了共鸣。他主张"永久的和平……不外乎是慢慢地，而且是持续地朝往其实现的目标，亦即永远的接近，而被推行的理念。在这个意义上，所有国际法的终极目标，亦即永久的和平，与其说是不可能实现的理念，倒不如说是不可能达成的理念（unerreichbare Idee）"。船田一方面认为永久和平的理念是可以实现的，但另一方面又解释永久和平是一种不可能的理念。此处"不可能达成的理念"之概念，则是引自柯亨的《伦理学的基础建构》。

船田在《康德的法律哲学》"第四、公法"的"七、世界公民法 永久的和平"② 里如此说道："康德谈论国家法，进而达到共和政治的理念，并据此进入了国际法，然而康德却因此而阻碍了其法律论的形而上学原理。"船田的说法，比较倾向于以法哲学的观点，来解释永久和平论是前后一贯的议论，他所持的态度是肯定的。此点是船田的康德解释之一大特征。

在此处可指出三个论点。第一，桑木严翼的两本著作中有关永久和平

---

① ［日］桑木严翼：《康德与现代的哲学》，东京岩波书店1917年版，第300页。
② ［日］船田享二：《康德的法律哲学》，东京清水书店1923年版，第245 – 255页。

论的评价有不同之处。第二，桑木在《康德与现代的哲学》中，依据文德尔班的解释来评价永久和平论。第三，安倍能成对永久和平论的积极评价，亦是依据文德尔班的康德解释。笔者认为，桑木明确地表示出被文德尔班评价为"并行线的交叉点"之"永久和平"的引用部分，而安倍能成提到"永久和平是在无限的彼方形成一致的并行线之结合点"时并没有明示出处，表现得好像是自己说的一样。显然，此说法和被文德尔班评价为"并行线的交叉点"之"永久和平"是一致的。安倍和桑木一样，都是依据文德尔班的康德解释。此外，康德在《人学》（Anthropologie in pragmatischer Hinsicht，1797）这本书中如此说道："像世界市民社会（cosmopolitismus）那种其自身不可能达成的理念（unerreichbare Idee），并不是构成的原理，它只不过是统制的原理而已。"（学术版《康德全集Ⅶ》，331）关于此点的讨论，笔者认为并没有被后来的研究者继承与验证。

三、昭和时代的《永久和平论》的评价之变迁

（一）关于社会主义者的康德评价

从大正时代以来到昭和时代前半期为止，康德的永久和平论研究，因日本社会的军国主义化之影响而逐渐地衰退。在此过程中，应注意的是，关于新康德学派影响下的《康德与马克思的关联》之翻译书的出版及其思想上的影响。①

大正时代康德研究的最大特征在于，出版研究康德与马克思或马克思主义之间关系的论文、著作以及相关的翻译著作。1917 年爆发的俄国革命为日本的康德研究带来了思想上的影响。Schulze-Gaevernitz 的《是马克思还是康德？》（*Marx oder Kant？*，1909；佐野学译，东京大灯阁 1920 年版）、亚伯拉罕·德波林（Abram M. Deborin）的《康德的辩证法》（*Die Dialektik bei Kant*，1926；宫川实译，东京弘文堂 1926 年版）、土田杏村的《康德哲学与唯物史观》（东京中央公论社 1924 年版）陆续被出版。进入昭和时代后，布鲁（Oskar Blum）的《马克思化与康德化》（Max Adlers Neugestaltung des Marxismus, in *Carl Gruenberg's Archiv für die Geschichte des Sozialismus und der Arbeiterbewegung*. 8 Jahrgang，1919，S. 177 – 247；波多

---

① 顺带一提，西田几多郎曾在 1936 年向书店订购马克思的《资本论》。参见《西田几多郎全集》第 17 卷，东京岩波书店，第 545 – 547 页。

野鼎译，东京同人社 1927 年版）、阿德勒（Max Adler）的《康德与马克思主义》（*Kant und Marxismus*，1925；井原糺译，东京春秋社 1931 年版）、Karl Vorländer 的《康德与马克思》（*Kant und Marx*，2 Aufl.，1926；井原糺译，上卷，东京岩波书店 1937 年版；下卷，东京岩波书店 1938 年版）等也陆续被出版。桑木严翼的《康德哲学与共产主义的理论》（《丁酉伦理会讲演集》第 275 辑，东京大日本图书株式会社 1925 年版）及汤泽睦雄的《马克思乎？康德乎？》（汤泽睦雄刊 1933 年版）等研究，亦是因应当时的社会状况而产生的。康德哲学和新康德学派的哲学不得不和马克思或马克思主义进行合作或对决。

例如，舒尔策·格弗尼兹（Schulze-Gaevernitz）的《是马克思还是康德？》很早就被翻译、介绍到日本。作者在该书中如此说道："社会主义应该思慕达到最终目标的可喜日子、倾听哲人〔康德〕的声音，并摒弃机会主义式、投机主义式的理论。在此努力当中，康德的教理'普遍平等的世界市民之境地'，亦即每个人的自由唯有和他人的自由有所关联才应该受到限制。""社会主义只有在'没有任何人沉溺在特殊利益的境地'里，才能被实现出来。"① 作者进一步触及和书名的关联，并如此说道："让德意志劳动者觉醒之人马克思背负着温暖的感谢，长眠于墓地。各位！跨越他的墓地前进吧！和永生之人康德一同前进吧！就如 Jean Léon Jaurès 所说的那样，德意志社会主义的真正父亲就是康德。"② 此外，就如翻译者佐野学论及他翻译的意图那样，针对当时德国社会主义者的康德与马克思之论争，译者（佐藤）提出这样的说法："若说到能锐利地从康德的立场来责难马克思的书物的话，那就非得推《是马克思还是康德？》这本书不可了。"（《是马克思还是康德？》，第 3 页）此书亦注意到在康德的《永久和平论》与《人伦的形而上学》中被论及的"世界市民主义"之思想与历史哲学。

土田的论文与阿德勒的书之共通点在于，两者都注意到康德与马克思之间的关联。然而，阿德勒将康德的立场视为个人主义的立场，并对

---

① Karl Vorländer, Kant und Marx, 2 Aufl, 1926.（日译本为《康德与马克思》，井原糺译，东京岩波书店，上：1937 年版，下：1938 年版，第 141 页）

② Oskar Blum, "Max Adlers Neugestaltung des Marxismus", in *Carl Grünberg's Archiv für die Geschichte des Sozialismus und der Arbeiterbewegung*. 8 *Jahrgang*, 1919.（日译版为《马克思化与康德化》，波多野鼎译，东京同人社 1927 年版，第 143 页）

康德的见解持否定的态度。这两本翻译书有同样的倾向，那便是借由强调康德的道德主义，来修正马克思主义。阿德勒将康德的历史哲学之关键词"非社交的社交性"（ungesellige Geselligkeit）和马克思的唯物史观中的矛盾对立之概念叠合起来解释。然而，土田的论文还残留有康德主义的要素。

布鲁的《马克思化与康德化》则将论述焦点放在阿德勒的说法上，并针对包含 Gaevernitz 在内的修正主义进行如下批判："伦理式的社会主义……便是知识阶级的社会主义。"（《马克思化与康德化》，第 132 页）再加上，20 世纪二三十年代的日本共产党的权力斗争、1931 年九一八事变的爆发以及后来的战争等，使得日本军国主义的蛮横更加激化。由于此种政治状况的影响，针对康德及和马克思之间关联的学术研究，在尚未进入真正的议论之前，就已经被军国主义的波涛所吞噬，日本社会处在无法谈论和平的时代里，并逐渐地进入歌颂战争的时代。日本帝国主义将康德的《永久和平论》冰冻在图书馆的一个小角落里，和平主义及反战思想也都受到了镇压。

（二）战败后的康德研究动向

战后没多久就出版并受到注目的永久和平论研究是高坂正显的《世界公民的立场：康德〈永久和平论〉之序说》①。初次刊登的论文被收录在《续康德解释的问题》（东京理想社 1949 年版）②。高坂是京都学派的主要成员之一，他和田边元一样，都是通过学校讲坛来倡导第二次世界大战的正当性。高坂在战前对康德永久和平论的重要性采取的是忽略的态度，然而他在败战后，却进行了一个"转向"，也就是开始积极地评价康德的和平论。也由于此转向，高坂在之后的康德研究社群里，受到严厉的批判。

以下是笔者对高坂论文的看法。第一，其论文和其他康德研究一样，都忠实于原文的解释，亦即采取内在的立场。此外，其特征是对一直以来以新康德学派为依据的解释采取批判的立场。第二，高坂主张康德的"防

---

① ［日］高坂正显：《世界公民的立场：康德〈永久和平论〉之序说》，载《高坂正显著作集》第 3 卷，东京理想社 1965 年版，第 181－223 页。

② 引用皆使用"二战"后出版的《高坂正显著作集》第 2 卷（东京理想社 1954 年版）。顺带一提，高坂正显还有一本研究康德的杰作《康德解释的问题》，东京弘文堂 1939 年版。此书和《续康德解释的问题：法与历史的诸理念》（东京弘文堂 1949 年版）以及其他康德研究论文一同被收录在《高坂正显著作集》第 3 卷（东京理想社 1965 年版）中。

止战争与人性开发这两个目的,才是普遍的人类国家的目的。其历史哲学的归结就在这里"①。此点是高坂和朝永、安倍、桑木所共有的基本见解。第三,高坂将国家公民法与国际法的综合视为世界公民法来加以解释,并认为世界公民体制下的"人类国家,一方面可说是国家联合,另一方面可说是世界公民的社会"②。第四,高坂注意到康德对世界共和国与国际联盟的区分,并批判和平论的先驱者圣皮耶与卢梭没有看到两者的区别。高坂如此解释道:在《永久和平论》之后,康德认为国际联盟有实现的可能,而世界共和国只不过是理念或课题而已。

高坂的解释和以前的康德解释不同。他提出了一个新的观点来解释《永久和平论》。第一,高坂指出"康德只从法的立场来思考国家的问题,而忽视了经济及阶级的问题"③。此外,高坂试图克服新康德学派的康德解释,因为他认为,"新康德学派欲将康德解释为社会主义者的做法有稍过之嫌"④。第二,高坂指出"康德对战争及革命的思想"存在矛盾。他认为世界公民体制下的"人类国家,一方面可说是国家联合,另一方面则可说是世界公民的社会"⑤。第三,为了克服此矛盾,高坂将世界公民法解释为国家公民法与国际法的综合,并如此主张道:"现在被要求的是这样的立场,亦即超越康德的立场,因为创造法而且是能够否定法那样的,也就是否定法的法之可能那样的立场。"⑥ 根据高坂的说法,"对政治的立场来说,并非单纯的理念而是理念的图型化才是最重要的,在缺乏计划性与图型性的地方是绝对不会有政治的"⑦。关于此提案,高坂提出如此见解:将"理念的图型化"作为"理念的世界共和国以及作为图型式的国际联盟"。他还如此主张道:"世界公民法作为理念,虽然会要求世界共和国,但在现实里,是在要求所谓为了实现其消极替代物的图型 Schematismus,亦即国际联盟。"⑧ 然而,高坂并没有说明什么是"为了实现理念的

---

① [日]高坂正显:《高坂正显著作集》第 2 卷,东京理想社 1954 年版,第 188 页。
② [日]渡边二郎:《康德永久和平论的意义:以其思想史根据为中心》,载《康德与现代:日本康德协会纪念论集》,第 27 页。
③ [日]高坂正显:《高坂正显著作集》第 2 卷,东京理想社 1954 年版,第 36 页。
④ [日]高坂正显:《高坂正显著作集》第 2 卷,东京理想社 1954 年版,第 222 页。
⑤ [日]高坂正显:《高坂正显著作集》第 2 卷,东京理想社 1954 年版,第 188 页。
⑥ [日]高坂正显:《高坂正显著作集》第 2 卷,东京理想社 1954 年版,第 222 页。
⑦ [日]高坂正显:《高坂正显著作集》第 2 卷,东京理想社 1954 年版,第 223 页。
⑧ [日]高坂正显:《高坂正显著作集》第 2 卷,东京理想社 1954 年版,第 221 页。

图型化",就结束其论文。

笔者认为,高坂试图借由和《纯粹理性批判》中的"概念的图型化"之作用,亦即对时间的模拟,构想出一种历史时间的图型化。高坂或许是想将实证法(positives Recht)下的历史进步过程解释为"理念的图型化"之过程。此外,高坂虽然对先于康德提出和平论的圣皮耶提出批判,但此做法可说是延续朝永的说法。关于此点,高坂并没有提及。事实上,笔者觉得非常奇怪,也无法理解高坂为何没有参考其师西田几多郎与田边元的同事朝永三十郎的著作。

(三) 小仓志祥的想法与片木清的高坂批判

在高坂的论著之后,关于康德的永久和平理念之研究,并没有什么进展。接着出现的是小仓志祥的《康德的伦理思想》(东京大学出版会1972年版)。此书处理了永久和平和最高善之间的关联。在该书第三章的第四节"摄理与伦理"中,小仓从自然的历史与自由的历史这两个历史解释立场来解释康德的历史观。他如此解释道:"在历史论述里,若将'道德化'以及呼应它的'善意志'放在中心的话,那么就不能用非社交的社交性这种原理,必须以自由的原理,来重新看待人类的历史。"① 然而,康德自身却用"自然内在于人类的倾向性本身里"这种结构,来保证永久和平。当然,康德是这样说的:"这并无法像以理论来预言和平的未来那样那么有确切性,但在实践的见地上却是非常有可能的。"(学术版《康德全集Ⅶ》,p. 368)

以前的研究者一直都在尝试回答"保证永久和平"的东西是什么、"那个东西真的能够保证吗"的疑问。针对这些问题,小仓如此主张道:"永久和平能够实现这种道德的使命,和摄理(Vorsehung——译者注,中文译为神意)保证的有无没有关系。"②"这里必须被质问的不是从自然的构造被解放出来的存在者,亦即人类的自然历史及自然的构造,而是以自由为原理来追求未来的历史构造。"③ 若根据此解释,"永久和平在本质上,并非来自自然构造的保证,它唯有以'道德的信仰'为基础,才会有

---

① [日] 小仓志祥:《康德的伦理思想》,东京大学出版会1972年版,第346页。
② [日] 小仓志祥:《康德的伦理思想》,东京大学出版会1972年版,第338页。
③ [日] 小仓志祥:《康德的伦理思想》,东京大学出版会1972年版,第340页。

希望"①。小仓接着如此解释道:"永久和平的保证论,便是体系性的历史与自由的历史之接合点,因而可说是从此到彼的一种移动点。在那里被明示出来的是,从摄理到伦理的道路。"② 永久和平,唯有人类建设以自由与法的理念为基础的共和制社会,并"在地上不断地朝往可能的最高善……前进与接近,才有预见的可能"③。

依笔者的管见,小仓在此试图借由对康德历史哲学之诸论文的详细考察,来进行具有内在性及整合性的解释。小仓主张康德伦理思想的顶峰是最高善的理念,而永久和平的理念亦属于此。根据小仓的说法,"永久和平的保证"之可能性,在于人类的道德自由,而人类不可或缺的是跟从定言令式来行动的努力。小仓说法下的"永久和平理念",在笔者来看,是一种应然的康德见解,而不是一种实然的康德主张。如上所述,朝永指出"永久和平的保证"之可能性,在于自然的构造与摄理这两个要素。然而,小仓却向人类的道德实践寻求永久和平之实现的保证与可能性。

之后,不仅是哲学研究者,就连政治学、政治思想史等的专家,也都开始参与《永久和平论》的研究。本论文在此提出以下两个文献。第一个文献是,阐明马克思主义立场的《哲学与日本社会》(家永三郎、小牧治编,东京弘文堂1978年版)所收录的论文,也就是片木清的论文《关于从〈永久和平论〉见我国的康德接受史》(第63-90页)。第二个文献是,提倡和平主义的基督教徒宫田光雄的《和平的思想史研究》所收录的《康德的和平论与现代》(东京创文社1978年版,第137-199页)。

本论文处理片木清的论文的主要理由在于,他严厉批判了高坂正显的《世界公民的立场:康德〈永久和平论〉之序说》这一点。片木从马克思主义的立场,对高坂的著作进行如下批判。第一,"高坂的论文宣称已经消解了康德的不协调性,也就是其图型说(Schematismus)的解释,只不过是从此伦理的目的论来掌握《永久和平论》而已"④。第二,"现在举出一例,是关于形成《永久和平论》一部分的康德革命论(抵抗权论)的,

---

① [日]小仓志祥:《康德的伦理思想》,东京大学出版会1972年版,第81页。
② [日]小仓志祥:《康德的伦理思想》,东京大学出版会1972年版,第81页。
③ [日]小仓志祥:《康德的伦理思想》,东京大学出版会1972年版,第352-353页。
④ [日]片木清:《关于从〈永久和平论〉见我国的康德接受史》,载家永三郎、小牧治编《哲学与日本社会》,东京弘文堂1978年版,第83页。

毋宁说是被扭曲的解释"①。第三,"即使是关于此点〔根源性契约的原理〕,高坂的论文还是缺乏关注康德的理念世界与现实世界之区别的观点"②。根据片木的说法,经由高坂的解释,康德的抵抗(革命)权论,为承认世界史的现实或将现状秩序的维持正当化,发挥了极为重要的作用。第四,"也就是'胜者为王'的逻辑,……结果是连接到暴力的合法化及政治的伦理化之逻辑。即使从此点来说,高坂的解释恰好是颠倒的"③。片木的高坂批判,恰好突显出高坂的康德解释的几个弱点。顺带一提,片木清还透露出以下的一种不信任感:"对战争给予哲学的根据、试图对太平洋战争给予哲学的合理化解释的作者(高坂正显),借由对《永久和平论》的解释,而转向对世间解释和平的哲学之内面过程,我们完全无法得知。"④ 片木从此观点做出以下结论:"我国的康德《永久和平论》之接受史极为不完全,因此,仍旧是今后的课题。"⑤ 然而,笔者认为,片木对朝永的《康德的和平论》并没有进行深入的探讨,因而有必要对上述结论持保留的态度。

(四)宫田光雄的想法:基督徒的康德评价

宫田光雄的《和平的思想史研究》收录了《康德的和平论与现代》(东京创文社1978年版,第137 - 199页)这篇文章。此文章和片木的论文形成了一种对照。第一,片木的论文站在否认宗教的马克思主义立场。相对于此,宫田的论文是从基督教徒的立场来探究康德和平论的今日意义。第二,片木的论文强调康德和平论的历史性制约,换言之,即是强调启蒙主义式的个人主义之哲学家的局限性。相对于此,宫田的论文是从康德和平论来解读出神学的意思,并借此来承认康德哲学的普遍性意义。

接着,笔者将回顾宫田对康德的积极评价。第一,宫田注意到圣皮

---

① [日]片木清:《关于从〈永久和平论〉见我国的康德接受史》,载家永三郎、小牧治编《哲学与日本社会》,东京弘文堂1978年版,第83页。
② [日]片木清:《关于从〈永久和平论〉见我国的康德接受史》,载家永三郎、小牧治编《哲学与日本社会》,东京弘文堂1978年版,第84页。
③ [日]片木清:《关于从〈永久和平论〉见我国的康德接受史》,载家永三郎、小牧治编《哲学与日本社会》,东京弘文堂1978年版,第85页。
④ [日]片木清:《关于从〈永久和平论〉见我国的康德接受史》,载家永三郎、小牧治编《哲学与日本社会》,东京弘文堂1978年版,第81页。
⑤ [日]片木清:《关于从〈永久和平论〉见我国的康德接受史》,载家永三郎、小牧治编《哲学与日本社会》,东京弘文堂1978年版,第81页。

耶、卢梭、边沁、费希特、葛兹（Friedrich von Gentz）等其他和平思想家与康德的不同，并如此评价道："特别将康德和其他先人进行区别，是因为他具有严密的哲学思考以及非陶醉的精神。"① 第二，宫田接着如此评价道："康德以前的很多和平论，并没有充分注意到内政与外交之间的关联。康德提出每个国家的宪法结构来作为永久和平的基础条件，可说是一个非常重要的新观点。"② 第三，宫田关联到第三确定条款，并对康德如此评价道："当世界市民法的理念适用于个人时，它便是普遍人权所必需的构成要素，因此意味着超越国界的所有人类之平等与连带关系。"③ 第四，关于永久和平的保证与和平的主体之论争，宫田提出了自己的解释。在追加条款（Zusatz）里，永久和平的保证与和平的主体，被视为自然的结构或"摄理"。在下一个《附录》里，和平被视为人类的道德义务。康德的此种说明存在矛盾，是一直以来学者对他的批判。而针对此批评，宫田则从基督教神学的立场试图以统合的方式来解释康德的见解。他如此说道："康德就是在这种未来取向的'摄理'之确信下才能立足在'相对的乐天主义'。""若跟随 E. C. Hirsch 以神学的方式来固定化的话，亦可将它视为'神人合作'的问题来加以掌握。"④

此外，宫田虽然也接受康德为了和平的实现而提出人类不断努力的道德之定言令式是不可或缺的说法，但亦对此说法提出以下疑问："像那种康德和平思想所带有的强度，在另一方面难道就不会成为弱点吗？"⑤ 作为其理由，宫田则提出了这样的问题："当康德将和平概念限定在法的概念，并将共和制作为永久和平的前提来加以定位时，一般所谓的自由就变成了和平的必需条件。然而，它是否就真的是和平的唯一条件呢？"⑥ 作

---

① ［日］宫田光雄：《康德的和平论与现代》，载《和平的思想史研究》，东京创文社1978年版，第140页。

② ［日］宫田光雄：《康德的和平论与现代》，载《和平的思想史研究》，东京创文社1978年版，第151页。

③ ［日］宫田光雄：《康德的和平论与现代》，载《和平的思想史研究》，东京创文社1978年版，第157页。

④ ［日］宫田光雄：《康德的和平论与现代》，载《和平的思想史研究》，东京创文社1978年版，第168页。

⑤ ［日］宫田光雄：《康德的和平论与现代》，载《和平的思想史研究》，东京创文社1978年版，第168页。

⑥ ［日］宫田光雄：《康德的和平论与现代》，载《和平的思想史研究》，东京创文社1978年版，第168页。

为此问题的答案,宫田如此回应道:"在现代,就如南北问题的讨论所示,和平和社会正义的概念是息息相关的。"① 总之,宫田要批判的是,康德的和平概念"若要结合和平与社会正义这两个要求,……确实太过于狭隘"②。此即宫田所谓康德和平论的局限。最后,宫田在其论文中如此总结道:"即使要处理现代社会的和平问题,或许在同样的意味上,我们无法回避康德和平论所提起的问题,因此,对其思考模式采批判式的继承立场,将会是一个迫切的要求。"③

宫田非常忠实于对康德的内在性理解,其康德解释也没有太牵强的地方。然而,依笔者的管见,关于永久和平的保证与和平的主体之论争点,宫田只是将"神的存在以及神与人的合作关系"提出来,借以消解此难题而已。事实上,此难题并没有被"解决"。此外,宫田并没有针对康德的和平概念之不足进行深入的思考与检讨,只是将论点转移到正义论上而已。事实上,宫田也没有深入探讨社会正义的内情以及罗尔斯(John Rawls)与阿马蒂亚·森(Amartya Sen)等人的正义论。④ 关于这一点,宫田的论述比较没有说服力。

四、《永久和平论》出版 200 年以后的展开

(一)《康德与现代》的评价之多元性

日本康德协会于 1995 年第 20 届纪念大会期间召开了一场题为"康德的和平的问题"的研讨会。该研讨会的纪录,于 1996 年以《康德与现代:日本康德协会纪念论集》(京都晃洋书房 1996 年版)一书的形式出版。本论文在介绍完此书中的 4 篇论文的内容后,将加入笔者的批评。

滨田义文的《康德与和平的问题》及渡边二郎的《康德永久和平论

---

① [日]宫田光雄:《康德的和平论与现代》,载《和平的思想史研究》,东京创文社 1978 年版,第 168 页。
② [日]宫田光雄:《康德的和平论与现代》,载《和平的思想史研究》,东京创文社 1978 年版,第 168 页。
③ [日]宫田光雄:《康德的和平论与现代》,载《和平的思想史研究》,东京创文社 1978 年版,第 197 页。
④ 关于罗尔斯(John Rawls)、阿马蒂亚·森(Amartya Sen)、博格(Thomas Pogge)等人的"正义论"或"正义的理念"之议论,参见拙著《通往"持续可能性的哲学"之道》(东京法政大学出版局 2013 年版)第 12 章"持续可能性哲学的构想:关于'正义的理念'之实现与'互酬主义的克服'"。

的意义：以其思想史根据为中心》这两篇文章主张，即使在现代的社会情势下，康德的主张还是非常重要而且有效的。滨田如此断定关于永久和平的保证："我想将它解释为历史的压力，永久和平便是受到那种人类背后的客观力量的推动，才能受到保证。"① 此时，滨田将永久和平的保证解释为"历史的压力"，并将它转换为"人类背后的客观力量的推动"这种不明确的表现，以此来结束其论述；针对康德的主张，并没有进行思考与检讨，只是全面性地肯定它而已。此外，渡边亦认为康德的见解是前后一贯的主张，这一点和滨田的想法并没有什么不同。两者在论述上的差异就在于，渡边针对"永久和平的保证"提出了以下疑问："自然的永久和平之保证若是确实的话，那么人类就没有必要对和平做任何努力了。"② 为了消除此疑虑，他试图补充康德的说明，尝试提出前后一贯的说明。然而，渡边所主张的观点，亦即"明确地让人自觉到人类是背负着朝向永久和平不断努力之课题的存在者这一点"若有永久和平论的不朽意义，那这种评价也未免太过于贫乏。在战争、动乱、恐怖活动等不断发生的今日，我们究竟能从康德的和平论中读取出何种意义呢？若想要谈论永久和平论的现代性意义的话，就有必要回应此论点。

　　量义治的《康德永久和平论的反论》在开头处便如此说明论文的目的："永久和平明明在这个世界不可能实现，为何我们一定追求它呢？让笔者来回应此疑问吧！"③ 量义治将此疑问称为"康德永久和平论的悖论"。量义治注意到永久和平与最高善的关系，并如此解释道："关于永久和平的这种悖论和最受争议的最高善之议论有很深的关联。"④ 他主张最高善的概念有两个意思，亦即"人伦的、共同体的最高善……在其中，政治的、共同体的最高善，亦被包含在内。人伦的、共同体的最高善，作为

---

① ［日］滨田义文：《康德与和平的问题》，载《康德与现代：日本康德协会纪念论集》，京都晃洋书房1996年版，第19页。
② ［日］渡边二郎：《康德永久和平论的意义：以其思想史根据为中心》，载《康德与现代：日本康德协会纪念论集》，京都晃洋书房1996年版，第27页。
③ ［日］量义治：《康德永久和平论的反论》，载《康德与现代：日本康德协会纪念论集》，京都晃洋书房1996年版，第36页。
④ ［日］量义治：《康德永久和平论的反论》，载《康德与现代：日本康德协会纪念论集》，京都晃洋书房1996年版，第40页。

第三部分　西方哲学在东亚

一种政治的最高善〔永久和平〕，必须被具体化"①。量义治进一步指出政治的最高善亦有双重的意思，并提出以下的新解释："康德的永久和平论主要是在政治层面，也就是世俗、内在的层面被讨论，如一般对最高善的理解所示的，它在神学、超越的层面，也应该被讨论。"② 根据量义治的说法，唯有通过这种解释，"康德永久和平论的悖论"才能被解决。

量义治试图借由提出对神的信仰，来克服康德永久和平论的所谓绊脚石。此种见解表面上似乎解决了滨田与渡边没能充分展开论述的课题。然而，依笔者管见，无教会派基督徒量义治的永久和平论以及他解决难题的方法，和康德的主张是不同性质的。量义治的做法是将康德所谓以理性的自律为基础的人类努力，再一次还原到神的信仰及其作用。在这一点上，量义治和宫田虽有共通之处，但他和宫田不同，量义治否定"神与人类的合作关系"。因为宫田的康德解释赞同异端的半伯拉纠主义（Pelagianism）之见解。

三岛淑臣的《后期康德政治理论中的和平问题》是从法哲学家的立场来解释康德的。其问题意识是，为了实现永久和平，世界规模的法律、政治机构该如何形成。此外，世界秩序论的法哲学基础，根据三岛的说法，便意味着"从自然状态到公民（市民）状态这种康德的法律＝人伦移转的逻辑，必然会要求世界公民（市民）体制（和世界一样大的政治秩序）的形成"③。因此，"康德的法哲学在国家法论，并不是很成熟，直到必然地包含着形成世界秩序的国际法论及世界公民法论时，也就是要通过这个最后的东西，才能够完全成熟"④。

根据三岛的说法，康德对世界秩序形成的具体构想，"显露出一种失衡"。这里道出康德针对①"是普遍的国际国家还是世界共和国？"和②"还是只是单纯的诸国联合？"的问题，没有给出最终的答案。三岛的解释

---

① ［日］量义治：《康德永久和平论的反论》，载《康德与现代：日本康德协会纪念论集》，京都晃洋书房1996年版，第45页。
② ［日］量义治：《康德永久和平论的反论》，载《康德与现代：日本康德协会纪念论集》，京都晃洋书房1996年版，第48页。
③ ［日］三岛淑臣：《后期康德政治理论中的和平问题》，载《康德与现代：日本康德协会纪念论集》，京都晃洋书房1996年版，第59页。
④ ［日］三岛淑臣：《后期康德政治理论中的和平问题》，载《康德与现代：日本康德协会纪念论集》，京都晃洋书房1996年版，第59页。

是，康德到了晚年，观点②虽然逐渐在加强，但观点①没有完全消失。因为"观点①才是他〔康德〕的法哲学说明从自然状态到脱离人伦之必然性，并强调最大的自由与不可抗拒的强制之间结合的必然归结"①。由于现实的主权国家不见得就忠实于自由的原理，因此，"在康德的法哲学理论里，适切地解决是要采取自由的原理（接着是否认现实的主权国家），还是采取强制的原理（接着是从属于压抑自由的国家权力）这种二择一的方法，显然已经消失"②。根据康德的理论，能满足这两个原理之要求的历史现实根本不存在，因此康德也无法解决。在此，三岛提出永久和平论理论的重新建构方案。第一，"康德（中略）所采用的霍布斯式的'国际关系＝自然状态'这种观念，有必要从现代的观点，从根本上来进行修正"③。第二，"有必要重新建构规范性体系的模型"。第三，"新的历史哲学理论（将社会科学，特别是将经济学的成果收纳在里面的历史发展之一般理论）之建构是无法避免的"，因此"针对存在于康德实践哲学根柢的感性—理性这种二元式的分离，进行有效的再统合，是必须导入的观点"。④

三岛的论文和其他三篇论文不同。他认为，在康德永久和平论的框架内，"一种失衡"是无法克服的，并主张其和平论已经无法对应现代的课题。因此，三岛提议，若能找到永久和平论的现代性意义，那也只能通过重新建构批判哲学的架构，才有可能。笔者对三岛这种"只要是停留在康德永久和平论的内在性解释，就无法对应现代的课题"的主张，基本上是赞同的。但同时笔者也认为，在三岛的康德批判之前提议论里，存在很多误解。

（二）关于21世纪的《永久和平论》之评价

最近这15年中被发行的《永久和平论》之关联书籍有宇都宫芳明的

---

① ［日］三岛淑臣：《后期康德政治理论中的和平问题》，载《康德与现代：日本康德协会纪念论集》，京都晃洋书房1996年版，第60页。

② ［日］三岛淑臣：《后期康德政治理论中的和平问题》，载《康德与现代：日本康德协会纪念论集》，京都晃洋书房1996年版，第60页。

③ ［日］三岛淑臣：《后期康德政治理论中的和平问题》，载《康德与现代：日本康德协会纪念论集》，京都晃洋书房1996年版，第61页。

④ ［日］三岛淑臣：《后期康德政治理论中的和平问题》，载《康德与现代：日本康德协会纪念论集》，京都晃洋书房1996年版，第65页。

《康德的启蒙精神:面对人类的启蒙与永久和平》(东京岩波书店 2006 年版)与芝崎厚士的《日本的国际关系认识:朝永三十郎与"康德的和平论"》(东京创文社 2009 年版)。然而,国际关系学、政治学专家芝崎厚士,忠实地检讨了朝永的《永久和平论》,因而其论述内容大多是重复的。本论文在此只针对宇都宫芳明的著作进行考察。

宇都宫从评价康德启蒙思想的今日意义之立场来考察"和平论"。他明确表示:"我们若要实现永久和平,就必须先理解康德的启蒙精神是什么之后再继承它,并为了人类的将来,将它传达给下一个世代。"① 第一,宇都宫强调我们必须要有现代社会已经从启蒙时代倒退的危机感,必须以启蒙精神的复兴为志。针对此点,笔者颇有共鸣。第二,宇都宫适切地指出康德的启蒙精神与永久和平论思想的不可分割性。此论点,在以前的《永久和平论》研究里,几乎没有受到重视。笔者在拙著《阅读康德:后现代主义以降的批判哲学》(东京岩波书店 2003 年版)里,对后现代主义展开批判,并指出现代社会的倒退,21 世纪的日本正夹在前现代与后现代之间的状况,借此传达现代日本的危机。宇都宫亦关联到现代的危机状况来阐述永久和平的重要性。

然而,宇都宫这本书也有不少缺漏之处。第一,关于《永久和平论》的直接论述令人意外地少,相关论述只限定在全七章中的最后一章"历史与文化 永久和平与启蒙的完成"②。第二,宇都宫的主题在于,明示若要"启蒙精神再次复兴",那与永久和平的理念是不可分割的。永久和平论的真正检讨,并没有成为主题。第三,从这点来看可知,此书只停留在内在层面来处理《永久和平论》及关联的历史哲学论文。

此书的主要特征是:第一,只停留在康德的内在性解释与说明,并没有深入康德批判与研究史里;第二,在《永久和平论》的议论里,此倾向特别强,针对过去的国内外研究文献并没有进行考察与检讨;第三,宇都宫采用的是,在康德的内在性叙述中,加入作者自身独特解释的论述方法。首先,宇都宫顺着康德所说的"保证永久和平到来"的是"自然",

---

① [日]宇都宫芳明:《康德的启蒙精神:面对人类的启蒙与永久和平》,东京岩波书店 2006 年版,第 7 页。

② [日]宇都宫芳明:《康德的启蒙精神:面对人类的启蒙与永久和平》,东京岩波书店 2006 年版,第 201–255 页。

并注意到康德主张自然会规制人们的不合群,并使人们变成善良的市民。接着,宇都宫如此解释道:"利己的倾向性,并不会阻碍和平的实现,反而有可能变成促进它的契机。"①

然而,笔者认为,宇都宫的说法有几个必须审慎思考的重大问题。第一,在宇都宫对《宗教论》的解释里,"永久和平的最终实现,不能只靠政治的手段,就如《宗教论》所示,必须遵守神所赋予的'人类对人类自身的义务',唯有努力实现'遵从德的法则之普遍共和国',才能期望它的到来。这是康德的想法"②。在此说明底下,"永久和平"是信仰上的希望对象,其实现的保证是神。第二,宇都宫还解释道:"永久和平"在人类的道德性当中,非社交的社交性与不合群只是其利用的手段而已。这里暴露出宇都宫的说法不具协调性。主要的理由在于,宇都宫针对康德的主要著作,都是以个别、内在的方式来进行解释与说明。第三,宇都宫的独特性在于,在人类的道德性中寻求"永久和平"的实现主体及作用。此外,宇都宫遵从《宗教论》的解释,将康德称为"伦理的共同体"这种"遵循道德法则的普遍共同体"置换为"普遍的世界市民状态"。③

宇都宫的想法和宫田、量义治的不同,他从人类的道德主义立场来解释康德的道德神学,在人类启蒙过程的延长线上解释永久和平及其实现。在此潜藏着将"永久和平"的实现过程放在宇都宫自身的康德启蒙计划与现代启蒙的必要性与普遍性上,以此来进行解释的根本性意图。这里明确地显示出作者那种温和的康德主义者的目的。事实上,作者是如此对康德进行高度评价的:"康德之所以会揭示永久和平的理念,并非只是为了人类(非一种道德性的向上)作为动物的一种来存续这种目的而已,此理念所期望的是,有一天人类能有道德的圆满,'最高的道德善'能在地上实现。"④ 笔者认为,这是一种未来可能会实现的"永久和平论",因此,在

---

① [日] 宇都宫芳明:《康德的启蒙精神:面对人类的启蒙与永久和平》,东京岩波书店2006年版,第217页。
② [日] 宇都宫芳明:《康德的启蒙精神:面对人类的启蒙与永久和平》,东京岩波书店2006年版,第199页。
③ [日] 宇都宫芳明:《康德的启蒙精神:面对人类的启蒙与永久和平》,东京岩波书店2006年版,第224页。
④ [日] 宇都宫芳明:《康德的启蒙精神:面对人类的启蒙与永久和平》,东京岩波书店2006年版,第225页。

此想对宇都宫的说法给予高度的评价。然而，宇都宫的弱点，除了上述几点外，笔者想举出的是，他既没有考虑到康德议论的非协调性论点与研究史的论争点，也忽视了对《永久和平论》的正当性进行严密检讨的手续。

宇都宫芳明的著作既没有论及朝永三十郎的《康德的和平论》，也没有将它列为参考文献（这本著作是明治以来到 20 世纪为止关于永久和平论的重要研究文献）。从日本的永久和平论之研究蓄积这个角度来看，其他的众多研究文献也是一样。显然，结果是自朝永的解释以后，日本的永久和平论研究并没有取得很大的进展。

五、结论

本论文考察了 150 年间日本的《永久和平论》之接受、解释与论争的历史。这些动向与特征一直都是在受到国际与国内的政治、社会情势以及欧美诸科学之进展的影响而产生的。关于康德的《永久和平论》及其历史哲学的诸多论文之研究史，可以概括如下。

首先，先确认经由本论文之考察所阐明的事实。第一，《永久和平论》的接受与解释，从初期阶段到今日为止，很多都是采取内在的研究立场，特征在于评价其积极的意义。当然，接近"赞美康德"的论著或论文也不少。第二，笔者也指出，有很多研究并没有注意到康德所处的时代状况与作者及笔者所处的时代与社会之本质上的不同。这种现象也不限于康德研究，这也是日本的哲学研究之局限与通病。第三，和这些见解与立场相反，亦有用"只不过是非现实的梦想罢了"这句话来抹除康德和平思想的立场。此立场亦是日本哲学研究的通病。第四，《永久和平论》的最大论争点就在于，永久和平的理想及其实现可能性的问题。关于此问题，康德的内在解释立场，则致力于前后的一贯性上。另外，以批判否定的方式评价康德的主张之解释，亦是从这里看到《永久和平论》无法克服的问题及矛盾。不仅如此，《永久和平论》的研究，一直都没有成为康德哲学研究的核心课题。依笔者看来，这起因于日本国民及哲学研究者对和平意识及其实践的漠不关心。如纳粹党般的安倍政权在违反正义下所进行的"宪法政变"，亦是其归结。

其次，以笔者的解释为基础列出以下几个主要的论争点。第一，《永久和平论》中的"世界共和国"及"世界国家"的说明，和康德的其他著作，特别是《人伦的形而上学》中有关永久和平理念的说明似乎有矛盾之处。第二，康德针对永久和平的实现可能性是否有哲学上的确信，还是说，那只停留在信仰上的希望对象？第三，保证永久和平之实现的东西究竟是什么呢？是来自神、摄理或自然的意图（构造），还是人类的道德实践呢？第四，康德在《永久和平论》中，为何提出"国际联盟"这种消极的概念来取代"世界共和国"呢？此见解是否恰当？第五，宫田所提起的《永久和平论》与正义问题之间的关系又该如何解释？第六，康德的永久和平论之诸见解，在现代是否能用"它已经没有用了"这句话来做结论呢？

此外，笔者亦阐明了《永久和平论》在今日的一些意义。第一，《永久和平论》和现代的正义论是不可分割的。① 第二，以《永久和平论》的思想为背景，以正义之名来破坏和平的战争，即所谓圣战，从全球正义的观点来看，亦是不被允许的。第三，今日的正义论，从各种观点被议论，因而处于"正义论的战场"状态当中。有不少研究者受到英美哲学的影响，从和政治哲学与正义论的关联来研究康德哲学，比如涛慕斯·博格（Thomas Pogge）。《永久和平论》的解释和评价之变迁，亦和这些动向是同轨、同调的。

若从现代的状况来看，便可发现《永久和平论》有很多限制和难以解决的课题。第一，全球化是否能提示永久和平的道路？在此过程中，世界市场的力量是否已经失去了康德以和平为目的的政治结构的效果呢？第二，康德认为扩大和平的唯一方法，并不是遵守法律的国家彼此之间的武力，而是彼此之间的影响力。然而，此解决之策，从宽容的极限与非自由的体制之关联来看，不也存在着很大的限制吗？全球化并无法和保证永久和平的世界市民主义相结合，它仍旧压抑着特定的共同体与文化、宗教的差异等。民主式的国家与国际关系，如何建构出以法律支配为基础的普遍秩序呢？第三，21世纪的战争、纷争、恐怖活动之形态和康德的时代不同，已经有很大的变质，和平实现的战略或战术变得极为复杂，令人无法掌握。若要实现康德式的和平论，就必须打造出适合于和平的政治、经济、社会等诸条件，并从地方的层级来克服国家之间的财富与权力的非对

---

① 克尔斯汀是早期少数深入谈论《永久和平论》与正义论之关系的康德研究者之一。参见《自由的秩序：康德的法与国家的哲学》（Wolfgang Kersting. *Wohlgeordnete Freiheit*, 3. Aufl., Walte de Gruyter, 2007）。

第三部分　西方哲学在东亚

等性。然而，我们是否能排除 IS 的暴力及"美国支配下的和平"（Pax Americana）这种大规模的国家暴力，继而能够接近康德式的和平理念呢？第四，若要实现康德的《永久和平论》所追求的"世界市民主义"，世界规模的难民问题所带出的每个国家之人权保证（访问权等）是一个亟待解决的难题，此难题唯有通过国际社会的合作才有可能解决。但这光靠康德所构想的国际联盟（即今日的联合国）是不可能的，因此，这也成了超越以道德、法律权利为基础的国际法限制的世界市民法之课题①。若要达到这个地步，不也必须设立一个强而有力的国际司法裁判所吗？第五，若要克服这些课题，并实现永久和平理念，不也必须造就出能够解决这些困难（提示从文化多元主义的世界市民主义之立场，按部就班地走上政治、经济、环境的正义之道路）的成熟市民、国家及国际社会吗？笔者通过对《永久和平论》的再检讨，确认了一件事，那便是跨国际民主（transnational Democracy）的和平建构是当下急务。这同时也是东亚的安定与和平之实现的基础。②

---

① 康德在《永久和平论》的第三确定条款中主张世界市民法应该限定在促进普遍友好的诸条件里，并提倡"访问的权利"（Hospitalität，Wirtbarkeit）。此提案提供了解决外国人或异邦人以及现今全球规模性的难民问题之线索。对这些所谓不速之客的对待方式及权利是什么？要以何种法律及权利来处理难民？这些现今人类的当务之急，想必康德早已预见。

② Eiji Makino. Weltbürgertum und die Kritik an der postkolonialen Vernunft. in *Kant und die Philosophie in welt bürgerlicher Absicht*, Bd. 1. Walte de Gruyter 2013. S. 321 – 338.

后　　记

　　本书收录了笔者从 2008 年 12 月到 2020 年 2 月为止所翻译的 15 篇学术论文，其中有 2 篇文章译自英文文章。这些文章除了第十至第十二篇未出版，其余皆已于以下论文集或期刊中发表。

　　（1）藤田正胜：《京都学派哲学与新儒学在现代世界的角色》，载钟振宇、廖钦彬编《跨文化视野下的东亚宗教传统：个案探讨篇》，"中央研究院"中国文哲研究所，2012 年。

　　（2）藤田正胜：《见无形者之形，听无声者之声：以西田哲学为中心》，载陈玮芬编《近代东西思想交流中的跨文化现象》，"中央研究院"中国文哲研究所，2018 年。

　　（3）片山洋之介：《单子论与西田几多郎的哲学：关于"一即多，多即一"》，载陈玮芬、廖钦彬编《跨文化哲学中的当代儒学：与京都学派的对话》，"中央研究院"中国文哲研究所，2015 年。

　　（4）上原麻有子：《田边元的象征诗：无即有，有即无的表现》，载陈玮芬编《近代东西思想交流中的跨文化现象》，"中央研究院"中国文哲研究所，2018 年。

　　（5）田口茂：《田边元哲学中作为"无"的自我之媒介者》，载蔡振丰、林永强、张政远编《东亚传统与现代哲学中的自我与个人》，台湾大学出版中心，2016 年。

　　（6）出口康夫：《空的思想的逻各斯：重访西谷启治〈空与即〉》，载《理想》，2012 年第 689 号。

　　（7）杉本耕一：《"二战"期间京都学派的宗教哲学与时局性发言：以西谷启治为中心》，载《求真》，2009 年第 16 号。

　　（8）田中久文：《美意识"あはれ"（aware）中的表现问题》，载陈玮芬编《近代东西思想交流中的跨文化现象》，"中央研究院"中国文哲研究所，2018 年。

　　（9）合田正人：《从〈列维纳斯著作集〉中的意思与节奏谈起》，载陆兴华等编《法国理论》第 7 卷，商务印书馆，2019 年。

（10）合田正人：《关于道德与宗教的一个考察：列维纳斯与清泽满之》，载《"当代法国哲学中的伦理与宗教：跨文化的视角"工作坊（2018年9月22日）论文集》。

（11）加来雄之：《探究清泽满之的宗教哲学：如来与他力门论述》，载《"东亚佛教与近代化问题"国际研讨会（2018年12月8—9日）论文集》。

（12）谷彻：《现象学与东方哲学：日本的"间"（awai）概念》，载《"现象学与东亚思想工作坊暨心性现象学论坛"（2015年4月18日）论文集》。

（13）牧野英二：《日本的康德研究史与今日的课题（1863—1945）》，载李明辉编《康德哲学在东亚》，台湾大学出版中心，2016年。

（14）牧野英二：《日本康德研究的意义与课题（1946—2013）》，载李明辉编《康德哲学在东亚》，台湾大学出版中心，2016年。

（15）牧野英二：《日本的〈永久和平论〉研究及其课题》，载《中山大学学报（社会科学版）》，2016年第6期。

大陆关于日本哲学研究的累积尚处于初期阶段，笔者希望能借由此论文集的出版为更多想了解日本哲学或哲学在日本的研究与发展的学者提供一些参考资源。期待这本论文集在"西方哲学在东亚"或"东亚哲学"等议题的思考上，能有抛砖引玉的效果。在此后记的最后，笔者要感谢提议出版"思想摆渡"系列丛书的中山大学哲学系张伟教授以及为本论文集提供问世机会的所有师友。

2020年2月29日
于日本京都
廖钦彬